CIDADES REBELDES

DAVID HARVEY

CIDADES REBELDES

DO DIREITO À CIDADE
À REVOLUÇÃO URBANA

martins fontes

© 2014 Martins Editora Livraria Ltda., São Paulo, para a presente edição.
© 2012, 2013, David Harvey.
Esta obra foi publicada originalmente em inglês sob o título *Rebel Cities : From the Right to the City to the Urban Revolution* por Verso, um selo da New Left Books.

Publisher	*Evandro Mendonça Martins Fontes*
Coordenação editorial	*Vanessa Faleck*
Produção editorial	*Susana Leal*
Capa e projeto gráfico	*Marcela Badolatto*
Diagramação	*Megaarte Design*
Preparação	*Lucas Torrisi*
	Renata Sangeon
Revisão	*Juliana Amato*

Dados Internacionais de Catalogação na Publicação (CIP)
(Câmara Brasileira do Livro, SP, Brasil)

Harvey, David
 Cidades rebeldes : do direito à cidade à revolução urbana / David Harvey ; tradução Jeferson Camargo. – São Paulo : Martins Fontes - selo Martins, 2014.

 Título original: Rebel Cities : From the Right to the City to the Urban Revolution.
 ISBN: 978-85-8063-161-6

 1. Capitalismo 2. Justiça social 3. Movimento anti-globalização – Estudo de casos I. Título.

14-06371   CDD-303.372

Índice para catálogo sistemático:
1. Justiça social : Sociologia   303.372

Todos os direitos desta edição reservados à
Martins Editora Livraria Ltda.
Av. Dr. Arnaldo, 2076
01255-000 São Paulo SP Brasil
Tel.: (11) 3116 0000
info@emartinsfontes.com.br
www.emartinsfontes.com.br

*Para Delfina
e todos os doutorandos de todas
as partes do mundo*

SUMÁRIO

PREFÁCIO

A visão de Henri Lefebvre 9

PRIMEIRA PARTE: O DIREITO À CIDADE

O direito à cidade 27
As raízes urbanas das crises capitalistas 67
A criação dos bens comuns urbanos 134
A arte da renda 170

SEGUNDA PARTE: CIDADES REBELDES

Reivindicando a cidade para a luta anticapitalista 209
Londres 2011: o capitalismo feroz chega às ruas............ 273
#OWS: O Partido de Wall Street encontra seu rival........ 277

Agradecimentos 287

Índice remissivo 289

PREFÁCIO

A VISÃO DE HENRI LEFEBVRE

Em meados da década de 1970, em Paris, deparei com um cartaz dos Écologistes, um movimento de ação radical das redondezas que se dedicava a promover um modo de vida urbano mais ecologicamente sensível, propondo uma visão alternativa para a cidade. Era um maravilhoso e lúdico retrato da velha Paris reanimada por uma vida comunitária, com flores nas sacadas, praças cheias de pessoas e crianças, pequenas lojas e oficinas abertas a todos, uma profusão de cafés, fontes, pessoas divertindo-se às margens do rio, jardins comunitários aqui e ali (talvez isso só exista em minhas lembranças), tempo suficiente para o prazer de conversar ou fumar um cachimbo (um hábito ainda não demonizado, como pude constatar por mim mesmo quando compareci a uma reunião comunitária que os ecologistas realizavam em uma sala densamente enfumaçada). Eu adorava o cartaz, mas, com os anos, foi-se deteriorando e rasgando a tal ponto que, para meu grande desgosto, tive de jogá-lo fora. Gostaria de tê-lo de volta! Alguém deveria reimprimi-lo.

O contraste com a nova Paris que vinha surgindo e ameaçando engolir a antiga era dramático. Os "gigantes" construídos ao redor da Place d'Italie ameaçavam invadir a velha cidade e dar as mãos à horrível Tour Montparnasse. A via expressa proposta para a Rive Gauche[1], os blocos de apartamentos altos e

---

1 "Margem esquerda", em francês. É como se designa o lado sul de Paris, que fica à margem esquerda do rio Sena. [N. T.]

insípidos (HLMS)² no 13º *arrondissement*³ e nos subúrbios, a mercantilização monopolizada das ruas, a total desintegração do que outrora havia sido uma vibrante vida comunitária erigida em torno do trabalho artesanal em pequenas oficinas no Marais, a desintegração estrutural das construções de Belleville, a fantástica arquitetura da Place des Vosges em contiguidade com as ruas. Encontrei outro cartaz (de Batellier) que mostrava uma retroescavadeira devorando vorazmente todos os antigos bairros de Paris, e deixando atrás de si fileiras perfeitamente ordenadas de altíssimos HLMS. Usei esse cartaz como ilustração-chave em *The Condition of Postmodernity* [*Condição pós-moderna*] (Oxford, Basil Blackwell, 1989).

Desde o começo da década de 1960, Paris vinha passando por uma evidente crise existencial. A antiga não podia mais permanecer como era, mas a nova parecia demasiado horrível, sem alma e vazia para se contemplar. O filme realizado por Jean-Luc Godard em 1967, *Deux ou trois choses que je sais d'elle* [Duas ou três coisas que eu sei dela], capta a sensibilidade do momento com grande beleza. Apresenta mães casadas engajadas em uma rotina diária de prostituição, tanto por tédio quanto por necessidade financeira, contra o pano de fundo da invasão de Paris pelo capital empresarial norte-americano, a guerra do Vietnã (outrora um assunto de grande interesse dos franceses, mas que fora então assumido pelos Estados Unidos), um vigoroso

---
2 *Habitations à Loyer Modéré* (Moradias a aluguéis moderados, em francês). São habitações de interesse social subsidiadas pelo Estado e construídas por órgãos públicos ou privados para oferecer moradia a preços moderados para pessoas de baixa renda. [N. E.]
3 Cada uma das 20 subdivisões administrativas da comuna de Paris. *Grosso modo*, seria a designação dos bairros parisienses. [N. T.]

crescimento da construção de estradas de rodagem e arranha-céus e a chegada de um consumismo irracional às ruas e lojas da cidade. Contudo, a postura filosófica de Godard – uma espécie de precursor wittgensteiniano excêntrico e melancólico, na qual nada conseguia se manter, nem no centro nem na essência da sociedade – não era de meu agrado.

Também foi naquele ano, 1967, que Henri Lefebvre escreveu seu ensaio seminal, *Le droit à la ville* [*O direito à cidade*]. Esse direito, afirmava ele, era ao mesmo tempo uma queixa e uma exigência. A queixa era uma resposta à dor existencial de uma crise devastadora da vida cotidiana na cidade. A exigência era, na verdade, uma ordem para encarar a crise nos olhos e criar uma vida urbana alternativa que fosse menos alienada, mais significativa e divertida, porém, como sempre em Lefebvre, conflitante e dialética, aberta ao futuro, aos embates (tanto temíveis como prazerosos), e à eterna busca de uma novidade incognoscível[4].

Nós, do meio acadêmico, somos especialistas em reconstruir a genealogia das ideias. Portanto, podemos examinar os escritos de Lefebvre dessa época e encontrar um pouco de Heidegger aqui, de Nietzsche ali, Fourier acolá, críticas tácitas a Althusser e Foucault e, sem dúvida, a inevitável sustentação oferecida por Marx. O fato de esse ensaio ter sido escrito para as comemorações do centenário da publicação do volume I d'*O Capital* é digno de menção porque, como veremos, tem alguma importância política. Contudo, o que nós, acadêmicos, esquecemos tantas

---

4 Henri Lefebvre, *La Proclamation de la Commune* (Paris, Gallimard, 1965); *Le droit à la ville* (Paris, Anthropos, 1968); *L'Irrutpion, de Nanterre au Sommet* (Paris, Anthropos, 1968); *La Révolution Urbaine* (Paris, Gallimard, 1970); "Espace et Politique" (in *Le droit à la ville*, v. II, Paris, Anthropos, 1973); *La production de l'Espace* (Paris, Anthropos, 1974).

vezes é o papel desempenhado pela sensibilidade que surge das ruas que nos cercam, pelos inevitáveis sentimentos de perda provocados pelas demolições, o que acontece quando bairros inteiros (como Les Halles) são reprojetados ou aparentemente do nada surgem *grands ensembles*[5], ao lado do arrebatamento ou da irritação de manifestações de rua sobre isso ou aquilo, as esperanças que surgem quando grupos de imigrantes revitalizam um bairro (aqueles grandes restaurantes vietnamitas no 13º *arrondissement* no meio dos HLMS), ou o desespero que provém do sombrio desespero da marginalização, da repressão policial e da juventude ociosa perdida no puro tédio do aumento do desemprego e do desleixo nos subúrbios sem alma que terminam por se transformar em redutos de ruidosa rebeldia.

Não tenho dúvidas de que Lefebvre era profundamente sensível a tudo isso – e não apenas devido ao seu evidente primeiro fascínio pelos situacionistas[6] e suas ligações teóricas pela ideia de uma psicogeografia da cidade, a experiência da deriva urbana através de Paris e a exposição ao espetáculo. O simples fato de sair de seu apartamento na rua Rambuteau certamente bastava para que seus sentidos ficassem em polvorosa. Por esse motivo, considero extremamente significativo que *O direito à*

---

5 Grandes complexos habitacionais; grandes conjuntos arquitetônicos. [N. T.]
6 Relativo à Internacional Situacionista, grupo de intelectuais e artistas que se reuniram sob a figura de Guy Debord. *Grosso modo*, defendiam, para superar a alienação do fetiche da mercadoria e fazer uma revolução, não a promoção de formas tradicionais de luta (como, por exemplo, manifestações e greves) e a participação em organizações (por exemplo, partidos e sindicatos), mas a criação de situações revolucionárias, e, para tanto, defendiam ações espontaneístas e intervenções artísticas, como *happenings* e outras formas de expressão que causassem algum choque (como cartazes, palavras de ordem e pichações).

cidade tenha sido escrito antes da *Irrupção* (como Lefebvre posteriormente a chamou) de maio de 1968. Seu ensaio apresenta uma situação em que tal irrupção não era apenas possível, mas quase inevitável (e Lefebvre desempenhou um pequeno papel em Nanterre para que assim fosse). Contudo, as raízes urbanas desse movimento de 1968 continuam sendo um tema muito subestimado nos estudos subsequentes daquele acontecimento. Desconfio que os movimentos sociais que existiam na época – os Écologistes, por exemplo – misturaram-se àquela revolta e ajudaram a moldar suas reivindicações políticas e culturais, ainda que de maneira complexa, quando não indeterminada. E também desconfio, embora não tenha nenhuma prova disto, que as transformações culturais na vida urbana que ocorreram subsequentemente, quando o capital manifesto mascarou-se, assumindo a forma de fetichismo da mercadoria, nichos de mercado e consumismo cultural urbano, desempenharam um papel nada inocente na pacificação que se seguiu a 1968 (por exemplo, o periódico *Libération*, fundado por Jean-Paul Sartre e outros, foi-se transformando aos poucos, a partir de meados da década de 1970, tornando-se culturalmente radical e individualista, mas politicamente apático, quando não antagônico à esquerda séria e à política coletivista).

Faço essas observações porque se, como aconteceu na última década, a ideia do direito à cidade passou por certo ressurgimento, não é para o legado intelectual de Lefebvre que nos devemos voltar em busca de uma explicação (por mais importante que esse legado possa ser). O que vem acontecendo nas ruas, entre os movimentos sociais urbanos, é muito mais importante. E, como grande dialético e crítico imanente da vida cotidiana urbana, certamente Lefebvre estaria de acordo. O fato, por exemplo, de que a estranha convergência de neoliberalização e democratização no Brasil na década de 1990 tenha resultado em artigos na Constituição brasileira de 2001[7] que garantem o direito à cidade tem de ser atribuído ao poder e à importância dos movimentos sociais urbanos, particularmente no que diz respeito ao direito à moradia, na promoção da democratização. O fato de esse momento constitucional ter ajudado a consolidar e promover um sentido ativo de "cidadania insurgente" (como a chama James Holston) não tem nada a ver com o legado de Lefebvre, mas tudo a ver com as lutas que continuam a existir acerca de quem vai configurar as características da vida urbana cotidiana[8]. Algo como "orçamento participativo", em que os moradores comuns da cidade tomam parte direta na distribuição de quantias do orçamento municipal por um processo democrático de tomada de decisão, tem inspirado muitas pessoas a buscar algum tipo de resposta a um capitalismo internacional brutalmente neoliberalizante que vem intensificando sua agressão às qualidades da vida cotidiana desde os primeiros anos da década de 1990. Tampouco surpreende que esse modelo tenha se desenvolvido em Porto Alegre, Brasil – a sede do Fórum Social Mundial.

Para examinar outro exemplo, quando todos os tipos de movimentos sociais reuniram-se no Fórum Social dos Estados Unidos,

---
7 A rigor, o autor aqui faz referências ao *Estatuto das Cidades*, Lei 10.257, de 10 de julho de 2001, que regulamenta os artigos 182 e 183 da Constituição de 1988. Não se trata de uma emenda à constituição, como o texto dá a entender. [N. E.]
8 James Holston, *Insurgent Citizenship* [*Cidadania insurgente*]. Princeton: Princeton University Press, 2008.

em junho de 2007, em Atlanta, e decidiram criar uma Aliança pelo Direito à Cidade nacional com conexões ativas em cidades como Nova York e Los Angeles, em parte inspirada pelas conquistas dos movimentos sociais urbanos no Brasil, eles o fizeram com desconhecimento quase total do nome de Lefebvre. Depois de anos de lutas por suas pautas específicas (pessoas sem-teto, gentrificação e desalojamento, criminalização dos pobres e dos diferentes etc.), concluíram separadamente que a luta pela cidade como um todo envolvia suas próprias lutas. Juntos, achavam que poderiam ser bem-sucedidos mais rapidamente. E, se movimentos diferentes – porém análogos em sua causa – podem ser encontrados, isso tampouco ocorre por algum tipo de lealdade às ideias de Lefebvre, mas exatamente porque as ideias de Lefebvre, como as deles, surgiram basicamente das ruas e bairros de cidades doentes. Desse modo, em uma recente compilação, os movimentos pelo direito à cidade (apesar da diversidade de sua orientação) encontram-se em plena atividade em dezenas de cidades de todo o mundo[9].

Portanto, convenhamos: a ideia do direito à cidade não surge fundamentalmente de diferentes caprichos e modismos intelectuais (embora eles existam em grande número, como sabemos). Surge basicamente das ruas, dos bairros, como um grito de socorro e amparo de pessoas oprimidas em tempos de desespero. De que modo, então, respondem os acadêmicos e intelectuais (tanto orgânicos como tradicionais, como diria Gramsci)

---

9 Ana Sugraynes e Charlotte Mathivet (orgs.), *Cities for All*: Proposals and Experiences Towards Le droit à la ville, Santiago, Chile, Habitat International Coalition, 2010. Neil Brenner, Peter Marcuse e Margit Mayer (orgs.), *Cities for People, and Not for Profit: Critical Urban Theory and Le droit à la ville*, Nova York, Routledge, 2011.

a essa queixa e a essa exigência? É aqui que se mostra útil um estudo sobre como Lefebvre respondeu – não porque suas respostas não delineiam um esquema (nossa situação é bem diferente da que havia na década de 1960, e as ruas de Mumbai, Los Angeles, São Paulo e Johannesburgo são muito diferentes das de Paris), mas porque seu método dialético de investigação crítica imanente pode oferecer um modelo inspirador sobre como poderíamos responder a essa queixa e a essa exigência.

Lefebvre entendia muito bem, particularmente depois de seu estudo sobre a Comuna de Paris, publicado em 1965[10] (uma obra inspirada, até certo ponto, pelas teses situacionistas sobre o tema), que os movimentos revolucionários frequentemente, se não sempre, assumem uma dimensão urbana. Isso o colocou imediatamente em conflito com o Partido Comunista, que sustentava que o proletariado fabril era a força de vanguarda para a transformação revolucionária. Ao comemorar o centenário da publicação d'*O Capital* de Marx com um apêndice a *O direito à cidade*, Lefebvre claramente faz uma provocação ao pensamento marxista convencional, que nunca concedera ao urbano grande importância na estratégia revolucionária, ainda que mitologizasse a Comuna de Paris como um acontecimento central em sua história.

Ao invocar a "classe trabalhadora" como agente da transformação revolucionária ao longo de seu texto, Lefebvre estava sugerindo tacitamente que a classe trabalhadora revolucionária era formada por trabalhadores urbanos, e não exclusivamente por operários fabris. Como ele observaria mais tarde, esse é um

---

10 *La Proclamation de la Commune*, Paris, Gallimard, 1965.

tipo muito diferente de formação de classe – fragmentado e dividido, múltiplo em suas aspirações e necessidades, em geral itinerante, bem mais desorganizado e fluido do que solidamente implantado. Essa é uma tese com a qual sempre estive de acordo (mesmo antes de ler Lefebvre), e obras subsequentes de sociologia urbana (sobretudo as obras de um dos primeiros e erráticos discípulos de Lefebvre, Manuel Castells) deram força a essa ideia. Ocorre, porém, que boa parte da esquerda tradicional tem dificuldade de apreender o potencial revolucionário dos movimentos sociais urbanos. Em geral, são subestimados como meras tentativas reformistas de lidar com questões específicas (e não sistêmicas), que então terminam por ser considerados nem como movimentos verdadeiramente revolucionários nem de classe.

Há, portanto, certa continuidade entre a polêmica situacional de Lefebvre e a obra daqueles que, dentre nós, procuram abordar o direito à cidade a partir de uma perspectiva revolucionária, e não apenas reformista. No mínimo, a lógica por trás da posição de Lefebvre tem-se intensificado em nossa época. Em grande parte do mundo capitalista, as fábricas ou desapareceram, ou diminuíram tão drasticamente que dizimou-se a classe operária industrial clássica. O trabalho importante e em permanente expansão de criar e manter a vida urbana é cada vez mais realizado por trabalhadores precários, quase sempre em jornadas de meio expediente, desorganizados e com salários irrisórios. O chamado "precariado" substituiu o "proletariado" tradicional. Se viermos a ter algum movimento revolucionário em nossa época, pelo menos em nossa parte do mundo (em oposição à China, em processo de industrialização), o problemático e desorganizado "precariado" terá de ser levado em conta.

O grande problema político consiste em saber como grupos tão desorganizados poderiam se auto-organizar de modo a constituir uma força revolucionária. E parte do trabalho consiste em entender as origens e a natureza de suas queixas e exigências.

Não sei ao certo como Lefebvre teria respondido à concepção explicitada no cartaz dos Écologistes. Como eu, é provável que ele tivesse sorrido diante de sua visão lúdica, mas suas teses sobre a cidade, desde *O direito à cidade* até *La Révolution Urbaine* [*A revolução urbana*] (1970), sugerem que ele teria criticado sua nostalgia de um urbanismo que nunca existira. Pois é de Lefebvre a conclusão de que a cidade que outrora conhecemos e imaginamos vinha desaparecendo rapidamente, e que seria impossível reconstruí-la. Eu concordaria com isso, mas o afirmaria mais enfaticamente ainda, pois Lefebvre se preocupa muito pouco em descrever as terríveis condições de vida das massas em algumas de suas cidades favoritas do passado (as da Renascença italiana na Toscana). Ele também não se estende sobre o fato de que em 1945 a maioria dos parisienses vivia sem água encanada, em condições habitacionais execráveis (que os faziam congelar no inverno e ferver no verão), em bairros degradados, e que alguma coisa precisava e – pelo menos na década de 1960 – estava sendo feita para remediar aquela situação. O problema estava no fato de ser burocraticamente organizado e implementado por um Estado francês dirigista, sem nenhuma diretriz democrática e sem nada que se pudesse chamar de "imaginação prazerosa", e que simplesmente reforçava as relações de privilégio e domínio de classe na própria paisagem física da cidade.

Lefebvre também percebia que a relação entre o urbano e o rural – ou, como preferem os ingleses, entre o campo e a cidade – vinha passando por transformações radicais, que o campesinato tradicional estava desaparecendo e que o meio rural estava sendo urbanizado, ainda que esse processo gerasse uma nova abordagem consumista na relação com a natureza (substituindo os fins de semana e os períodos de lazer pelos subúrbios arborizados, em vertiginosa proliferação), e uma abordagem capitalista, produtivista, do suprimento de mercadorias agrícolas aos mercados urbanos, ao contrário do que ocorria com a agricultura camponesa autossustentável. Além disso, ele teve a presciência de perceber que esse processo se estava "globalizando", e que, em tais condições, a questão do direito à cidade (entendida como uma coisa distinguível ou um objeto definível) tinha de ceder espaço à questão um tanto mais vaga do direito à vida urbana, que mais tarde se transformou, em seu pensamento, na questão mais geral do direito a *La production de l'espace* [A produção do espaço].

O desaparecimento gradual da oposição urbano-rural segue um ritmo distinto em cada país, mas não há dúvida de que seguiu a direção prevista por Lefebvre. A recente urbanização desordenada da China é um caso digno de atenção, com a diminuição da porcentagem da população residente em áreas rurais – de 74%, em 1990, para cerca de 50% em 2010 – e o aumento da população de Chongqing em 30 milhões de pessoas durante a última metade do século. Embora haja muitos espaços residuais na economia global onde o processo ainda está longe de ter chegado ao fim, a humanidade vem sendo cada vez mais absorvida pelas fermentações e contracorrentes da vida urbanizada.

Isso coloca um problema: reivindicar o direito à cidade equivale, de fato, a reivindicar um direito a algo que não mais existe (se é que, de fato, alguma vez existiu). Além do mais, o direito à cidade é um significante vazio. Tudo depende de quem lhe vai conferir significado. Os financistas e empreiteiros podem reivindicá-lo, e têm todo o direito de fazê-lo. Mas os sem-teto e os *sans-papiers*[11] também o podem. Inevitavelmente, temos de enfrentar a questão de os direitos de quem está sendo identificado, e, ao mesmo tempo reconhecer, como Marx afirma n'*O Capital*, que "entre direitos iguais, o que decide é a força". A própria definição de "direito" é objeto de uma luta, e essa luta deve ser concomitante com a luta por materializá-lo.

A cidade tradicional foi morta pelo desenvolvimento capitalista descontrolado, vitimada por sua interminável necessidade de dispor da acumulação desenfreada de capital capaz de financiar a expansão interminável e desordenada do crescimento urbano, sejam quais forem suas consequências sociais, ambientais ou políticas. Nossa tarefa política, sugere Lefebvre, consiste em imaginar e reconstituir um tipo totalmente novo de cidade a partir do repulsivo caos de um desenfreado capital globalizante e urbanizador. Contudo, isso não pode ocorrer sem a criação de um vigoroso movimento anticapitalista cujo objetivo central seja a transformação da vida urbana do nosso cotidiano.

Como Lefebvre sabia muito bem com base na história da Comuna de Paris, o socialismo, o comunismo ou, para aumentar o rol de possibilidades, o anarquismo em uma cidade são proposições impossíveis. É simplesmente fácil demais para as forças da reação burguesa sitiar a cidade, cortar suas linhas de abastecimento e dominá-la pela fome, quando não invadi-la e

---

11 "Sem papéis", em francês. Refere-se a estrangeiros sem documentos, ou seja, imigrantes ilegais, clandestinos. [N. T.]

assassinar todos os resistentes (como aconteceu em Paris em 1871). Mas isso não significa que tenhamos de dar as costas à cidade como incubadora de ideias, ideais e movimentos revolucionários. Somente quando a política se concentrar na produção e reprodução da vida urbana como processo de trabalho essencial que dê origem a impulsos revolucionários será possível concretizar lutas anticapitalistas capazes de transformar radicalmente a vida cotidiana. Somente quando se entender que os que constroem e mantêm a vida urbana têm uma exigência fundamental sobre o que eles produziram, e que uma delas é o direito inalienável de criar uma cidade mais em conformidade com seus verdadeiros desejos, chegaremos a uma política do urbano que venha a fazer sentido. "A cidade pode estar morta", Lefebvre parece dizer, mas "Longa vida à cidade!".

Pode-se então dizer que o direito à cidade é a busca de uma quimera? Em termos exclusivamente físicos, sem dúvida isso é verdadeiro. Contudo, as lutas políticas são animadas tanto por intenções visionárias quanto por aspectos e razões de natureza prática. Grupos ligados à Aliança pelo Direito à Cidade são basicamente formados por moradores de baixa renda em comunidades negras que lutam pelo tipo de desenvolvimento que vá de encontro a seus desejos e necessidades, pessoas sem-teto que se organizam por seu direito à moradia e aos serviços básicos e jovens negros LGBTQ que lutam por seu direito à segurança nos espaços públicos. Na plataforma política coletiva elaborada em Nova York, a coalizão buscou uma definição mais clara e abrangente desse público que não apenas pode ter acesso real ao espaço público, mas que também podem ser empoderados para criar novos espaços comuns de socialização e ação política. O termo "cidade" tem uma história icônica e simbólica profundamente inserida na busca de significados políticos. A cidade de Deus, a cidade edificada sobre um morro, a relação entre cidade e cidadania – a cidade como objeto de desejo utópico, como um lugar distintivo de pertença em uma ordem espaço-temporal em movimento perpétuo –, tudo isso confere à cidade um significado que mobiliza um imaginário político crucial. Para Lefebvre, porém, e nisso ele está certamente de acordo com os situacionistas, se não em dívida para com eles, há no urbano uma multiplicidade de práticas prestes a transbordar de possibilidades alternativas.

O conceito de heterotopia defendido por Lefebvre (radicalmente diferente do de Foucault) delineia espaços sociais limítrofes de possibilidades onde "algo diferente" é não apenas possível, mas fundamental para a definição de trajetórias revolucionárias. Esse "algo diferente" não decorre necessariamente de um projeto consciente, mas simplesmente daquilo que as pessoas fazem, sentem, percebem e terminam por articular à medida que procuram significados para sua vida cotidiana. Essas práticas criam espaços heterotópicos por toda parte. Não precisamos esperar a grande revolução para que esses espaços venham a se concretizar. A teoria de Lefebvre de um movimento revolucionário situa-se exatamente no polo oposto: a confluência espontânea em um momento de "irrupção", quando grupos hererotópicos distintos de repente se dão conta, ainda que por um breve momento, das possibilidades da ação coletiva para criar algo radicalmente novo.

Essa confluência é simbolizada por Lefebvre na busca de centralidade. A centralidade tradicional da cidade foi destruída.

Contudo, há um impulso que se volta para sua restauração e que anseia por ela, e que sempre ressurge, gerando efeitos políticos de grande projeção, como vimos recentemente nas praças centrais do Cairo, de Madri, Atenas, Barcelona e, inclusive, em Madison, Wisconsin e, agora, no parque Zuccotti, em Nova York. De que outra maneira e em que outros lugares podemos nos reunir para articular nossas queixas e exigências coletivas?

É neste ponto, porém, que o romantismo revolucionário urbano que hoje tantos atribuem com grande apreço a Lefebvre entra em choque com a fortaleza de sua compreensão das realidades capitalistas e do poder do capital. Qualquer momento espontâneo de natureza alternativa e visionária é passageiro; se não se souber aproveitá-lo no momento exato, sem dúvida não voltará a acontecer (como Lefebvre testemunhou em primeira mão nas ruas de Paris, em 1968). O mesmo se pode dizer dos espaços heterotópicos de diferença que são a sementeira para os movimentos revolucionários. Em *A revolução urbana*, ele apegou-se à ideia de heterotopia (práticas urbanas) em estado de tensão (e não como alternativa) com a isotopia (a ordem espacial consumada e racionalizada do capitalismo e do Estado), bem como com a utopia como desejo expressivo. "A diferença isotopia-heterotopia", dizia ele, "só pode ser entendida dinamicamente [...] Os grupos anômicos constroem espaços heterotópicos que acabam sendo retomados pela práxis dominante."

Lefebvre tinha plena consciência da força e do poder das práticas dominantes para não reconhecer que a tarefa fundamental era erradicá-las por meio de um movimento revolucionário de amplitude muito maior. A totalidade do sistema capitalista de acumulação infinita, assim como suas estruturas relacionadas de poder de exploração de classe e do Estado, deve ser derrubada e substituída. Reivindicar o direito à cidade é uma estação intermediária na estrada que conduz a esse objetivo. Isso nunca poderá ser um objetivo em si mesmo, ainda que cada vez mais pareça ser um dos caminhos mais propícios a se seguir.

PRIMEIRA PARTE: O DIREITO À CIDADE

CAPÍTULO 1
O DIREITO À CIDADE

Vivemos em uma época em que os ideais dos direitos humanos passaram para o primeiro plano tanto política quanto eticamente. Dedica-se muita energia política na promoção, defesa e articulação de sua importância na construção de um mundo melhor. Na maior parte, os conceitos em vigência são individualistas e baseados na propriedade, e, como tais, em nada contestam a lógica de mercado hegemônica liberal e neoliberal. Afinal, vivemos em um mundo no qual os direitos de propriedade privada e a taxa de lucro se sobrepõem a todas as outras noções de direitos em que se possa pensar. Contudo, há ocasiões em que o ideal dos direitos humanos assume uma forma coletiva, como quando os direitos de trabalhadores, mulheres, *gays* e minorias adquire maior importância (um legado do já antigo movimento trabalhista norte-americano e, por exemplo, do Movimento pelos Direitos Civis nos Estados Unidos da década de 1960, que foi coletivo e de ressonância global). Houve momentos em que essas lutas pelos direitos coletivos alcançaram resultados importantes.

Aqui, pretendo explorar outro tipo de direito coletivo – o direito à cidade no contexto da retomada do interesse pelas ideias de Henri Lefebvre sobre o tema, e a emergência de todos os tipos de movimentos sociais no mundo inteiro, que agora começaram a reivindicar esse direito. Como podemos, portanto, definir esse direito?

DAVID HARVEY

A cidade, escreveu certa vez o famoso sociólogo urbano Robert Park, é

> a tentativa mais coerente e, em termos gerais, mais bem-sucedida de refazer o mundo em que vive, e de fazê-lo de acordo com seus mais profundos desejos. Porém, se a cidade é o mundo criado pelo homem, segue-se que também é o mundo em que ele está condenado a viver. Assim, indiretamente e sem nenhuma consciência bem definida da natureza de sua tarefa, ao criar a cidade o homem recriou a si mesmo[1].

Se Park está certo, a questão do tipo de cidade que queremos não pode ser separada da questão do tipo de pessoas que queremos ser, que tipos de relações sociais buscamos, que relações com a natureza nos satisfazem mais, que estilo de vida desejamos levar, quais são nossos valores estéticos. O direito à cidade é, portanto, muito mais do que um direito de acesso individual ou grupal aos recursos que a cidade incorpora: é um direito de mudar e reinventar a cidade mais de acordo com nossos mais profundos desejos. Além disso, é um direito mais coletivo do que individual, uma vez que reinventar a cidade depende inevitavelmente do exercício de um poder coletivo sobre o processo de urbanização. A liberdade de fazer e refazer a nós mesmos e a nossas cidades, como pretendo argumentar, é um dos nossos direitos humanos mais preciosos, ainda que um dos mais menosprezados. Qual seria, então, a melhor maneira de exercê-lo?

---

1 Robert Park, *On Social Control and Collective Behavior*, Chicago, Chicago University Press, 1967, p. 3.

Tendo em vista que, como afirma Park, até hoje carecemos de uma consciência bem definida de nossa tarefa, talvez seja útil refletir, primeiro, sobre o modo como fomos feitos e refeitos, ao longo da história, por um processo urbano impulsionado por forças sociais poderosas. Os últimos cem anos significam, por exemplo, que fomos refeitos várias vezes, sem saber como ou por quê. Essa dramática urbanização terá contribuído para o bem-estar humano? Transformou-nos em pessoas melhores ou deixou-nos a esmo em um mundo de anomia e alienação, raiva e frustração? Tornamo-nos meras mônadas lançadas ao sabor das ondas de um oceano urbano? Esse era o tipo de questão que preocupava a maior parte dos analistas do século XIX, como Friedrich Engels e Georg Simmel, que ofereceram críticas perspicazes da *persona* urbana que estava surgindo em decorrência da rápida urbanização[2]. Hoje, não é difícil enumerar todos os tipos de descontentamentos e ansiedades urbanos, assim como comoções, no cenário de transformações urbanas cada vez mais rápidas. Contudo, de algum modo parece nos faltar a coragem de exercer uma crítica sistemática. O turbilhão de mudanças nos assoberba mesmo diante de perguntas óbvias. Por exemplo, o que faremos diante das imensas concentrações de riquezas, privilégios e consumismo em quase todas as cidades do mundo, no torvelinho daquilo que

---

2 Friedrich Engels, *The Condition of the Working-Class in England in 1884* [*A situação da classe trabalhadora na Inglaterra*], Londres, Penguin Classics, 2009. Georg Simmel, "The Metropolis and Mental Life", in David Levine (org.), *On Individualism and Social Forms*, Chicago, Chicago University Press, 1971.

até as Nações Unidas descrevem como um explosivo "planeta de favelas"[3]?

Reivindicar o direito à cidade no sentido que aqui proponho equivale a reivindicar algum tipo de poder configurador sobre os processos de urbanização, sobre o modo como nossas cidades são feitas e refeitas, e pressupõe fazê-lo de maneira radical e fundamental. Desde que passaram a existir, as cidades surgiram da concentração geográfica e social de um excedente de produção. A urbanização sempre foi, portanto, algum tipo de fenômeno de classe, uma vez que os excedentes são extraídos de algum lugar ou de alguém, enquanto o controle sobre o uso desse lucro acumulado costuma permanecer nas mãos de poucos (como uma oligarquia religiosa ou um poeta guerreiro com ambições imperiais). Essa situação geral persiste sob o capitalismo, sem dúvida, mas nesse caso há uma dinâmica bem diferente em atuação. O capitalismo fundamenta-se, como nos diz Marx, na eterna busca de mais-valia (lucro). Contudo, para produzir mais-valia, os capitalistas têm de produzir excedentes de produção. Isso significa que o capitalismo está eternamente produzindo os excedentes de produção exigidos pela urbanização. A relação inversa também se aplica. O capitalismo precisa da urbanização para absorver o excedente de produção que nunca deixa de produzir. Dessa maneira, surge uma ligação íntima entre o desenvolvimento do capitalismo e a urbanização. Não surpreende, portanto, que as curvas logísticas do aumento da produção capitalista sejam, com o tempo, muito semelhantes às curvas logísticas da urbanização da população mundial.

---

3   Mike Davis, *Planet of Slums* [*Planeta favela*], Londres, Verso, 2006.

Examinemos mais de perto o que os capitalistas fazem. Eles começam o dia com certa quantidade de dinheiro e vão terminá-lo com mais dinheiro ainda (como lucro). No dia seguinte, eles precisam decidir o que fazer com o dinheiro excedente que ganharam no dia anterior. Isso os põe diante de um dilema faustiano: reinvestir para ganhar mais dinheiro ainda ou consumir esse excedente em prazeres. As leis impiedosas da concorrência obrigam-nos a reinvestir porque, se um não reinvestir, outro certamente o fará. Para que um capitalista continue sendo capitalista, algum excedente deve ser reinvestido para gerar ainda mais excedente. Os capitalistas bem-sucedidos geralmente obtêm mais que o suficiente, tanto para reinvestir na expansão de seus negócios quanto para satisfazer sua avidez por prazeres. Contudo, o resultado do eterno reinvestimento é a expansão da produção de excedentes. Ainda mais importante, isso implica crescimento em uma taxa composta – por isso todas as curvas de desenvolvimento logístico (dinheiro, capital, produção e população) se ligam à história da acumulação capitalista.

A política do capitalismo é afetada pela eterna necessidade de encontrar esferas rentáveis para a produção e absorção do excedente de capital. Desse modo, o capitalista encara vários obstáculos para manter uma expansão contínua e sem obstáculos. Se há escassez de mão de obra e os salários são excessivamente altos, então ou o trabalho existente terá de ser disciplinado – desemprego induzido tecnologicamente ou um ataque ao poder organizado da classe operária (como o que foi colocado em prática por Thatcher e Reagan na década de 1980) são dois métodos essenciais –, ou novas forças de trabalho devem ser encontradas (por imigração, exportação de capital ou proletarização de setores até então independentes da população). Em termos gerais, é preciso encontrar novos meios de produção e novos recursos naturais. Isso coloca uma pressão cada vez maior sobre o ambiente natural, para que ele forneça as matérias-primas necessárias e absorva os inevitáveis desperdícios. As leis coercivas que regem a concorrência também forçam novas tecnologias e formas de organização a entrar em operação o tempo todo, uma vez que os capitalistas com maior produtividade podem submeter os que usam métodos inferiores. As inovações definem novos desejos e necessidades e reduzem o tempo de giro do capital e a fricção da distância. Isso amplia o alcance geográfico em que o capitalista é livre para buscar maior oferta de mão de obra, de matérias-primas e assim por diante. Se não houver poder de compra suficiente em determinado mercado, novos mercados devem ser encontrados pela expansão do comércio exterior, promovendo-se novos produtos e estilos de vida, criando-se novos instrumentos de crédito e gastos públicos financiados pela dívida. Por último, se a taxa de lucros for muito baixa, a regulação estatal da "concorrência ruinosa", a monopolização (fusões e aquisições) e a exportação de capital a novas "pastagens" providenciam saídas.

Se qualquer dessas barreiras à contínua circulação de capital e expansão for impossível de contornar, então a acumulação de capital é bloqueada, e os capitalistas encaram uma crise. O capital não pode ser lucrativamente reinvestido, a acumulação fica estagnada ou deixa de ocorrer, o capital é desvalorizado (perdido) e, em alguns casos, até mesmo destruído. A desvalorização pode assumir diversas formas. As mercadorias excedentes podem ser desvalorizadas ou destruídas, a capacidade produtiva e os ativos podem ter seu valor reduzido e deixar de ser usados, ou o próprio dinheiro pode ser desvalorizado por meio da inflação. Em uma crise, sem dúvida, o trabalho pode ser desvalorizado mediante o desemprego em massa. De que modo, então, a urbanização capitalista tem sido impulsionada pela necessidade de contornar essas barreiras e aumentar o espaço da atividade capitalista lucrativa? Afirmo aqui que a urbanização desempenha um papel particularmente ativo (ao lado de outros fenômenos, como os gastos militares) ao absorver as mercadorias excedentes que os capitalistas não param de produzir em sua busca de mais-valia[4].

Em primeiro lugar, examinemos o caso da Paris do Segundo Império. A crise de 1848 foi uma das primeiras crises evidentes em que se verificaram, lado a lado, excedente de capital e excedente de trabalho – e que atingiu toda a Europa. Paris foi particularmente atingida por seus piores efeitos, e o resultado foi uma revolução abortada, deflagrada pelos operários desempregados e pelos utopistas burgueses para os quais uma república social seria um antídoto contra a ganância e a desigualdade capitalistas. A burguesia republicana reprimiu violentamente os revolucionários, mas não conseguiu debelar a crise. O resultado foi a subida ao poder de Luís Bonaparte, que deu um golpe de Estado em 1851 e proclamou-se imperador em 1852. Para sobreviver politicamente, o autoritário imperador recorreu a uma grande repressão política dos movimentos políticos alternativos, mas ele também sabia que tinha de resolver o

---

4 Para uma apresentação mais completa dessas ideias, cf. David Harvey, *The Enigma of Capital, and the Crises of Capitalism* [*O enigma do capital*], Londres, Profile Books, 2010.

problema da absorção do capital excedente, e para isso anunciou um vasto programa de investimentos infraestruturais, tanto em casa quanto fora. No exterior, isso significou a construção de estradas por toda Europa, chegando até ao Oriente, bem como a ajuda financeira a grandes obras, como o Canal de Suez. Em casa, significou a consolidação da rede ferroviária, a construção de portos e ancoradouros, a drenagem dos pântanos e outras coisas do gênero. Acima de tudo, porém, significou a reconfiguração da infraestrutura urbana de Paris. Em 1853, Bonaparte levou Haussmann[5] a Paris, e deixou a seu cargo os projetos e construções das obras públicas da cidade.

Haussmann entendeu perfeitamente que sua missão consistia em ajudar a resolver problemas de excedentes de capital e desemprego por meio da urbanização. A reconstrução de Paris absorveu imensas quantidades de mão de obra e capital para os padrões da época e, junto com a supressão autoritária das aspirações da força de trabalho parisiense, foi um instrumento fundamental para a estabilização social. Para a reconfiguração de Paris, Haussmann recorreu aos projetos utópicos (dos fourieristas e sansimonianos) que haviam sido debatidos na década de 1840, mas com uma grande diferença: ele transformou a escala concebida para aquele processo urbano. Quando o arquiteto Hittorf mostrou a Haussmann seus projetos para um novo bulevar, Haussmann os devolveu de imediato, dizendo-lhe: "Não é suficientemente amplo [...] seu projeto tem 40 m de largura, e

---

5 Georges-Eugène Haussmann, nomeado por Luis Bonaparte, o imperador Napoleão III, prefeito do departamento do Sena, que engloba o atual departamento de Paris. Foi o responsável pela modernização urbana de Paris, que incluiu a eliminação das ruas sinuosas e estreitas, que costumeiramente abrigavam barricadas nas revoltas e manifestações populares. [N. E.]

eu quero 120". Haussmann concebia a cidade em muito maior escala, agregou os subúrbios e reformulou bairros inteiros (como Les Halles), em vez de apenas pedaços do tecido urbano. Ele mudou a cidade de uma só vez, e não aos poucos. Para fazê-lo, precisava de novas instituições financeiras e instrumentos de crédito criados em moldes sansimonianos (o *Crédit Mobilier* e *Immobilière*). Na verdade, o que ele fez foi ajudar a resolver a questão da disponibilidade do excedente de capital, instituindo, para tanto, um sistema keynesiano de melhorias urbanas infraestruturais financiadas pela dívida.

O sistema funcionou bem por cerca de quinze anos, e consistiu não apenas em uma transformação das infraestruturas urbanas, mas também na criação de todo um estilo de vida urbano totalmente novo e um novo tipo de *persona* urbana. Paris transformou-se na "Cidade Luz", o maior centro de consumo, turismo e prazeres – os cafés, as grandes lojas de departamentos, a indústria da moda, as grandes exposições transformaram o estilo de vida urbano, permitindo a absorção de vastos excedentes mediante um consumo desmedido (que ao mesmo tempo agredia os tradicionalistas e excluía os trabalhadores). Foi então que, em 1868, foram por água abaixo tanto o sistema financeiro descomunal e cada vez mais especulativo quanto as estruturas de crédito que constituíam sua base. Haussmann perdeu seu poder. Em desespero, Napoleão III declarou guerra à Alemanha de Bismarck, e perdeu. No vácuo subsequente, surgiu a Comuna de Paris, um dos maiores episódios revolucionários da história capitalista urbana. A Comuna foi criada em parte devido à nostalgia do mundo urbano que havia sido destruído por Haussmann (ecos da Revolução de 1848) e ao desejo de recuperar sua cidade por parte dos desalojados pelas obras de Haussmann. Contudo, a Comuna também articulou visões progressistas conflitantes de uma modernidade socialista alternativa (em contraposição ao capitalismo monopolista) que opôs os ideais de controle hierárquico centralizado (a corrente jacobina) às concepções descentralizadas anarquistas (defendida pelos proudhonianos). Em 1872, em meio a intensas recriminações sobre quem eram os culpados pelo fracasso da Comuna, ocorreu o drástico rompimento político entre os marxistas e os anarquistas que, até hoje, infelizmente, ainda divide uma parte significativa da oposição esquerdista ao capitalismo[6].

Passemos agora para os Estados Unidos de 1942. O problema da aplicação do capital excedente, que parecera tão insolúvel na década de 1930 (e o desemprego que vinha em sua esteira), foi temporariamente resolvido pela imensa mobilização para o esforço de guerra. Contudo, todos temiam o que aconteceria depois da guerra. Politicamente, a situação era perigosa. Na verdade, o governo federal estava dirigindo uma economia nacionalizada (e o fazia com grande eficiência), e os Estados Unidos haviam feito aliança com a comunista União Soviética na guerra contra o fascismo. Fortes movimentos sociais com inclinações socialistas haviam surgido em resposta à depressão da década de 1930, e seus simpatizantes haviam se integrado ao esforço de guerra. Todos nós conhecemos a história subsequente da política macarthista e da Guerra Fria (das quais já havia abundantes indícios em 1942). Como se passara com Luís Bonaparte, uma dose colossal de repressão

---

6 Esse relato é baseado em *Paris, Capital of Modernity* (David Harvey, Nova York, Routledge, 2003).

política foi evidentemente invocada pelas classes dominantes da época para reafirmar seu poder. Que dizer, porém, do problema da aplicação do capital excedente?

Em 1942 surgiu uma volumosa avaliação dos esforços de Haussmann em um periódico de arquitetura. Ela documentava em detalhes o que ele havia feito de tão importante, mas também apresentava uma análise de seus erros. O artigo era assinado por ninguém menos que Robert Moses, que, depois da Segunda Guerra Mundial, faria em toda a região metropolitana de Nova York o que Haussmann havia feito em Paris[7]. Em outras palavras, Moses mudou a escala de pensamento sobre o processo urbano e – pelo sistema de autoestradas e transformações infraestruturais (financiados pela dívida), pela suburbanização e pela total reformulação não apenas da cidade, mas de toda a região metropolitana – determinou uma maneira de absorver a produção excedente e, desse modo, resolver o problema da absorção dos excedentes de capital. Esse processo, quando implementado em escala nacional, como o foi pelos principais centros metropolitanos dos Estados Unidos (outra transformação de escala), desempenhou um papel crucial na estabilização do capitalismo global depois da Segunda Guerra Mundial (foi esse o período em que os Estados Unidos puderam impulsionar toda a economia do mundo não comunista mediante o acúmulo de déficits comerciais).

A suburbanização dos Estados Unidos não foi apenas uma questão de novas infraestruturas. Como na Paris do Segundo

---

7 Robert Moses, "What Happened to Haussmann", *Architectural Forum*, 77, jul. 1942, p. 57-66. Cf. Robert Caro, *The Power Broker: Robert Moses and the Fall of New York*, Nova York, Knopf, 1974.

Império, implicou uma transformação radical do modo de vida em que novos produtos – de *tract housing*[8] nos subúrbios a geladeiras e aparelhos de ar-condicionado, e também dois carros na garagem e um enorme consumo de gasolina – desempenharam um importante papel na absorção do excedente. Assim, a suburbanização (junto com a militarização) desempenhou um papel crucial para ajudar a absorver o excedente nos anos do pós-guerra. Para tanto, porém, pagou-se o preço de esvaziar o centro das cidades e privá-las de uma base econômica sustentável, gerando a chamada "crise urbana" da década de 1960, definida por revoltas de minorias prejudicadas (sobretudo os afro-americanos) que viviam nos guetos no centro das cidades e às quais se negava acesso à nova prosperidade.

Não apenas os centros das cidades se revoltavam. Os tradicionalistas mobilizaram-se cada vez mais em torno de Jane Jacobs e tentaram impor limites ao modernismo brutal dos projetos em grande escala de Moses com um tipo diferente de estética urbana centrada no desenvolvimento dos bairros locais e na preservação histórica, e, em última análise, na gentrificação de áreas mais antigas. Àquela altura, porém, os subúrbios já haviam sido construídos, e a transformação radical do estilo de vida que isso indicava teve todo tipo de consequências sociais, levando as feministas, por exemplo, a declarar que o subúrbio e seu estilo de vida constituíam o cerne de seu mais irredutível descontentamento. Como havia acontecido com Haussmann, instaurou-se uma crise financeira de tal magnitude que Moses caiu em desgraça e, em fins da década de 1960, suas soluções

---

[8] Desenvolvimento de conjuntos residenciais de baixo custo compostos de casas pré-fabricadas, comuns nos subúrbios norte-americanos. [N. E.]

começaram a ser vistas como inadequadas e inaceitáveis. E, se a haussmannização de Paris teve um papel importante para a explicação da dinâmica da Comuna de Paris, assim também a insipidez da vida nos subúrbios teve um papel crucial nos dramáticos movimentos de 1968 nos Estados Unidos, quando estudantes brancos da classe média descontentes entraram em uma fase de revolta, buscando alianças com outros grupos marginalizados e cerrando fileiras contra o imperialismo norte-americano com o objetivo de criar um movimento voltado para a construção de outro tipo de mundo, incluindo um tipo diferente de experiência urbana (ainda que, uma vez mais, as correntes anarquistas e libertárias se tenham arregimentado contra as reivindicações de uma alternativa hierárquica e centralizada)[9].

Com a rebelião de 1968 veio uma crise financeira, em parte global (com o colapso dos acordos de Bretton Woods), mas também proveniente das instituições de crédito que haviam fomentado o *boom* imobiliário das décadas antecedentes. Essa crise intensificou-se em fins da década de 1960, até que todo o sistema capitalista entrou em colapso, gerando uma crise global de maiores proporções provocada pela explosão da "bolha" imobiliária global em 1973, seguida pela bancarrota fiscal de Nova York em 1975. Os dias sombrios da década de 1970 chegaram, e a questão que naquele momento se colocava era como resgatar o capitalismo de suas próprias contradições. Se a história pode ter a função de guia, o processo urbano destinava-se a ter um papel muito importante. Como mostrou William Tabb, a saída da crise fiscal de Nova York em 1975, orquestrada por uma

---

9 Henri Lefebvre, *The Urban Revolution* [*A revolução urbana*], Minneapolis, University of Minnesota Press, 2003.

difícil aliança entre o poder estatal e as instituições financeiras, foi a primeira a dar uma resposta neoliberal a essa questão: o poder da classe do capital seria protegido à custa do padrão de vida da classe operária enquanto o mercado estivesse desregulado para fazer seu trabalho. Mas a questão que se colocava então era como recuperar a capacidade de absorver os excedentes que o capitalismo precisava produzir caso pretendesse sobreviver[10].

Voltemos à nossa atual conjuntura. O capitalismo internacional estava em uma montanha-russa de crises e quebras regionais (Leste e Sudeste Asiáticos em 1997 e 1998, Rússia em 1998, Argentina em 2001, e assim por diante), até que sofreu uma quebra global em 2008. Qual terá sido o papel da urbanização nessa história? Nos Estados Unidos, até 2008 havia consenso geral de que o mercado imobiliário era um importante estabilizador da economia, particularmente depois da quebra do setor de alta tecnologia em fins da década de 1990. O mercado imobiliário absorvia diretamente uma parte significativa do excedente de capital, que era canalizado para novas construções (tanto os guetos dos centros quanto os conjuntos residenciais suburbanos e novos espaços para edifícios de escritórios), enquanto a rápida inflação do preço das moradias, sustentada por uma onda perdulária de refinanciamento hipotecário a taxas de juros historicamente baixas, fomentava o mercado interno dos Estados Unidos para bens de consumo e serviços. O mercado global estabilizou-se, em parte, por conta da expansão urbana dos Estados Unidos e da

---

10 . William Tab, *The Long Default: New York City and the Urban Fiscal Crisis*, Nova York, Monthly Review Press, 1982. David Harvey, *A Brief History of Neoliberalism* [*O neoliberalismo: história e implicações*], Oxford, Oxford University Press, 2005.

especulação nos mercados imobiliários, enquanto os Estados Unidos enfrentavam enormes déficits comerciais com o resto do mundo, fazendo empréstimos diários de aproximadamente 2 bilhões de dólares por dia para alimentar seu insaciável consumismo e as guerras financiadas pela dívida no Afeganistão e no Iraque durante a primeira década do século XXI.

Contudo, o processo urbano passou por outra transformação de escala. Em resumo, tornou-se global. Por esse motivo, não podemos nos concentrar exclusivamente nos Estados Unidos. O *boom* do mercado imobiliário na Grã-Bretanha, Irlanda e Espanha, assim como em muitos outros países, ajudou a conferir poder à dinâmica capitalista de modo muito parecido, em termos gerais, àquela dos Estados Unidos. A urbanização da China nos últimos vinte anos, como veremos no Capítulo 2, teve um caráter radicalmente distinto, com enfoque predominante na construção de infraestruturas. Sua rapidez aumentou acentuadamente depois de uma breve recessão por volta de 1997. Mais de cem cidades ultrapassaram a marca de 1 milhão de habitantes nos últimos vinte anos, e cidades pequenas como Shenzhen tornaram-se gigantescas metrópoles com entre 6 e 10 milhões de habitantes. A industrialização concentrou-se de início nas zonas econômicas especiais[11], mas depois se difundiu rapidamente para qualquer município disposto a absorver o capital excedente estrangeiro e reinvestir os lucros em uma

---

11 As zonas econômicas especiais foram zonas de livre-comércio estabelecidas na China a partir de 1979, em que se permitiam investimentos internacionais para a produção de bens de exportação em regiões urbanas portuárias e com mão de obra barata. A criação dessas zonas é um dos primeiros passos da abertura econômica da China, e a primeira das zonas a ser estabelecida foi a de Shenzhen, citada anteriormente. [N. E.]

rápida expansão. Grandes projetos infraestruturais, como represas e autoestradas – todos também financiados pela dívida –, estão transformando a paisagem[12]. Centros comerciais igualmente imensos, parques científicos, aeroportos, terminais de contêineres e todos os tipos de espaços de lazer, grande número de instituições culturais recém-criadas, junto com condomínios fechados e campos de golfe, pontilham a paisagem chinesa no meio de cidades-dormitório superpovoadas para as imensas reservas de mão de obra que chegam incessantemente das regiões rurais empobrecidas para fornecer a força de trabalho migrante. Como veremos, as consequências desse processo de urbanização para a economia global e a absorção de capital excedente têm sido gigantescas.

A China, porém, é só um epicentro de um processo de urbanização que atualmente já se tornou genuinamente global, em parte devido à assombrosa integração dos mercados financeiros que usam sua flexibilidade para financiar por dívida projetos urbanos que vão de Dubai a São Paulo e de Madri e Mumbai a Hong Kong e Londres. O Banco Central chinês, por exemplo, é muito ativo no mercado hipotecário secundário nos Estados Unidos, enquanto Goldman Sachs está envolvido com os emergentes mercados imobiliários em Mumbai, e o capital de Hong Kong vem investindo em Baltimore. Quase todas as cidades do mundo testemunharam a explosão imobiliária que favorecia os ricos – quase todas deploravelmente parecidas – em meio a um turbilhão de migrantes miseráveis, à medida que o

---

[12] Thomas Campanella, *The Concrete Dragon: China's Urban Revolution and What it Means for the World*, Princeton, Princeton Architectural Press, 2008.

campesinato rural era desapropriado pela industrialização e comercialização da agricultura.

Esses *booms* imobiliários adquiriram grande visibilidade na Cidade do México, em Santiago do Chile, em Mumbai, Johannesburgo, Seul, Taipei, Moscou e toda a Europa (onde o caso mais dramático ocorreu na Espanha), bem como em cidades dos principais países capitalistas, como Londres, Los Angeles, San Diego e Nova York (onde, em 2007, mais projetos urbanos em grande escala estavam sendo implementados, como nunca antes, sob a administração bilionária do prefeito Michael Bloomberg). Projetos urbanísticos assombrosos, espetaculares e criminosamente absurdos em certos aspectos surgiram no Oriente Médio, em lugares como Dubai e Abu Dhabi, como forma de tomar para si os excedentes de capital da riqueza proveniente do petróleo, da maneira mais ostensiva, socialmente injusta e ambientalmente prejudicial possível (como uma pista de esqui construída no meio de um deserto escaldante). Presenciamos aqui outra mudança de escala no processo de urbanização – mudança que torna difícil entender que o que pode estar acontecendo globalmente seja, em princípio, semelhante aos processos que, por algum tempo, Haussmann administrou com tanta competência na Paris do Segundo Império.

Contudo, esse *boom* imobiliário dependia, como todos os outros que a precederam, da criação de novas instituições e mecanismos financeiros que permitissem organizar o crédito necessário para mantê-la. As inovações financeiras introduzidas na década de 1980, particularmente a securitização e as grandes campanhas promocionais de hipotecas locais para vendê-las a investidores de todo o mundo, bem como a criação de novas instituições financeiras que pudessem fomentar o surgimento de um mercado hipotecário secundário e a emissão e venda de obrigações de assunção de dívida, desempenharam um papel crucial. Havia uma profusão de vantagens: dispersava o risco e conferia aos recursos de superávits de poupança maior facilidade de acesso à demanda imobiliária excedente, além de permitir, devido a suas coordenações, uma redução das taxas de juros agregadas (ao mesmo tempo que gerava imensas fortunas para os intermediários financeiros que produziam aquelas maravilhas). Todavia, dispersar o risco não significa eliminá-lo. Além do mais, o fato de que o risco pode ser dispersado tão amplamente estimula comportamentos locais ainda mais arriscados, já que o risco pode ser transferido para outras partes. Sem controles adequados de avaliação dos riscos, o mercado hipotecário perdeu o controle, e o que aconteceu aos irmãos Péreire[13] em 1867 e 1868 e ao desregramento fiscal de Nova York no começo da década de 1970 voltou a acontecer na crise hipotecária do *subprime* e na crise de valor de ativos imobiliários de 2008. A crise, em um primeiro momento, concentrou-se nas cidades norte-americanas e em seu entorno (ainda que se pudessem perceber sinais muito parecidos na Grã-Bretanha), com implicações particularmente graves para os afro-americanos de baixa renda e para mulheres solteiras que eram arrimos de família nos guetos no centro das cidades. A crise também atingiu aqueles que, sem recursos suficientes para enfrentar os altíssimos preços das moradias nos centros urbanos, em particular no sudoeste dos Estados Unidos, mudaram-se para

---

13 Os irmãos Péreire foram os fundadores do *Crédit Mobilier*, que, como vimos, possibilitou o projeto de modernização urbana de Haussmann. [N. E.]

as semiperiferias das áreas metropolitanas para ver se poderiam arcar com as baixas taxas de juros de casas pré-fabricadas, mas que então se depararam com os altos custos das viagens diárias para o trabalho devido ao aumento do preço do combustível e de suas cotas hipotecárias, à medida que as taxas de juro de mercado também aumentavam vertiginosamente. Essa crise, com perversos impactos locais sobre a vida urbana e as infraestruturas (bairros inteiros em cidades como Cleveland, Baltimore e Detroit foram devastados pela onda de execuções de hipotecas), ameaçou toda a arquitetura do sistema financeiro global e, como se isso não bastasse, desencadeou uma recessão de grandes proporções. Para usar um eufemismo, as semelhanças com a década de 1970 foram incomuns (inclusive a resposta rápida da Federal Reserve Bank[14], com a oferta de crédito abundante que tornou praticamente inevitáveis as fortes ameaças de inflação, como aconteceu na década de 1970, em algum momento futuro).

A situação, porém, é bem mais complexa hoje e ninguém pode afirmar com plena convicção se uma grave quebra nos Estados Unidos poderá ser compensada em outro lugar (na China, por exemplo). O desenvolvimento geográfico desigual pode resgatar novamente o sistema e impedir que haja uma quebra total, como aconteceu na década de 1990, muito embora os Estados Unidos estejam hoje no centro do problema. Contudo, o sistema financeiro também está temporariamente muito mais interligado hoje do que jamais esteve[15]. Quando se desviam de

---

14   O banco central dos Estados Unidos. [N. T.]
15   Richard Bookstaber, *A Demon of Our Own Design: Markets, Hedge Funds, and the Perils of Financial Innovation*, Nova York, Wiley, 2007. Frank Partnoy, *Infectious Creed: How Deceit and Risk Corrupted Financial Markets*, Nova York, Henry Holt, 2003.

seus objetivos, transações comerciais realizadas praticamente em uma fração de segundo sempre ameaçam criar alguma grande divergência no mercado (um exemplo disso nos é dado pela incrível volatilidade do mercado de ações), o que produzirá uma crise de grande porte que, por sua vez, exigirá uma reavaliação total do modo como o capital financeiro e os mercados monetários funcionam, inclusive no que diz respeito à urbanização.

Como em todas as fases anteriores, essa expansão muito recente e radical do processo urbano trouxe consigo incríveis transformações no estilo de vida. A qualidade da vida urbana tornou-se uma mercadoria para os que têm dinheiro, como aconteceu com a própria cidade em um mundo no qual o consumismo, o turismo, as atividades culturais e baseadas no conhecimento, assim como o eterno recurso à economia do espetáculo, tornaram-se aspectos fundamentais da economia política urbana, inclusive na Índia e na China. A tendência pós-moderna a estimular a formação de nichos de mercado, tanto nas escolhas de estilo de vida urbano quanto de hábitos de consumo e formas culturais, envolve a experiência urbana contemporânea em uma aura de liberdade de escolha no mercado, desde que você tenha dinheiro e possa se proteger da privatização da redistribuição da riqueza por meio da florescente atividade criminosa e das práticas fraudulentas e predatórias (cuja escalada é onipresente). *Shopping centers*, projetos arquitetônicos e urbanísticos colossais (cuja própria construção se transformou em um negócio em grande escala), com cinemas, restaurantes, bares etc., e grandes lojas de varejo proliferaram, assim como os restaurantes de *fast-food* e feiras de artesanato, a cultura de butiques e, como Sharon Zukin observa maliciosamente, a "pacificação por meio do *cappuccino*". Até mesmo o desenvolvimento incoerente, insípido e monótono das áreas suburbanas, que continua a prevalecer em muitas partes do mundo, encontrou agora seu antídoto no movimento chamado "novo urbanismo", que enaltece o "estilo butique" como modo de vida e a venda da comunidade como um produto criado pelos agentes imobiliários para satisfazer os sonhos urbanos. É um mundo em que a ética neoliberal do intenso individualismo, que quer tudo para si, pode transformar-se em um modelo de socialização da personalidade humana. Seu impacto vem aumentando o individualismo isolacionista, a ansiedade e a neurose em meio a uma das maiores realizações sociais (pelo menos a julgar por sua gigantesca escala e pelo fato de ser quase onipresente) já criadas na história humana para a concretização de nossos mais profundos desejos.

Contudo, as falhas do sistema também são demasiado evidentes. Vivemos cada vez mais em cidades divididas, fragmentadas e propensas a conflitos. O modo como vemos o mundo e definimos possibilidades depende do lado da pista em que nos encontramos e a que tipo de consumismo temos acesso. Nas últimas décadas, a guinada neoliberal recuperou o poder de classe das elites mais abastadas[16]. Em um único ano, os gestores dos fundos de *hedge* em Nova York ganharam rapidamente 3 bilhões de dólares em remuneração pessoal, e os bônus pagos nessa cidade a executivos dos altos escalões tiveram um aumento vertiginoso, passando de cerca de 5 milhões a 50 milhões de dólares para os maiores operadores econômicos (colocando os preços dos bens imóveis em patamares absurdos). No México,

---

16 David Harvey, op. cit., 2005. Thomas Edsall, *The New Politics of Inequality*, Nova York, Norton, 1985.

surgiram catorze bilionários desde a guinada neoliberal de fins da década de 1980, e esse país hoje se vangloria do fato de um mexicano, Carlos Slim, ser o homem mais rico do mundo, ao mesmo tempo que a renda dos mexicanos pobres permaneceu estagnada ou diminuiu ainda mais. Em fins de 2009 (depois que o pior da crise chegara ao fim), havia 115 bilionários na China, 101 na Rússia, 55 na Índia, 52 na Alemanha, 32 na Grã-Bretanha e trinta no Brasil, além dos 413 nos Estados Unidos[17]. Os resultados dessa crescente polarização na distribuição de riqueza e poder estão indelevelmente inscritos nas formas espaciais de nossas cidades, que cada vez mais se transformam em cidades de fragmentos fortificados, de comunidades muradas e de espaços públicos mantidos sob vigilância constante. A proteção neoliberal aos direitos da propriedade privada e seus valores torna-se uma forma hegemônica de política, mesmo para a classe média baixa. No mundo em desenvolvimento, em particular, a cidade

> está se dividindo em partes distintas, com a formação aparente de muitos "microestados". Os bairros ricos, que contam com todos os tipos de serviços, como escolas exclusivas, campos de golfe, quadras de tênis e patrulha de policiamento privado ininterrupta nas ruas, veem-se cercados por assentamentos ilegais onde a água só é disponível nas fontes públicas, não há serviços básicos de saneamento, a eletricidade é pirateada por poucos privilegiados, as estradas se transformam em lamaçais sempre que chove, e onde o compartilhamento de uma mesma casa por várias

---

17 Jim Yardley e Vikas Bajaj, "Billionaires' Ascent Help India, and Vice--Versa", *New York Times*, 27 jul. 2001.

famílias é a norma. Cada segmento parece viver e funcionar autonomamente, agarrando-se com todas as forças ao que conseguiu para si na luta cotidiana pela sobrevivência[18].

Nessas condições, os ideais de identidade urbana, cidadania e pertença, de uma política urbana coerente, já ameaçados pelo mal-estar da ética neoliberal individualista, tornam-se muito mais difíceis de manter. Até mesmo a ideia de que a cidade poderia funcionar como um corpo político coletivo, um lugar no qual e a partir do qual poderiam surgir movimentos sociais progressivos, parece – pelo menos superficialmente – cada vez mais implausível. Na verdade, porém, há todo tipo de movimentos sociais urbanos em evidência buscando superar o isolamento e reconfigurar a cidade de modo que ela passe a apresentar uma imagem social diferente daquela que lhe foi dada pelos poderes dos empreiteiros apoiados pelas finanças, pelo capital empresarial e por um aparato estatal que só parece conceber o mundo em termos de negócios e empreendimentos. Até as administrações urbanas relativamente conservadoras estão procurando maneiras de empregar seus poderes para experimentar novas modalidades de produção do urbano e de democratizar a governança. Haverá uma alternativa urbana? Se a resposta for positiva, de onde ela poderá surgir?

A absorção do excedente por meio da transformação urbana tem, contudo, um aspecto ainda mais sombrio, uma vez que implica uma grande recorrência de reestruturação urbana por meio de uma "destruição criativa". Quase sempre, isso tem uma

---

18 Marcello Balbo, "Urban Planning and the Fragmented City of Developing Countries", *Third World Planning Review*, 15 (1), 1993, p. 2305.

dimensão de classe, pois em geral são os pobres, os desprivilegiados e marginalizados do poder político os que sofrem mais que quaisquer outros com esse processo. A violência é necessária para construir o novo mundo urbano sobre os escombros do antigo. Haussmann pôs abaixo os velhos bairros pobres de Paris, usando poderes de expropriação para obter benefícios supostamente públicos, e o fez em nome do desenvolvimento cívico, da recuperação ambiental e da renovação urbana. Deliberadamente, ele conseguiu remover boa parte da classe trabalhadora e de outros elementos indesejáveis, juntamente com indústrias insalubres, do centro de Paris, onde representavam uma ameaça à saúde pública e, sem dúvida, ao poder político. Haussmann fez uma reforma urbana na qual, acreditava-se (erradamente, como ficou claro na Comuna de Paris), um grau suficiente de vigilância e controle militar asseguraria o fácil controle das classes insurgentes pelo poder militar. Porém, como Engels assinalou em 1872,

> Na verdade, a burguesia só tem um método para resolver a seu próprio modo o problema da moradia – isto é, resolvê-lo de modo que a solução recoloque eternamente os mesmos problemas a cada nova tentativa. Esse método é chamado de "Haussmann" [denominação com a qual] me refiro à prática que atualmente se difundiu muito e consiste em abrir brechas nos bairros operários da classe operária de nossas grandes cidades e, particularmente, em áreas centrais, sem nada que justifique se isso é ou não feito por razões de saúde pública, pelo embelezamento da cidade, pela procura por grandes edifícios comerciais situados no centro ou, devido às exigências do tráfego, do assentamento de dormentes

de estradas de ferro, da ampliação das ruas (o que às vezes parece ter o objetivo de dificultar as lutas em barricadas) [...] Por mais diferentes que sejam os motivos, o resultado será sempre o mesmo; os becos imundos desaparecem, para grande alegria da burguesia, que se autocongratula por ter contribuído para o enorme sucesso das transformações, mas tudo reaparece imediatamente em outro lugar qualquer [...] Os focos das doenças, os buracos e porões infames em que o modo de produção capitalista confina nossos trabalhadores noite após noite não são erradicados; são simplesmente *transferidos para outro lugar*! A mesma necessidade econômica que os produziu nas vezes anteriores volta a produzi-los em outros lugares[19].

Na verdade, a burguesia levou mais de cem anos para concluir a conquista do centro de Paris, com as consequências que temos visto nos últimos anos – distúrbios e ações violentas nos subúrbios isolados nos quais os imigrantes marginalizados, os trabalhadores desempregados e os jovens estão cada vez mais acuados. O mais triste disso tudo, sem dúvida, é que os processos descritos por Engels continuam a se reproduzir indefinidamente na história urbana capitalista. Robert Moses "deu uma machadada no Bronx" (em suas próprias e infames palavras), e foram muitas e sonoras as lamentações de grupos e movimentos vizinhos, que terminaram por ser sintetizadas na retórica de Jane Jacobs sobre a inimaginável destruição não apenas de um valioso tecido urbano, mas também de comunidades inteiras de moradores e suas redes de integração social há muito tempo

---

19 Friedrich Engels, *The Housing Question* [*A questão da moradia*], Nova York, International Publishers, 1935, p. 74-7.

estabelecidas[20]. Nos casos de Paris e Nova York, porém, quando o poder brutal das expropriações do Estado foi enfrentado e reprimido pelas agitações políticas de 1968, um processo de transformação muito mais insidioso e sinistro ocorreu por meio do disciplinamento fiscal dos governos urbanos democráticos, do mercado fundiário, da especulação imobiliária e da distribuição do solo para os usos que geravam as mais altas taxas financeiras possíveis graças a sua "utilização mais nobre e empreendedora". Engels também compreendeu muito bem o que estava por trás desse processo:

> Em certas áreas, sobretudo nas que ficam nas proximidades do centro, o desenvolvimento das grandes cidades modernas atribui à terra um valor artificial e abusivo que aumenta continuamente; os edifícios nelas construídos diminuem esse valor em vez de aumentá-lo, pois eles já não atendem às novas circunstâncias. São derrubados e substituídos por outros. Isso acontece particularmente com as casas dos trabalhadores, que ficam nas adjacências do centro e cujos aluguéis, mesmo com o aumento do número de pessoas que nelas vivem, têm um limite de aumento que não pode ser ultrapassado. O resultado desse processo é que são derrubadas e, em seu lugar, surgem lojas, casas comerciais de diversos tipos e edifícios públicos[21].

É deprimente pensar que tudo isso foi escrito em 1872, uma vez que a descrição de Engels se aplica diretamente aos processos urbanos contemporâneos em grande parte da Ásia (Nova

---

20 Marshall Berman, *All That Is Solid Melts Into Air* [*Tudo o que é sólido desmancha no ar*], Londres, Penguin, 1988.
21 Friedrich Engels, op. cit., 1935, p. 23.

Délhi, Seul, Mumbai), bem como à gentrificação contemporânea de, digamos, áreas como o Harlem e o Brooklyn em Nova York. Em resumo, um processo de deslocamento e desapropriação também se encontra no cerne do processo urbano sob o capitalismo. Essa é a imagem especular da absorção do capital por meio do redesenvolvimento urbano. Consideremos o caso de Mumbai, onde há 6 milhões de pessoas consideradas oficialmente faveladas que, em sua maior parte, vivem em terrenos sem título de propriedade (os lugares onde elas vivem aparecem em branco em todos os mapas da cidade). Com a tentativa de transformar Mumbai em um centro financeiro global capaz de rivalizar com Xangai, o *boom* imobiliário entra em processo de frenética aceleração, e a terra ocupada pelos favelados torna-se cada vez mais valiosa. O valor das terras ocupadas por Dharavi, uma das favelas mais conhecidas de Mumbai, chega a 2 bilhões de dólares, e as pressões para destruir suas moradias (por razões ambientais e sociais que apenas mascaram a avidez pela posse da terra) aumenta dia após dia. Respaldados pelo Estado, os poderes financeiros pressionam pela remoção dos moradores pela força, e muitas vezes tomam posse violentamente de um terreno ocupado há gerações pelas famílias que ali vivem. O acúmulo do capital imobiliário por meio da atividade imobiliária explode, tendo em vista que a terra é comprada por preços irrisórios. As pessoas forçadas a abandonar suas moradias recebem alguma compensação? Alguns felizardos conseguem alguns trocados. Contudo, embora a constituição indiana determine que o Estado é obrigado a proteger a vida e o bem-estar de toda a população, independentemente das questões de casta e classe, e a assegurar seu direito à subsistência e moradia, o Supremo Tribunal da Índia promulgou leis que reescrevem essa exigência constitucional. Tendo em vista que os favelados são moradores ilegais, e muitos não conseguem demonstrar, de fato, sua permanência há muito tempo na terra em que vivem, eles não têm direito a nenhuma indenização. Admitir esse direito, afirma o Supremo Tribunal, seria o mesmo que recompensar os batedores de carteiras por suas ações. Portanto, os favelados têm duas opções: ou resistir e lutar, ou mudar com seus poucos pertences e construir barracos nas imediações das autoestradas ou onde quer que encontrem algum minúsculo espaço[22]. Exemplos semelhantes de desapropriação (ainda que menos brutais e mais legalistas) podem ser encontrados nos Estados Unidos, por meio do uso abusivo do poder expropriante, que permite transferi-los para moradias razoáveis em favor de usos mais lucrativos do solo (como condomínios ou grandes centros de compras). Desafiados na Suprema Corte dos Estados Unidos, os juízes liberais prevaleceram sobre os conservadores, afirmando que, para as jurisdições locais, era perfeitamente constitucional comportar-se dessa maneira a fim de aumentar sua base de cálculo do imposto sobre a propriedade.

Em Seul, na década de 1990, as empresas de construção civil e as empreiteiras contrataram hordas de "lutadores de sumô" para invadir bairros inteiros e destruir, com marretas, não apenas as casas, como também todos os pertences daqueles que, na década de 1950, haviam construído sua própria moradia nos

---

[22] Usha Ramanathan, "Illegality and the Poor", *Economic and Political Weekly*, 22 jul. 2006. Rakesh Shukla, "Rights of the Poor: An Overview of Supreme Court", *Economic and Political Weekly*, 2 set. 2006.

morros da cidade, um lugar que, por volta da década de 1990, se tornara extremamente valioso. Hoje, a maior parte desses morros está repleta de arranha-céus que não mostram nenhum indício da brutalidade do processo de desapropriação que permitiu sua construção. Na China, milhões de pessoas estão sendo desalojadas de terras que ocupam há tempos imemoriais. Como elas não possuem direitos de propriedade privada, podem ser expulsas simplesmente por meio de um decreto, recebendo um pagamento irrisório em moeda corrente para ajudá-las a se mudar dali (antes de a terra ser vendida aos empreiteiros a preços altíssimos). Em alguns casos, as pessoas deixam o lugar sem grandes problemas, mas também há relatos de violentos movimentos de resistência que costumam receber, como resposta, a habitual repressão brutal por parte do Partido Comunista. No caso chinês, as populações desalojadas geralmente são as que vivem no entorno rural das cidades, o que ilustra a importância do argumento antevisto com grande acerto por Lefebvre na década de 1960, quando afirmou que a clara distinção outrora existente entre o urbano e o rural estava desaparecendo aos poucos, dando lugar a espaços permeáveis, com desenvolvimento geográfico desigual sob o domínio hegemônico do capital e do Estado. Na China, as comunidades rurais na periferia das cidades passaram do trabalho estafante e sem futuro de cultivar repolhos para a atividade mais tranquila de rentistas urbanos (ou, pelo menos, assim o fizeram os líderes comunitários do partido) que, praticamente da noite para o dia, fizeram surgir novos condomínios. O mesmo acontece na Índia, onde a política de zonas especiais de desenvolvimento econômico, hoje apoiada pelo governo central e pelos governadores dos

Estados, vem gerando episódios de grande violência contra os produtores agrícolas – o pior dos quais foi o massacre de Nandigram, na Bengala Ocidental, orquestrado pelo partido político marxista dominante, com a finalidade de deixar o caminho livre para o grande capital indonésio, ao mesmo tempo interessado no desenvolvimento imobiliário urbano e no desenvolvimento industrial. Nesse caso, os direitos de propriedade privada não ofereceram nenhuma proteção.

E o mesmo acontece com a proposta aparentemente progressista de conceder direitos de propriedade privada aos ocupantes, oferecendo-lhes os bens necessários para sair da pobreza. Esse é o tipo de proposta atualmente debatida para as favelas do Rio de Janeiro, mas o problema é que os pobres, atormentados pela escassez de seus rendimentos e pelas consequentes dificuldades financeiras, são facilmente convencidos a vender esses bens a preços relativamente baixos (os ricos geralmente se recusam a desfazer-se de suas propriedades valiosas a qualquer preço, razão pela qual Moses conseguia dar suas "machadadas" no Bronx, de baixa renda, mas não na endinheirada Park Avenue). Aposto que, se as tendências atuais prevalecerem, em quinze anos todos aqueles morros ocupados por favelas estarão repletos de condomínios arranha-céus com vistas deslumbrantes para a Baía de Guanabara, enquanto os antigos favelados estarão morando em alguma periferia distante[23]. A longo prazo, o efeito da privatização thatcheriana da habitação de interesse

---

23 Boa parte dessas ideias segue a obra de Hernando de Soto, *The Mystery of Capital: Why Capitalism Triumphs in the West and Fails Everywhere Else* (Nova York, Basic Books, 2000). Cf. o exame crítico de Timothy Mitchell ("The Work of Economics: How a Discipline Makes its World", *Archives Européenes de Sociologie*, 46 [2], 2005, p. 297-320).

social no centro de Londres consistiu em criar, em toda a área metropolitana, uma estrutura de aluguéis e preços que impede que pessoas de baixa renda e, atualmente, até mesmo de classe média tenham acesso à moradia em qualquer lugar próximo ao centro urbano. O problema da moradia a preços acessíveis, assim como o da pobreza e acessibilidade, realmente foi mandado para longe.

Esses exemplos advertem-nos sobre a existência de toda uma bateria de soluções aparentemente "progressistas" que não apenas levam o problema para longe como também fortalecem, enquanto simultaneamente ampliam, a cadeia dourada que aprisiona as populações vulneráveis e marginalizadas dentro da órbita de circulação e acumulação de capital. Hernando de Soto[24] argumenta influentemente que o que mantém os pobres mergulhados na miséria nos países do sul é a falta de direitos claros de propriedade (ignorando o fato de que a pobreza também é abundante em sociedades nas quais os direitos de propriedade são claramente definidos). Na verdade, haveria casos em que a concessão desses direitos nas favelas do Rio ou de Lima liberaria energias individuais e empenhos empreendedores que levariam ao avanço pessoal. Mas o efeito concomitante quase sempre consiste em destruir os modos coletivos e de não maximização dos lucros de solidariedade social e de apoio mútuo, enquanto o efeito agregado será quase certamente anulado pela falta de empregos estáveis e bem remunerados. No Cairo, Elyachar obser-

---

24 Economista e político peruano, Hernando de Soto foi assessor do então presidente Alberto Fujimori. Por meio de seus trabalhos teóricos, da assessoria a diversos políticos de vários países e do Instituto para a Liberdade e Democracia, do qual é presidente e fundador, participa ativamente da propagação do neoliberalismo em regiões periféricas do mundo. [N. E.]

va, por exemplo, como essas políticas aparentemente progressistas criaram um "mercado de desapropriação" que, na verdade, procura extorquir valor de uma economia moral baseada no respeito mútuo e na reciprocidade para benefício das instituições capitalistas[25].

Grande parte desses comentários também se aplica às soluções de microcrédito e microfinanças para a pobreza global, cuja suposta excelência é hoje tão apregoada pelas instituições financeiras de Washington. O microcrédito, em sua encarnação social (conforme antevista por Yunus, prêmio Nobel da Paz), realmente ofereceu novas possibilidades e teve um impacto significativo sobre as relações de gênero, com consequências positivas para as mulheres em países como Índia e Bangladesh, mas o faz impondo sistemas de responsabilidade coletiva para o pagamento de dívidas que podem aprisionar mais do que liberar. No mundo da microfinança, conforme articulada pelas instituições de Washington (ao contrário da orientação social e mais filantrópica do microcrédito proposto por Yunus), o efeito consiste em gerar fontes de renda de alta rentabilidade (com taxas de juros de pelo menos 18%, e frequentemente bem mais altas) para as instituições financeiras globais, no contexto de uma estrutura de mercado emergente que permite que as empresas multinacionais tenham acesso ao gigantesco mercado agregado constituído pelos 2 bilhões de pessoas que vivem com menos de 2 dólares por dia. Esse imenso "mercado na base da pirâmide", como é chamado nos círculos empresariais, a que o grande capital pretende ter acesso por meio de negócios em grande escala,

---

25 Julia Elyachar, *Markets of Dispossession: NGOs, Economic Development, and the State in Cairo*, Chapel Hill, Duke University Press, 2005.

criando redes complexas de vendedores (principalmente mulheres) ligadas por uma cadeia de mercado que atue desde os depósitos de multinacionais até os vendedores de rua[26]. Esses vendedores formam um conjunto de relações sociais, mutuamente responsáveis, constituído para garantir o pagamento da dívida e dos juros, permitindo-lhes comprar os produtos que posteriormente serão vendidos no varejo. No que diz respeito à concessão de direitos de propriedade privada, é quase certo que algumas pessoas (em sua maioria, mulheres) podem alcançar uma boa posição financeira, ao mesmo tempo que serão atenuados os notórios problemas de dificuldade de acesso dos pobres aos bens de consumo a preços razoáveis. Mas isso não é solução para o problema do impacto urbano sobre a pobreza. A maioria dos participantes do sistema de microfinanças será reduzida à escravidão por dívidas, presa em uma posição de intermediária entre as corporações multinacionais e as populações empobrecidas das favelas urbanas, em que as vantagens serão sempre das corporações multinacionais. Esse é o tipo de estrutura que impedirá a exploração de alternativas mais produtivas. Sem dúvida, não confere nenhum direito à cidade.

Podemos concluir que a urbanização desempenhou um papel crucial na absorção de excedentes de capital, e que o tem feito em escala geográfica cada vez maior, mas ao preço de processos florescentes de destruição criativa que implicam a desapropriação das massas urbanas de todo e qualquer direito à cidade.

---

26 Ananya Roy, *Poverty Capital: Microfinance and the Making of Development*, Nova York, Routledge, 2010. C. K. Prahalad, *The Fortune at the Bottom of the Pyramid: Eradicating Poverty Through Profits*, Nova York, Pearson Prentice Hall, 2009.

Periodicamente, isso termina em rebeliões, como em 1871, em Paris, quando os desapropriados se uniram para reivindicar a cidade que haviam perdido. Os movimentos sociais urbanos de 1968, de Paris e Bangcoc à Cidade do México e Chicago, também procuraram definir um modo de vida urbana diferente daquele que lhes vinha sendo imposto pelos empreiteiros capitalistas e pelo Estado. Se, como parece provável, as dificuldades fiscais da conjuntura atual aumentarem e estiver chegando ao fim a até agora bem-sucedida fase neoliberal, pós-modernista e consumista de absorção capitalista do excedente por meio da urbanização, e se uma crise de maior amplitude já assoma no horizonte, há uma pergunta que precisamos fazer: onde está nosso 68 ou, ainda mais dramaticamente, nossa versão da Comuna?

Por analogia às transformações no sistema fiscal, a resposta política tende a ser muito mais complexa em nossa época, exatamente porque o processo urbano hoje tem alcance global e vem enfrentando todo tipo de fissuras, inseguranças e desenvolvimentos geográficos diferentes. Porém, como ouvimos em uma canção de Leonard Cohen, essas fissuras são "aquilo que deixa a luz entrar". Os sinais de revolta estão por toda parte (a inquietação na China e na Índia é crônica, a África é varrida por guerras civis, a América Latina está em plena ebulição, movimentos autônomos surgem por toda parte e até nos Estados Unidos os indícios políticos sugerem que a maioria da população está dizendo "Basta!" no que diz respeito às acintosas desigualdades). A qualquer momento, esses fortes indícios de revolta podem se tornar contagiosos. Ao contrário do sistema fiscal, porém, não há ligações estreitas entre os movimentos sociais de oposição urbanos e periurbanos, que são abundantes em nosso mundo. Portanto, é improvável que, como uma vez sonhou a Weather Underground[27], uma única centelha possa incendiar toda a pradaria. Precisará haver alguma coisa bem mais sistemática do que isso. Porém, se esses diversos movimentos de oposição se unissem de alguma maneira – agregando-se, por exemplo, em torno da reivindicação do direito à cidade –, quais deveriam ser suas exigências?

A resposta a essa pergunta é bem simples: maior controle democrático sobre a produção e o uso do excedente. Uma vez que o processo de urbanização é um dos principais canais de uso, o direito à cidade se configura pelo estabelecimento do controle democrático sobre a utilização dos excedentes na urbanização. Ter um produto excedente não é algo ruim em si mesmo: na verdade, em muitas situações é crucial para a boa sobrevivência. Ao longo da história do capitalismo, parte do valor excedente criado tem sido tributada pelo Estado e, nas fases social-democratas, essa proporção aumentou significativamente, colocando grande parte do excedente sob controle estatal. Nos últimos trinta anos, todo o projeto neoliberal orientou-se para a privatização do controle sobre o excedente. Os dados para todos os países da Organização para Cooperação e Desenvolvimento Econômico (OCDE) mostram, porém, que a parcela da produção bruta que fica com o Estado manteve-se mais ou menos constante desde a década de 1970. Assim, a maior realização da investida neoliberal consistiu em impedir

---

27 Organização norte-americana de orientação maoista. O grupo, que durou apenas de 1969 a 1973, ficou conhecido publicamente a partir de atentados à bomba e a incitação de tumultos ao longo de seus quatro anos de atividade. [N. E.]

que a parcela do Estado aumentasse do modo como ocorreu na década de 1960. Outra resposta consistiu em criar novos sistemas de governança que integram os interesses do Estado e das corporações, e, pela aplicação do poder do dinheiro, asseguram que esse controle sobre o desembolso do excedente por meio de aparelho estatal favoreça o capital corporativo e as classes altas na configuração do processo urbano. O aumento da parcela do excedente sob controle do Estado só funcionará se o próprio Estado reformular-se e voltar a se colocar sob o controle democrático do povo.

Cada vez mais vemos que o direito à cidade vem caindo nas mãos de interesses privados ou quase privados. Em Nova York, por exemplo, temos um prefeito bilionário, Michael Bloomberg, que está reestruturando a cidade de modo a fazê-la servir aos interesses dos agentes imobiliários, de Wall Street e dos pertencentes à classe capitalista transnacional, ao mesmo tempo que continua a vender a cidade como o lugar por excelência para os grandes negócios e um fantástico destino turístico, transformando Manhattan em uma vasta comunidade de acesso exclusivo aos ricos (seu bordão desenvolvimentista, ironicamente, tem sido "construir como Moses sem esquecer de Jane Jacobs"[28]). Em Seattle, um bilionário como Paul Allen é quem dá as cartas, e, na Cidade do México, o homem mais rico do mundo, Carlos Slim, refez a pavimentação das ruas do centro de modo a torná-las mais atraentes aos olhos dos turistas. E não são apenas os

---

28 Scott Larson, *Building like Moses with Jane Jacobs in Mind*, tese de doutorado em Ciências da Terra e Ambiental, Nova York, City University of New York, 2010.

muito ricos que exercem o poder direto. Na cidade de New Haven, sem recursos para seus próprios investimentos urbanos, é a Universidade Yale, uma das mais ricas do mundo, que está redesenhando grande parte do tecido urbano para adequá-lo a suas necessidades. A Johns Hopkins está fazendo o mesmo para o leste de Baltimore, bem como a Universidade de Colúmbia em áreas de Nova York (deflagrando movimentos de resistência em seus entornos em ambos os casos, como na tentativa de tomada de terras em Dharavi). O direito à cidade como existe hoje, como se constitui atualmente, encontra-se muito mais estreitamente confinado, na maior parte dos casos, nas mãos de uma pequena elite política e econômica com condições de moldar a cidade cada vez mais segundo suas necessidades particulares e seus mais profundos desejos.

Passemos agora a um exame mais estrutural da situação. Em janeiro de cada ano publica-se uma estimativa do total dos bônus ganhos, em Wall Street, por todo o trabalho árduo em que os financistas se engajaram no ano anterior. Em 2007, um ano desastroso para os mercados financeiros, seja qual for a perspectiva adotada para chegar a essa conclusão (ainda que não tão ruim quanto viria a ser o ano seguinte), os bônus chegaram a 33,2 bilhões de dólares, só 2% menos que no ano anterior (em termos de remuneração, nada mal para pessoas que desestruturaram o sistema financeiro mundial). Em meados do verão de 2007, o Federal Reserve (FED) e o Banco Central Europeu injetaram bilhões de dólares em créditos a curto prazo no sistema financeiro para garantir sua estabilidade e, à medida que o ano seguia seu curso, o FED reduziu drasticamente suas taxas de juros cada vez que os mercados de Wall Street ameaçavam desmoronar fragorosamente. Enquanto isso, cerca de 2 ou 3 milhões de pessoas – sobretudo uma mistura de mães solteiras arrimos de família, afro-americanos nas grandes cidades e vastos segmentos da população branca marginalizada na semiperiferia urbana – estavam (ou ainda estão) prestes a juntar-se aos sem-teto devido à execução das hipotecas. Nas cidades norte-americanas, muitos bairros, e até comunidades periurbanas inteiras, ficaram praticamente às moscas e sujeitas a vandalismos, arruinadas pelas práticas de crédito predatórias das instituições financeiras. Essas pessoas não recebiam bônus. Na verdade, uma vez que a execução de hipotecas significa perdão da dívida, e que isso é visto como renda, muitas dessas pessoas despejadas tiveram de se haver com pesados projetos de lei de imposto de renda relacionados a um dinheiro que nunca tiveram. Essa terrível assimetria coloca a seguinte questão: por que o FED e o Tesouro norte-americano não estenderam sua ajuda de liquidez a médio prazo às famílias ameaçadas pela obrigação de desocupar seus imóveis até que a reestruturação de suas hipotecas a taxas razoáveis pudesse resolver boa parte do problema? A ferocidade da crise do crédito teria sido atenuada, e os pobres e seus bairros e comunidades teriam sido protegidos. Além disso, o sistema financeiro global não precisaria tentar manter um perigoso equilíbrio à beira da total insolvência, como aconteceu um ano depois. Na verdade, isso teria levado a missão do FED para além de seu encaminhamento habitual, além de se voltar contra a norma ideológica neoliberal de que, em caso de conflito entre o bem-estar das instituições financeiras e o do povo, é este que tem de ser esquecido e abandonado. Também se teria voltado contra as preferências da classe capitalista no que diz respeito à distribuição de renda e às ideias neoliberais de responsabilidade pessoal. Consideremos, porém, o preço que teve de ser pago pela observância dessas normas e pela absurda destruição criativa que daí resultou. Não é possível que alguma coisa possa e deva certamente ser feita para inverter essas opções políticas?

Mas ainda estamos para ver, no século XXI, que um movimento coerente de oposição a tudo isso venha a ocorrer. É de conhecimento geral que já está em andamento um grande e diversificado número de lutas e movimentos sociais urbanos (no sentido mais amplo do termo, isto é, aquele que também inclui os movimentos nas zonas rurais). Em muitas partes do mundo, são abundantes as inovações urbanas acerca da sustentabilidade ambiental, da incorporação cultural dos imigrantes e do desenho urbano dos espaços habitacionais públicos. Contudo, elas ainda precisam se concentrar no objetivo único de adquirir maior controle sobre os usos do excedente (para não falar das condições em que se dá sua produção). Um passo rumo à unificação dessas lutas – ainda que de maneira alguma o último – consistiria em concentrar-se clara e inequivocamente nesses momentos de destruição criativa nos quais a economia de acumulação de riquezas se transforme violentamente na economia de espoliação e ali proclame, em nome dos espoliados, seu direito à cidade – seu direito a mudar o mundo, a mudar a vida e a reinventar a cidade de acordo com seus mais profundos desejos. Esse direito coletivo, tanto como palavra de ordem quanto como ideal político, nos remete à antiquíssima questão de saber quem é que controla a conexão interna entre urbanização e produção e uso excedentes. Afinal, talvez Lefebvre estivesse certo, há mais de quarenta anos, ao insistir em que a revolução de nossa época tem de ser urbana – ou não será nada.

CAPÍTULO 2
AS RAÍZES URBANAS DAS
CRISES CAPITALISTAS

Em um artigo publicado no *New York Times* de 5 de fevereiro de 2011, intitulado "Housing Bubbles Are Few and Far Between" [As bolhas imobiliárias são poucas e esparsas], Robert Shiller, o economista que muitos consideram o maior especialista em questões imobiliárias dos Estados Unidos, tendo em vista seu papel na criação do índice Case-Shiller, que aufere os preços do mercado imobiliário, renovou a confiança de todos ao afirmar que a recente bolha imobiliária era "um acontecimento raro, que não voltaria a se repetir por muitas décadas". A "enorme bolha imobiliária" do começo da década de 2010 "não é comparável a nenhum ciclo nacional ou internacional semelhante em toda a história. As bolhas anteriores foram menores e mais regionais". Os únicos paralelos razoáveis, disse ele, foram as bolhas relativas ao preço da terra, que ocorreram nos Estados Unidos em fins da década de 1830 e ao longo da década de 1850[1].

Como pretendo mostrar, essa é uma leitura espantosamente inexata e perigosa da história capitalista. O fato de ter passado tão despercebida aponta para um grave ponto cego no pensamento econômico contemporâneo. Infelizmente, também se trata de um ponto cego da economia política marxista. O colapso no setor imobiliário nos Estados Unidos, entre 2007 e 2010,

---

1 Robert Shiller, "Housing Bubbles are Few and Far Between", *New York Times*, 5 fev. 2011.

foi, sem dúvida, mais profundo e mais longo do que a maioria – na verdade, pode muito bem assinalar o fim de uma era na história econômica dos Estados Unidos –, mas não foi de modo algum inédito em sua relação com os transtornos macroeconômicos do mercado mundial, e há muitos indícios de que esteja prestes a se repetir.

A economia convencional costuma tratar o investimento no ambiente construído em geral, e a moradia em particular, junto com a urbanização, como algo secundário aos assuntos mais importantes que pertencem a alguma entidade fictícia chamada de "economia nacional". Assim, o subcampo da "economia urbana" é uma espécie de reserva de domínio dos economistas de segunda classe, enquanto os principais dentre eles praticam suas habilidades macroeconômicas em outras áreas. Mesmo quando estes atentam para os processos urbanos, a impressão que fica é que as reorganizações espaciais, o desenvolvimento regional e a construção de cidades não passam do resultado trivial de processos em maior escala que não são afetados pelo que eles produzem[2]. Assim, no Relatório sobre Desenvolvimento do Banco Mundial de 2009, que pela primeira vez levou a sério a geografia econômica e o desenvolvimento urbano, os autores sequer insinuaram que poderia ocorrer algo tão catastrófico a ponto de deflagrar uma crise na economia como um todo. Escrito por economistas (sem consultar geógrafos, historiadores ou sociólogos urbanos), seu objetivo era supostamente explorar a

---

[2] "É realmente chocante", escreve Charles Leung em "Macroeconomics and Housing: A Review of the Literature" (*Journal of Housing Economics*, 13, 2004, p. 249-67), "que tenha havido tão pouca justaposição e interação entre a macroeconomia e a literatura sobre habitação."

"influência da geografia sobre as oportunidades econômicas" e elevar "o espaço e o lugar, transformando-os de questões meramente acessórias em temas de grande importância".

Na verdade, os autores pretendiam mostrar como a aplicação dos modelos habituais da economia neoliberal aos temas urbanos (como deixar o Estado fora de qualquer atividade séria de regulamentação dos mercados fundiário e imobiliário e minimizar as intervenções do planejamento urbano, regional e espacial, em nome da justiça social e da igualdade regional) era a melhor maneira de ampliar o crescimento econômico (em outras palavras, acumulação de capital). Embora tivessem a decência de "lamentar" o fato de não disporem de tempo ou espaço para explorar em detalhes as consequências sociais e ambientais de suas propostas, eles acreditavam piamente que as cidades em que há

> mercados fundiários e imobiliários fluidos e outras instituições de apoio – como a proteção aos direitos de propriedade, ao cumprimento dos contratos e ao financiamento da moradia – terão provavelmente um maior florescimento com o tempo, à medida que as necessidades do mercado se forem transformando. Cidades bem-sucedidas abrandaram as leis de zoneamento de modo a permitir que os usuários abastados pudessem comprar as terras mais valiosas – e adotaram regulamentações do preço da terra que permitissem a adaptação a seus usos, mutáveis ao longo do tempo[3].

---

3 Banco Mundial, *World Development Report 2009: Reshaping Economic Geography*, Washington, DC, World Bank, 2009. David Harvey, "Assessment: Reshaping Economic Geography: The World Development Report", *Development and Change Forum 2009*, 40 (6), 2009, p. 1269-78.

A terra, porém, não é uma mercadoria no sentido corrente do termo. É uma forma fictícia de capital que deriva das expectativas de aluguéis futuros. Nos últimos anos, a maximização de seu rendimento tem afugentado de Manhattan e do centro de Londres as famílias de baixa renda, ou mesmo de renda moderada, com efeitos catastróficos sobre as disparidades de classe e o bem-estar dos segmentos menos privilegiados da população. É isso que vem exercendo uma pressão tão intensa sobre a terra de grande valor de Dharavi, em Mumbai (uma suposta favela que o relatório apresenta corretamente como um ecossistema humano produtivo). Em resumo, o relatório defende o tipo de fundamentalismo de livre-mercado que gerou um terremoto macroeconômico do tipo que acabamos de atravessar (mas que ainda produz contínuas ondas de choque), juntamente com movimentos sociais urbanos de oposição à gentrificação, destruição do meio ambiente e desapropriações, ou de métodos ainda mais brutais, para expulsar os moradores e deixar o caminho livre para usos mais lucrativos da terra.

Desde meados da década de 1980, a política urbana neoliberal (aplicada, por exemplo, em toda a União Europeia) concluiu que a redistribuição da riqueza a bairros, cidades e regiões menos favorecidas era inútil, e que, em vez disso, os recursos deveriam ser canalizados para os polos de crescimento "empresarial" mais dinâmicos. Uma versão espacial do efeito transbordamento[4] se encarregaria então, no proverbial longo prazo (o que nunca aconteceu), de resolver todas essas desagradáveis desigualdades

---

4 Concepção de que investimentos ou incentivos fiscais conferidos a um setor produtivo, classe social ou região privilegiada "transbordaria", beneficiando demais setores, classes ou regiões. [N. E.]

regionais, espaciais e urbanas. Entregar a cidade aos empreiteiros e aos especuladores financeiros redundaria no benefício de todos! Se os chineses tivessem liberado o uso da terra em suas cidades, entregando-as às forças do livre-mercado, conforme afirmava o Relatório do Banco Mundial, a economia deles teria um crescimento ainda mais rápido!

O Banco Mundial favorece claramente o capital especulativo em detrimento das pessoas. A ideia de que uma cidade pode ir bem (em termos de acumulação de capital), ainda que sua população (excluindo-se uma classe privilegiada) e o meio ambiente vão mal, não é examinada em momento algum. Pior ainda, o relatório é cúmplice das políticas que se encontram na raiz da crise de 2007 e 2009. Isso é particularmente estranho, dado que o relatório foi publicado seis meses depois da quebra do banco Lehman Brothers e quase dois anos depois de o mercado imobiliário norte-americano ter entrado em colapso e de o *tsunami* de execução de hipotecas já se ter tornado claramente identificável. Dizem-nos, por exemplo, sem um mínimo sinal de avaliação crítica, que

> desde a desregulamentação do sistema financeiro na segunda metade da década de 1980, o financiamento imobiliário de mercado expandiu-se rapidamente. Nos países desenvolvidos, os mercados de hipotecas residenciais equivalem hoje a mais de 40% do Produto Interno Bruto (PIB), mas é muito menor nos países em desenvolvimento e, em média, equivale a dez por cento do PIB. O papel do setor público deveria consistir em estimular a participação privada bem regulamentada [...] Um bom começo seria estabelecer os fundamentos legais para os

contratos hipotecários simples, executáveis e prudentes. Quando o sistema de um país é mais desenvolvido e maduro, o setor público pode estimular um mercado hipotecário secundário, criar inovações financeiras e expandir a securitização das hipotecas. As pessoas que moram em casa própria, algo que consiste, de longe, no maior ativo de uma família, é importante para a criação de riqueza e para a segurança e política sociais. As pessoas que têm moradia própria ou garantia de propriedade costumam ser mais atuantes em suas comunidades e, desse modo, tendem a fazer mais pressão pela diminuição da criminalidade, pela governança mais forte e por melhores condições do meio ambiente local[5].

---

5 Banco Mundial, op. cit., p. 206. Três dos autores do relatório responderam subsequentemente às críticas dos geógrafos, mas evitaram qualquer exame das críticas fundamentais que levantei (como, por exemplo, que "a terra não é uma mercadoria", e que há uma relação ainda por examinar entre crises macroeconômicas e políticas habitacionais e de urbanização), com base na surpreendente premissa de que tudo que eu estava realmente afirmando era que "a recente crise de crédito hipotecário de alto risco nos Estados Unidos implica o financiamento imobiliário não ter nenhum papel na questão das necessidades habitacionais dos pobres nos países em desenvolvimento", e que isso era, na opinião deles, "extrínseco à esfera do relatório". Portanto, eles ignoraram por completo a ideia central de minha crítica. Cf. Uwe Deichmann, Indermit Gill e Chor-Ching Goh, "Texture and Tractability: The Framework for Spatial Policy in the World Development Report 2009", *Cambridge Journal of Regions, Economy and Society,* 4 (2), 2011, p. 163-74. O único grupo de economistas que já percebeu há tempos a importância de como "os valores reais dos bens de raiz e da construção chegaram ao ponto máximo pouco antes das grandes depressões" e "tiveram um papel fundamental na criação da alta repentina e da quebra subsequente" são seguidores de Henry George, mas infelizmente esse grupo também é totalmente ignorado pelos economistas da corrente predominante. Cf. Fred Foldvary, "Real Estate and Business Cycles: Henry George's Theory of the Trade Cycle", trabalho apresentado na Lafayette College Henry George Conference, 13 jun. 1991.

Essas afirmações não nos devem surpreender quando pensamos nos acontecimentos recentes. Elas estimulam o negócio do crédito hipotecário de alto risco, alimentado por mitos simplórios sobre os benefícios da casa própria para todos e o arquivamento de hipotecas "tóxicas" em obrigações de assunção de dívida altamente valorizadas a serem vendidas a investidores crédulos. Elas também estimulam uma suburbanização infinita que consome muito mais terra e energia do que seria razoável para a sustentabilidade de nosso planeta como hábitat humano! Os autores poderiam afirmar plausivelmente que pensar a urbanização juntamente com os problemas do aquecimento era algo que não fazia parte de suas atribuições. Como Alan Greenspan, também poderiam afirmar que os acontecimentos entre 2007 e 2009 os pegaram de surpresa, e que não se podia esperar que eles previssem qualquer problema que pudesse perturbar o cenário cor-de-rosa que haviam pintado. Ao inserir os termos "prudente" e "bem regulamentado" em sua argumentação, eles já se haviam, por assim dizer, "protegido" contra as possíveis críticas.

Porém, tendo em vista que eles citam inúmeros exemplos históricos "prudentemente escolhidos" para sustentar sua panaceia neoliberal, como não se deram conta de que a crise de 1973 teve origem em uma quebra do mercado imobiliário global que, por sua vez, provocou a quebra de vários bancos? Será que não perceberam que a crise da poupança e do crédito de fins da década de 1980 nos Estados Unidos, induzida pela propriedade comercial, viu a falência de várias centenas de instituições financeiras a um custo aproximado de 200 bilhões de dólares aos contribuintes norte-americanos (uma situação que exasperou a tal ponto William Isaac, então presidente da Federal Deposit Insurance Corporation, que, em 1987, ele ameaçou a American Bankers Association com a nacionalização, a menos que eles se emendassem)? Também não se deram conta de que o fim do *boom* japonês em 1990 ocorreu por conta de uma enorme queda do preço das terras (ainda em curso)? Não sabiam que o sistema bancário sueco teve de ser nacionalizado em 1992 devido aos excessos dos mercados imobiliários? Que um dos desencadeadores do colapso no Leste e no Sudeste Asiático em 1997 e 1998 foi o excessivo desenvolvimento urbano na Tailândia[6]?

Onde estavam os economistas do Banco Mundial enquanto tudo isso acontecia? Houve centenas de crises financeiras desde 1973 (em comparação com as poucas que houveram anteriormente), e um número razoável delas originou-se do desenvolvimento imobiliário ou urbano. E era evidente a quase todos os que refletiram sobre a questão – inclusive a Robert Shiller, como parece ser o caso – que alguma coisa ia muito mal nos mercados imobiliários norte-americanos por volta de 2001. Para ele, porém, tratava-se de algo excepcional, não sistêmico[7].

Shiller poderia muito bem alegar, é claro, que todos os exemplos acima citados foram pura e simplesmente acontecimentos regionais. Contudo, sabemos hoje que, do ponto de vista dos

---

6 Graham Turner, *The Credit Crunch: Housing Bubbles, Globalisation and the Worldwide Economic Crisis*, Londres, Pluto, 2008. David Harvey, op. cit., 1989, p. 145-146, 169.

7 Em outro texto afirmei que cerca de 20% do PIB nos Estados Unidos, em 2002, devia-se ao refinanciamento de hipotecas, e que, mesmo naquela ocasião, "se e quando essa bolha de propriedade explodir" seria, portanto, "objeto de séria preocupação" (*The New Imperialism*, Oxford, Oxford University Press, 2003, p. 113 [*O novo imperialismo*, São Paulo, Edições Loyola, 2012, p. 96]).

brasileiros ou dos chineses, a crise imobiliária de 2007 a 2009 tinha a mesma configuração. O epicentro foi o sudeste dos Estados Unidos e a Flórida (com alguns efeitos secundários na Geórgia), junto com outras zonas de tensão (as graves crises de execução de hipotecas que começou em fins da década de 1990 nas áreas mais pobres de cidades mais antigas, como Baltimore e Cleveland, eram demasiado locais e "desimportantes", pois as pessoas atingidas eram afro-americanas e minorias). Internacionalmente, a Espanha e a Irlanda haviam recebido um duro golpe, assim como a Grã-Bretanha, ainda que em menor grau. Contudo, não houve problemas graves nos mercados imobiliários da França, da Alemanha, da Holanda ou da Polônia, tampouco, à ocasião, na Ásia.

Uma crise regional centrada nos Estados Unidos certamente globalizou-se de um modo que não ocorreu, digamos, no Japão ou na Suécia em princípios da década de 1990. Contudo, a crise da poupança e do crédito em 1987 (o ano em que também houve uma grave crise no mercado de ações, típica e erroneamente interpretada como um incidente totalmente à parte) teve ramificações globais. O mesmo se pode dizer da crise do mercado imobiliário global do começo de 1973. O senso comum dizia que, no outono daquele ano, a única coisa importante que aconteceu foi o aumento do preço do petróleo. Ficou claro, porém, que a crise imobiliária precedeu esse aumento do petróleo em seis meses ou mais, e a recessão já estava a caminho por volta do outono (cf. Figura 1). A quebra do mercado imobiliário extrapolou (por evidentes razões de receita) para a crise fiscal dos estados (o que não teria acontecido se a recessão só estivesse ligada ao problema do preço do petróleo).

A subsequente crise fiscal de Nova York em 1975 foi de extrema importância, porque naquela época a cidade controlava um dos maiores orçamentos públicos do mundo (o que levou o presidente francês e o primeiro-ministro da Alemanha Ocidental a pedir que o impasse em que a cidade se encontrava fosse resolvido para que se evitasse uma implosão global dos mercados financeiros). Nova York tornou-se então o centro de invenções de práticas neoliberais que consistiam em premiar o risco moral dos bancos de investimentos e fazer com que as pessoas pagassem pela reestruturação dos contratos e serviços municipais. O impacto da quebra mais recente do mercado imobiliário também foi responsável pela potencial bancarrota de estados como a Califórnia, gerando tensões gigantescas de governos estaduais e municipais, bem como dos empregos públicos em quase todos os Estados Unidos. A história da crise fiscal de Nova York na década de 1970 lembra estranhamente aquela do Estado da Califórnia, que hoje tem o oitavo maior orçamento público do mundo[8].

O National Bureau of Economic Research trouxe recentemente à luz outro exemplo do papel dos *booms* imobiliários na deflagração de profundas crises capitalistas. Com base em um estudo de dados relativos à propriedade imobiliária na década de 1920, Goetzmann e Newman "concluem que os títulos imobiliários de emissão pública afetaram a atividade construtora na década de 1920, e a derrocada de seu valor, pelo mecanismo de ciclo colateral, pode ter levado à subsequente quebra do mercado de

---

[8] William Tabb, op. cit., 1982. David Harvey, op. cit., 2005. Ashok Bardhan e Richard Walker, *California, Pivot of the Great Recession*, Berkeley, UC Berkeley, Institute for Research on Labor and Employment, 2010.

ações entre 1929 e 1930". No que diz respeito à moradia, a Flórida, tanto naquela época quanto hoje, era um intenso centro de desenvolvimento especulativo, com o valor nominal de uma licença de construção crescendo em torno de 8.000% entre 1919 e 1925. Em termos nacionais, as estimativas dos aumentos dos preços das moradias giravam em torno de 400% mais ou menos no mesmo período. Mas isso é secundário se comparado com o desenvolvimento comercial quase totalmente centrado em Nova York e Chicago, onde todos os tipos de apoio financeiro e processos de securitização foram tramados para alimentar um *boom* "só equiparável ao de meados da década de 2000". Ainda mais eloquente é o gráfico apresentado por Goetzmann e Newman sobre a construção de arranha-céus em Nova York (cf. Figura 2). Os *booms* imobiliários que precederam os desastres financeiros de 1929, 1973, 1987 e 2000 aparecem como marcos. Os edifícios que vemos ao nosso redor em Nova York, observam acerbamente os dois autores, representam "mais do que um movimento arquitetônico; em grande parte, foram a manifestação de um fenômeno financeiro generalizado". Assinalando que os títulos imobiliários da década de 1920 eram "tão 'tóxicos' como os de hoje", eles concluem afirmando:

> A linha do horizonte nova-iorquina é um lembrete da capacidade que a securitização tem de conectar o capital de um público especulador com as construtoras. Uma maior compreensão do mercado de títulos imobiliários do passado tem o potencial de nos oferecer uma informação valiosa ao criarmos modelos de possíveis catástrofes futuras. O otimismo nos mercados financeiros

DAVID HARVEY

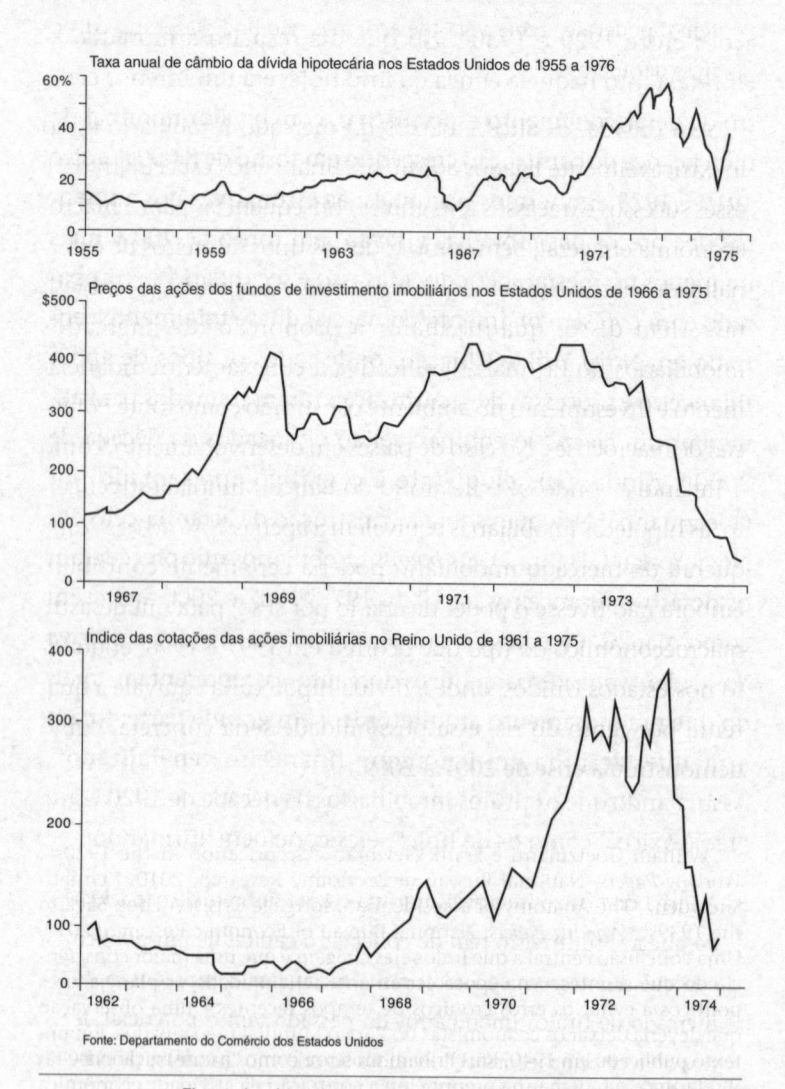

Taxa anual de câmbio da dívida hipotecária nos Estados Unidos de 1955 a 1976

Preços das ações dos fundos de investimento imobiliários nos Estados Unidos de 1966 a 1975

Índice das cotações das ações imobiliárias no Reino Unido de 1961 a 1975

Fonte: Departamento do Comércio dos Estados Unidos

Figura 1   A quebra do mercado imobiliário em 1973.

tem o poder de erguer vigas de aço, mas não pode fazer um edifício dar lucros[9].

Sem dúvida, os altos e baixos do mercado imobiliário estão inextricavelmente ligados aos fluxos financeiros especulativos, e esses sucessos e fracassos têm graves consequências para a macroeconomia em geral, bem como todos os tipos de efeitos de externalidade sobre o esgotamento de recursos e a degradação ambiental. Além disso, quanto maior a proporção dos mercados imobiliários no PIB, mais significativa a conexão entre financiamento e investimento no ambiente construído como fonte potencial de macrocrises. No caso de países em desenvolvimento, como a Tailândia – onde, se o Relatório do Banco Mundial estiver certo, as hipotecas imobiliárias equivalem a apenas 10% do PIB –, uma quebra do mercado imobiliário poderia certamente contribuir, embora não tivesse o poder de criá-lo por si só, para um desastre macroeconômico do tipo que ocorreu em 1997 e 1998, enquanto nos Estados Unidos, onde a dívida hipotecária equivale a quarenta por cento do PIB, essa possibilidade seria concreta, como demonstrou a crise de 2007 a 2009.

---

9 William Goetzmann e Frank Newman, "Securization in the 1920s", *Working Papers*, National Bureau of Economic Research, 2010. Kenneth Snowden, "The Anatomy of a Residential Mortgage Crisis: A Look Back to the 1939s", *Working Papers*, National Bureau of Economic Research, 2010. Uma conclusão central a que todos eles chegam é que uma maior consciência do que aconteceu na época certamente teria ajudado os planejadores políticos a evitar os erros crônicos de tempos recentes – uma observação que deveria deixar os economistas do Banco Mundial preocupados. Em um texto publicado em 1940, Karl Pribam mostrou como "a construção na Grã-Bretanha e na Alemanha prenunciou a contração da atividade econômica em cerca de um a três anos" ("Residual, Differential and Absolute Urban Ground Rents and Their Cyclical Fluctuations", *Econometrica*, 8, 1940, p. 62-78) no período anterior à Primeira Guerra Mundial.

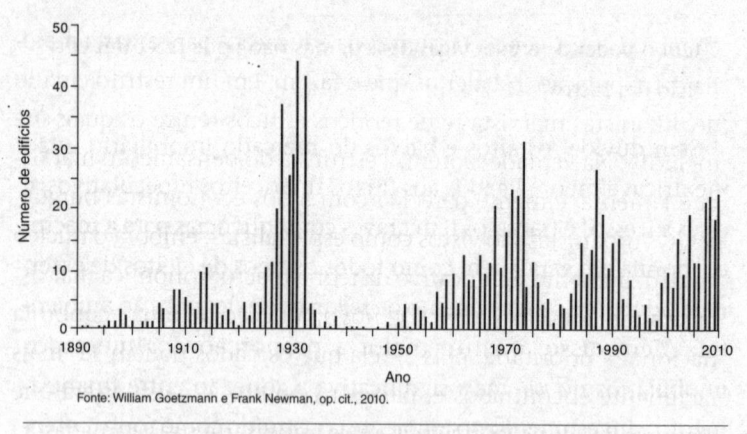

Figura 2 Edifícios altos construídos em Nova York de 1890 a 2010.

Fonte: William Goetzmann e Frank Newman, op. cit., 2010.

A PERSPECTIVA MARXISTA

Uma vez que a teoria burguesa, quando não totalmente cega, na melhor das hipóteses carece de *insights* que lhe permitam relacionar o desenvolvimento urbano com as perturbações macroeconômicas, poder-se-ia pensar que os críticos marxistas, com seus tão propalados métodos materialistas históricos, dedicariam pelo menos um dia a fazer graves denúncias do aumento galopante dos aluguéis e das desapropriações selvagens características daquilo que Marx e Engels chamavam de formas secundárias de exploração da classe operária pelos senhorios e proprietários capitalistas. Eles teriam estabelecido a apropriação do espaço urbano pela gentrificação, pela construção de condomínios caríssimos e pela "disneyficação" contra a barbárie da falta de moradia e habitações a preços acessíveis, bem como a degradação do meio ambiente urbano (tanto físico, no que diz respeito à qualidade do ar, quanto social, como no caso das escolas caindo aos pedaços e na chamada "negligência benigna" da educação) para a vasta maioria da população. Há alguns que o fazem, em um restrito círculo de urbanistas marxistas e de teóricos críticos (entre os quais me incluo)[10]. Na verdade, porém, a estrutura do pensamento marxista é lamentavelmente parecida com a dos economistas burgueses. Os urbanistas são vistos como especialistas, embora o núcleo verdadeiramente significativo da teoria macroeconômica marxista se situe em outro lugar. De novo, a ficção de uma economia nacional é prioritária, pois é nela que os dados podem ser mais facilmente encontrados e, para ser honesto, é nessa esfera que algumas das decisões políticas mais importantes são tomadas. O papel do mercado imobiliário na criação das condições para a crise de 2007 a 2009, bem como suas sequelas de desemprego e austeridade (em grande parte administrados no nível local e municipal), não são bem compreendidos porque não houve nenhuma tentativa séria de integrar a compreensão dos processos de urbanização e da formação do espaço construído à teoria geral das leis que regem a circulação do capital. Como consequência, muitos teóricos marxistas que amam profundamente as crises tendem a tratar a última como uma manifestação óbvia de sua versão favorita da teoria marxista da crise (seja das margens de lucro decrescentes, seja do subconsumo, ou outra qualquer).

A culpa é do próprio Marx, até certo ponto, ainda que involuntariamente, por esse estado de coisas. Na introdução aos *Grundrisse* ele afirma que, ao escrever *O Capital*, seu objetivo era ex-

---

10 Cf. as avaliações mensuradas e as contribuições de Brett Christophers em "On Voodoo Economics: Theorising Relations of Property, Value and Contemporary Capitalism" (*Transactions* of the *Institute of British Geographers*, New Series, *35*, p. 94-108, 2010) e "Revisiting the Urbanization of Capital" (*Annals of the Association of American Geographers*, *101*, p. 1-18, 2011).

plicar as leis gerais da circulação do capital. Isso significa concentrar-se exclusivamente na produção e realização da mais-valia, ainda que abstraindo-as e excluindo o que ele chamava de "particularidades" da distribuição (juros, aluguéis, impostos e, inclusive, os salários reais e as taxas de lucros), uma vez que são acidentais, conjunturais e subordinadas ao espaço e ao tempo. Ele também abstraía das especificidades das relações de troca, como a oferta e a demanda e o nível de concorrência. Quando a oferta e a demanda estão equilibradas, afirmava, elas não explicam nada, embora as leis coercitivas da concorrência funcionem como instâncias aplicadoras, e não como determinantes das leis gerais da circulação do capital. Isso nos leva imediatamente a perguntar o que acontece quando o mecanismo de aplicação está ausente, como ocorre em condições de monopolização, e o que acontece quando se pensa em competição por espaço, que é, como se sabe, uma competição por monopólio (como no caso da concorrência interurbana). Por último, Marx apresenta o consumo como uma "singularidade" – aqueles casos únicos que constituem, em conjunto, um modo de vida em comum – que, segundo ele, por ser caótica, imprevisível e incontrolável, é extrínseca ao campo da economia política (o estudo dos valores de uso, afirma ele na primeira página d'*O Capital*, diz respeito à história, e não à economia política), o que a torna potencialmente perigosa para o capital. Hardt e Negri se esforçaram recentemente para ressuscitar esse conceito, pois ambos veem as singularidades, que provêm da proliferação dos bens comuns e sempre remetem a eles, como um aspecto fundamental da resistência.

Marx também identificava outro nível – o da relação metabólica com a natureza, que é uma condição universal de todas as formas de sociedade humana e, desse modo, extremamente irrelevante para a compreensão das leis gerais da circulação do capital, entendido como um construto social e histórico específico. É esse o motivo pelo qual as questões ambientais têm uma presença nebulosa em todo *O Capital* (o que não implica que Marx as considerasse desimportantes e insignificantes, da mesma maneira que não menosprezava o consumo por considerá-lo irrelevante no grande esquema das coisas)[11].

Ao longo de quase todo *O Capital*, Marx permanece preso à estrutura delineada nos *Grundrisse*, concentrando-se particularmente na generalidade da produção de mais-valia e excluindo todo o restante. Em alguns momentos, ele reconhece que esse tipo de abordagem apresenta problemas. Por exemplo, afirmava a existência de uma certa "duplicidade de postulação" – terra, trabalho, dinheiro e mercadorias são fatos cruciais da produção, enquanto os juros, aluguéis, salários e lucros ficam excluídos da análise enquanto particularidades da distribuição.

A virtude da abordagem de Marx está em permitir uma representação muito clara das leis gerais da circulação do capital de uma maneira que dispensa as condições específicas e particulares de sua época (como as crises de 1847 e 1848 e de 1857 e 1858). É por isso que Marx ainda pode ser lido em nossos dias, pois continua relevante para nossa época. Contudo, essa abordagem tem seu preço. Para começar, Marx deixa claro que a análise de uma sociedade/situação capitalista de existência concreta requer uma integração dialética do universal, do geral, do particular e dos aspectos singulares de uma sociedade interpretada como uma totalidade funcional e orgânica. Portanto, não podemos

---

11   Karl Marx, *Grundrisse*, Londres, Penguin, 1973, p. 88-100.

esperar explicar acontecimentos específicos (como a crise de 2007 a 2009) simplesmente em termos das leis gerais de circulação do capital (essa é uma de minhas objeções aos que tentam forçar a introdução dos fatos da crise atual em alguma teoria da taxa decrescente de lucro). Inversamente, porém, não podemos tentar fornecer tal explicação sem aludirmos às leis gerais da circulação do capital (embora o próprio Marx pareça fazê-lo em sua apresentação, n'*O Capital*, da crise financeira e comercial "independente e autônoma" de 1847 e 1848, ou, ainda mais dramaticamente, em seus estudos históricos *O 18 Brumário* e *As lutas de classe na França*, nos quais as leis gerais da circulação do capital nunca são mencionadas)[12].

Em segundo lugar, as abstrações no nível de generalidade escolhido por Marx começam a fragmentar-se à medida que avança a argumentação n'*O Capital*. Há muitos exemplos disso, mas o mais notável e, de qualquer maneira, o mais próximo de minha argumentação diz respeito ao modo como Marx lida com o sistema de crédito. Várias vezes no Volume 1 e repetidamente no Volume 2 Marx só evoca o sistema de crédito para colocá-lo de lado como um elemento da distribuição que ele ainda não está preparado para enfrentar. As leis gerais da circulação do capital que ele estuda no Volume 2, particularmente as que dizem respeito à circulação do capital fixo (aí incluído o investimento no ambiente construído) e aos períodos de trabalho, produção e circulação, bem como o período de retorno de rentabilidade, terminam não apenas evocando, mas também *necessitando* do sistema de crédito. Ele é muito explícito a esse respeito. Ao comentar

---

12 Cf. David Harvey, "History versus Theory: A Commentary on Marx's Method in Capital", *Historical Materialism*, 20 (2), p. 3-18, 2012.

como o capital-dinheiro adiantado deve ser sempre maior do que o aplicado na produção de mais-valia a fim de lidar com diferentes períodos de retorno de rentabilidade, ele observa como as mudanças nesses períodos podem "liberar" parte do dinheiro anteriormente adiantado.

> O capital monetário assim liberado mediante o mero mecanismo do movimento de rotação (ao lado do capital monetário liberado pelo refluxo sucessivo do capital fixo e o necessário para o capital variável em cada processo de trabalho) tem de desempenhar papel significativo, assim que o sistema de crédito se desenvolve, *e, ao mesmo tempo, tem de constituir um de seus fundamentos*[13].

Nesse e em outros comentários semelhantes, fica claro que o sistema de crédito torna-se absolutamente necessário para a circulação do capital, e que alguns princípios teóricos do sistema de crédito devem ser incorporados às leis gerais da circulação do capital. Porém, quando chegamos à análise do sistema de crédito no Volume 3, descobrimos que a taxa de juros (uma particularidade) é conjuntamente estabelecida pela oferta e demanda, bem como pelas circunstâncias da concorrência – duas especificidades que haviam sido totalmente excluídas do nível teórico de generalidade em que Marx prefere trabalhar.

Menciono isso porque a importância das regras que Marx impôs a suas investigações n'*O Capital* foi em grande parte ignorada. Quando essas normas não são apenas contornadas, mas quebradas, como acontece no caso do crédito e dos juros, abrem-se novas perspectivas para teorizações que extrapolam os

---

13 Karl Marx, *Capital*, Londres, Penguin, 1978, v. 2, p. 357 [*O Capital*, São Paulo, Nova Cultural, 1985, v. 2, p. 210-1]. Itálicos meus.

insights do próprio Marx. O teórico, de fato, reconhecia que isso poderia acontecer já no início de suas investigações. Nos *Grundrisse*, o que ele diz sobre o consumo, a mais recalcitrante de suas categorias de análise por causa das singularidades envolvidas, é que, embora o consumo seja, como o estudo dos valores de uso, "de fato extrínseco à economia", existe a possibilidade de que, por sua vez, ele reaja "sobre o ponto de partida (a produção) e inicie todo o processo novamente"[14]. Isso é o que acontece particularmente com o consumo produtivo, o processo de trabalho em si. Mario Tronti e os que seguiram seus passos, como Toni Negri, estão, portanto, totalmente certos ao ver o processo de trabalho enquanto tal constituído como uma singularidade, interiorizada nas leis gerais de circulação do capital[15]. As lendárias dificuldades enfrentadas pelos capitalistas quando procuram mobilizar o "espírito animal" dos trabalhadores para que produzam mais-valia sinalizam a existência dessa singularidade no cerne do processo de produção (em nenhum lugar isso fica mais claro do que na indústria da construção, como logo veremos). Interiorizar o sistema creditício e a relação entre as taxas de juros e de lucro no contexto das leis gerais da produção, circulação e realização do capital constitui, igualmente, uma necessidade de inovação se quisermos aportar o aparato teórico de Marx aguçando-o para o trato de eventos atuais.

Contudo, a integração do crédito à teoria geral precisa ser feita com cuidado, de modo a preservar, ainda que transformados,

---

14   Idem, op. cit., 1973.
15   Mario Tronti, *The Strategy of Refusal*, S.l., Libcom.org, 23 jul. 2005. Disponível em: <http://libcom.org/library/strategy-refusal-mario-tronti>. Acesso em: 30 abr. 2014. Cf. também Antonio Negri, *Marx Beyond Marx: Lessons on the Grundrisse*, Londres, Autonomedia, 1989.

os *insights* teóricos precedentes. Não podemos, por exemplo, tratar o sistema de crédito simplesmente como uma entidade em si, um tipo de eflorescência em Wall Street ou na City de Londres, que paira livremente sobre as atividades chãs dos centros econômicos. Grande parte da atividade baseada no crédito pode, de fato, ser mero palavrório especulativo e uma sórdida excrecência da avidez humana pela riqueza e pelo poder conferido pelo dinheiro. Mas boa parte dela também é fundamental e absolutamente necessária para o funcionamento do capital. A fronteira entre o que é necessário e o que é (a) necessariamente fictício (como no caso da dívida estatal e hipotecária) e (b) puro excesso não é facilmente definível.

É evidente que tentar analisar a dinâmica da crise recente e suas consequências sem se referir ao sistema de crédito (com as hipotecas a 40% do PIB norte-americano), ao consumismo (70% da força motriz da economia nos Estados Unidos, em comparação com 35% na China) e ao estado da concorrência (poder dos monopólios nos mercados financeiro, imobiliário, varejista e muitos outros) seria uma tarefa ridícula. Nos Estados Unidos, 1,4 trilhão de dólares em hipotecas, muitas delas "tóxicas", permanecem inativos nos mercados secundários de Fannie Mae e Freddie Mac[16], forçando, assim, o governo a alocar 400 bilhões de dólares em um potencial esforço de resgate (com cerca de 142 bilhões

---

16 Trata-se de trocadilhos, derivados das siglas, pelos quais são popularmente conhecidas a Federal National Mortgage Association (FNMA) e a Federal Home Loan Mortgage Corporation (FHLMC), respectivamente, empresas que concedem empréstimos e garantias. Ambas eram muito ativas no mercado secundário de hipotecas e, até 2008, possuíam ou garantiam mais da metade das hipotecas dos Estados Unidos. Devido ao impacto da crise econômica de então, as duas empresas sofreram intervenção do Estado a partir de 7 de setembro de 2007. [N. E.]

de dólares já gastos). Para entender isso, precisamos analisar o que Marx talvez quisesse dizer com a categoria de "capital fictício" e sua conexão com os mercados fundiário e imobiliário. Precisamos de um jeito de entender como a securitização, como afirmam Goetzmann e Newman, conecta "o capital de um público especulativo a empreendimentos imobiliários". Pois não foi a especulação no preço da terra e da moradia e nos aluguéis que desempenhou um papel fundamental na geração dessa crise?

Capital fictício, para Marx, não é uma invenção de algum comerciante de Wall Street dopado de cocaína, o que significa, tendo em vista a caracterização do fetichismo no volume 1 d'*O Capital*, que se trata de algo real, mas que é um fenômeno superficial que mascara alguma coisa importante das relações sociais subjacentes. Quando um banco empresta ao Estado e recebe juros em troca, parece que há algo diretamente produtivo acontecendo no Estado que, de fato, produz valor, quando a maior parte (mas não tudo, como mostrarei em seguida) do que acontece no Estado (como as guerras) não tem nada a ver com a produção de valor. Quando o banco empresta ao consumidor para que compre uma casa, recebendo em troca um fluxo de juros, faz parecer que algo na casa esteja diretamente produzindo valor, sendo que isso não acontece. Quando os bancos subscrevem emissões de obrigações para construir hospitais, universidades, escolas etc. com retorno dos juros sobre o investimento, parece que um valor é produzido nessas instituições, sendo que não é. Quando os bancos emprestam para comprar terra e imóveis dos quais espera receber aluguel, a categoria distributiva do aluguel é absorvida no fluxo da circulação de capital fictício[17]. Quando os bancos emprestam a outros bancos, ou quando o Banco Central empresta aos bancos que emprestam a especuladores imobiliários em busca de aluguéis adequados, o capital fictício assemelha-se cada vez mais a uma regressão infinita de ficções construídas sobre ficções. O alavancamento a níveis cada vez mais altos (conceder empréstimos trinta vezes a quantidade de depósito em espécie disponível, e não três) aumenta as quantidades fictícias de formações e fluxos de capital. E são esses fluxos que convertem os bens imóveis em algo irreal.

O enfoque de Marx é que os juros que são pagos provêm da produção de valor em algum outro lugar – tributação ou extrações diretas da produção de mais-valia, ou tributos sobre a receita bruta (salários e lucros). E, para Marx, sem dúvida, o único lugar onde valor e mais-valia são criados é no processo de trabalho produtivo. O que acontece na circulação de capital fictício pode ser socialmente necessário para manter o capitalismo. Pode ser parte dos custos necessários de produção e reprodução. As formas secundárias de mais-valia podem ser extraídas pelas empresas capitalistas mediante a exploração dos trabalhadores empregados por varejistas, bancos e fundos de retorno absoluto. Contudo, o ponto de vista de Marx é que, se não se produz valor e mais-valia na produção em geral, esses setores não poderão existir por si. Se ninguém produzir camisas e sapatos, o que os varejistas venderão?

Há, porém, uma ressalva de importância crucial a ser considerada. Parte do fluxo do que parece ser capital fictício pode,

---

17 Karl Marx, op. cit., 1978, v. 3, caps. 24, 25.

de fato, estar envolvida na criação de valor. Quando transformo minha casa hipotecada em uma oficina de costura que explora trabalho de imigrantes ilegais, a casa se converte em capital fixo em produção. Quando o Estado constrói estradas e outras infraestruturas que funcionam como meios coletivos de produção para o capital, elas têm de ser classificadas como "gastos produtivos do Estado". Quando o hospital ou a universidade se convertem em um espaço para a inovação e a criação de novos medicamentos, equipamentos etc., transformam-se em locais de produção. Marx não ficaria de modo algum desconcertado com essas ressalvas. Como ele diz sobre o capital fixo, o fato de alguma coisa funcionar ou não como capital fixo depende de seu uso, e não de suas qualidades físicas[18]. O capital fixo diminui quando oficinas têxteis se transformam em condomínios, enquanto a microfinança transforma casebres de camponeses em capital fixo (muito mais barato) voltados para a produção!

Grande parte do valor e mais-valia criados na produção é escoado de modo a passar, por todo tipo de meios complicados, através de canais fictícios. E quando os bancos emprestam a outros bancos, ou mesmo quando se potencializam mutuamente, fica claro que todas as maneiras de compensações paralelas socialmente desnecessárias e movimentos especulativos tornam-se possíveis, construídos sobre o terreno perpetuamente movediço dos flutuantes valores dos ativos. Esses valores ativos dependem de um processo crítico de "capitalização", que Marx vê como uma forma de formação de capital fictício:

---

[18] David Harvey, *The Limits to Capital* [*Os limites do Capital*], Oxford, Blackwell, 1982, cap. 8.

Qualquer renda periódica regular pode ser capitalizada se for calculada, com base na taxa média de juros, como a soma que um capital emprestado a essa taxa de juros daria [...] Para quem compra esse título de propriedade, a anuidade [dinheiro recebido] representa, de fato, a conversão dos juros do capital por ela investido. Desse modo, toda conexão com o processo real de valorização do capital se perde, até o último vestígio, confirmando a noção de que *o capital é automaticamente valorizado por seus próprios poderes*[19].

A um fluxo de receitas de algum ativo, como terra, imóveis, ações ou outra coisa qualquer, atribui-se um valor de capital pelo qual ele pode ser trocado, dependendo das taxas de juros e de desconto determinadas pelas condições de oferta e demanda no mercado monetário. A valorização desses ativos quando não há mercado para eles tornou-se um grande problema em 2008, e ainda não foi resolvido. A questão de quão tóxicos são os ativos "tóxicos" mantidos pela Fannie Mae deixa qualquer um com dor de cabeça (qual é o valor real de uma casa hipotecada para a qual não há mercado?). Eis um importante eco da controvérsia sobre o valor do capital que surgiu e foi rapidamente silenciado (como acontece com outras verdades inconvenientes) na teoria econômica convencional no início da década de 1970.

O problema que o sistema de crédito coloca é o fato de ser, por um lado, vital para a produção, circulação e realização dos fluxos de capital e, por outro, o ponto culminante de todo tipo

---

19 Karl Marx, op. cit., 1978, v. 3, p. 597 [São Paulo, Nova Cultural, 1986, v. 3, t. 2, p. 11]. Geoffrey Harcourt, Some Cambridge Controversies in the Theory of Capital, Cambridge, Cambridge University Press, 1972. Itálicos meus.

de modalidades especulativas e "insanas". Foi isso que levou Marx a dizer que Isaac Péreire – que, ao lado de seu irmão Émile, foi um dos mestres da reconstrução especulativa da Paris urbana de Haussmann – tinha o "caráter híbrido de embusteiro e profeta"[20].

ACUMULAÇÃO DO CAPITAL POR MEIO DA URBANIZAÇÃO

A urbanização, como venho argumentando há tempos, tem sido um meio fundamental para a absorção dos excedentes de capital e de trabalho ao longo de toda a história do capitalismo[21]. Tem uma função muito particular na dinâmica da acumulação do capital devido aos longos períodos de trabalho e rotatividade e à longevidade da maior parte dos investimentos no ambiente construído. Também tem uma especificidade geográfica tal que a produção de espaço e dos monopólios espaciais tornam-se parte integrante da dinâmica da acumulação, não apenas em virtude da natureza dos padrões mutáveis do fluxo de mercadorias no espaço, mas em virtude da natureza mesma dos espaços e lugares criados e produzidos em que esses movimentos ocorrem. Contudo, exatamente por toda essa atividade – que, a propósito, é um campo de enorme importância em que se dá a produção de valor e mais-valia – ocorrer em tão longo prazo, alguma combinação de capital financeiro e

---

20 Ibidem, p. 573 [v. 4, t. 2, p. 335]. Por acaso, tanto Isaac quanto Émile faziam parte do movimento utópico saint-simonista anterior a 1848.
21 David Harvey, *The Urbanization of Capital*, Oxford, Blackwell, 1985. *The Enigma of Capital, and the Crisis of Capitalism*, Londres: Profile Books, 2010. Brett Christophers, "Revisiting the Urbanization of Capital", *Annals of the Association of American Geographers*, *101* (6), p. 1-11, 2011.

engajamento estatal é absolutamente fundamental para seu funcionamento. Essa atividade é claramente especulativa no longo prazo, e sempre corre o risco de replicar, muito mais tarde e em maior escala, as mesmas condições de sobreacumulação que, de início, tenta atenuar. Por isso o caráter propenso a crises das formas urbanas e de outras de investimentos infraestruturais físicos (estradas e ferrovias transcontinentais, represas e coisas do gênero).

O caráter cíclico desses investimentos está muito bem documentado, no que diz respeito ao século XIX, na meticulosa obra de Brinley Thomas (ver Figura 3)[22]. Mas a teoria dos ciclos econômicos da construção foi negligenciada depois de 1945, em parte porque intervenções estatais keynesianas foram consideradas eficazes para neutralizá-los. Robert Gottlieb, em um detalhado estudo de muitos ciclos de construção local (publicado em 1976), identificou grandes oscilações nos ciclos de construção residencial, com uma periodicidade média de 19,7 anos e um desvio-padrão de cinco anos, embora os dados também sugerissem que essas oscilações foram cerceadas, quando não eliminadas, no período posterior à Segunda Guerra Mundial[23]. Todavia, o abandono das intervenções anticíclicas keynesianas sistêmicas em muitas partes do mundo a partir de meados da década de 1970 sugeriria que uma volta a esse comportamento cíclico era mais do que uma simples probabilidade. Isso é

---

22 Brinley Thomas, *Migration and Economic Growth: A Study of Great Britain and the Atlantic Economy*, Cambridge, Cambridge University Press, 1973.
23 Leo Grebler, David Blank e Louis Winnick, *Capital Formation in Residential Real Estate*, Princeton, Princeton University Press, 1956.

Atividade construtora *per capita* nos Estados Unidos, 1810-1950 (em dólares, de acordo com o valor de 1913, *per capita*)

Venda de terras públicas nos Estados Unidos (em milhões de acres), 1800-1930

Diferentes ritmos de investimento no ambiente construído em relação ao PIB dos Estados Unidos e do Reino Unido, 1860-1970

Fonte: Brinley Thomas, op. cit., 1973.

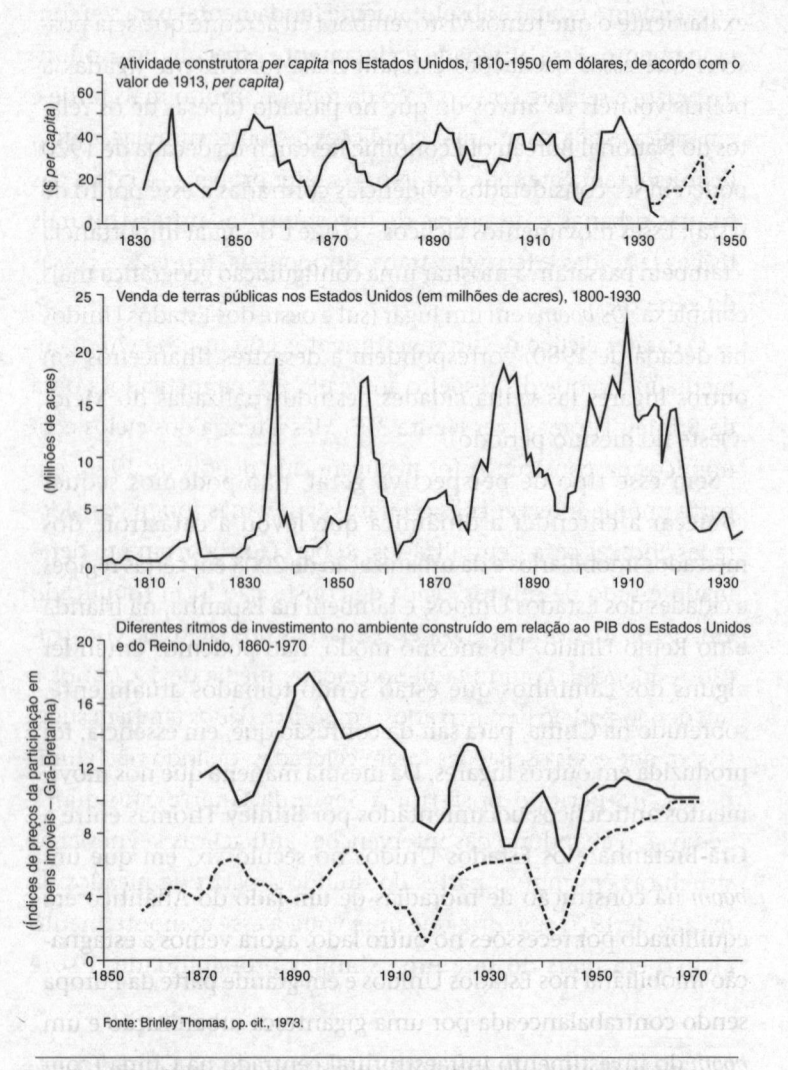

Figura 3   Ciclos comerciais de longo prazo nos Estados Unidos e no Reino Unido

exatamente o que temos visto, embora eu acredite que seja possível que essas oscilações estejam mais fortemente ligadas a bolhas voláteis de ativos do que no passado (apesar de os relatos do National Bureau of Economic Research na década de 1920 poderem ser considerados evidências contrárias a esse ponto de vista). Esses movimentos cíclicos – o que é de igual importância – também passaram a mostrar uma configuração geográfica mais complexa. Os *booms* em um lugar (sul e oeste dos Estados Unidos na década de 1980) correspondem a desastres financeiros em outros lugares (as velha cidades desindustrializadas do Meio-Oeste no mesmo período).

Sem esse tipo de perspectiva geral, não podemos sequer começar a entender a dinâmica que levou à catástrofe dos mercados imobiliários e da urbanização de 2008 em certas regiões e cidades dos Estados Unidos, e também na Espanha, na Irlanda e no Reino Unido. Do mesmo modo, não podemos entender alguns dos caminhos que estão sendo tomados atualmente, sobretudo na China, para sair da confusão que, em essência, foi produzida em outros lugares. Da mesma maneira que nos movimentos anticíclicos documentados por Brinley Thomas entre a Grã-Bretanha e os Estados Unidos no século XIX, em que um *boom* na construção de moradias de um lado do Atlântico era equilibrado por recessões no outro lado, agora vemos a estagnação imobiliária nos Estados Unidos e em grande parte da Europa sendo contrabalanceada por uma gigantesca urbanização e um *boom* do investimento infraestrutural centrado na China (com várias ramificações em outros lugares, particularmente nos países do BRIC[24]). E, para compreendermos a relação com o grande quadro, devemos observar imediatamente que os Estados Unidos e a Europa estão enredados em um crescimento baixo, enquanto a China vem registrando uma taxa de crescimento de dez por cento (seguida de perto pelos outros países do BRIC).

A pressão para o mercado imobiliário e o desenvolvimento urbano nos Estados Unidos absorverem o excedente e o capital sobreacumulado por meio da atividade especulativa começou a adquirir força em meados da década de 1990, quando o presidente Clinton lançou a iniciativa National Partners in Homeownership para conferir os supostos benefícios da propriedade imobiliária à população de baixa renda e às minorias. Exerceram-se pressões políticas sobre instituições financeiras respeitáveis, como Fannie Mae e Freddie Mac (empresas patrocinadas pelo governo que emitiam e negociavam hipotecas). As instituições hipotecárias responderam com entusiasmo – emprestando à vontade, rompendo os controles regulatórios – enquanto seus diretores amealhavam gigantescas fortunas pessoais, tudo em nome do bem-estar dos desvalidos, que passariam a desfrutar dos supostos benefícios de ter moradia própria. Esse processo acelerou-se intensamente depois do fim da bolha da alta tecnologia e da quebra da bolsa em 2001. Naquele momento, o *lobby* do setor imobiliário, liderado pela Fannie Mae, consolidou-se como um centro autônomo de riqueza, influência e poder de corromper tudo cada vez maior, desde o Congresso até as agências regulatórias e renomados economistas acadêmicos

---

24 Acrônimo para "Brasil, Rússia, Índia e China", grupo de países cujo desenvolvimento e importância econômica foi mais notório nas duas últimas décadas. [N. E.]

(inclusive Joseph Stiglitz), que produziram abundantes pesquisas para demonstrar que suas atividades eram de muito baixo risco. A influência dessas instituições, unida às baixas taxas de juros favorecidas por Greenspan no FED, alimentou inquestionavelmente o *boom* da produção e da concretização imobiliárias[25]. Como observam Goetzmann e Newman, as finanças (com apoio do Estado) podem construir cidades e subúrbios, mas não são necessariamente capazes de torná-los lucrativos. O que foi, então, que alimentou a demanda?

CAPITAL FICTÍCIO E FICÇÕES QUE NÃO PODEM DURAR

Para entender essa dinâmica, temos de entender como a circulação do capital produtivo e fictício se combina no âmbito do sistema de crédito no contexto dos mercados imobiliários. As instituições financeiras emprestam aos empreiteiros, aos proprietários de terras e às construtoras para que construam, digamos, casas suburbanas pré-fabricadas em San Diego, ou condomínios residenciais na Flórida ou no sul da Espanha. A viabilidade desse setor baseia-se no pressuposto de que o valor pode ser não apenas produzido, como também concretizado no mercado. É aí que entra o capital fictício. O dinheiro é emprestado a compradores que supostamente têm condições de ressarci-lo com seus rendimentos (salários ou lucros), que são capitalizados como um fluxo de juros sobre o capital emprestado.

---

25 Os detalhes devastadores e nefastos de tudo isso são apresentados por Gretchen Morgenson e Joshua Rosner em *Reckless Endangerment: How Outsized Ambition, Greed and Corruption Led to Economic Armageddon* (Nova York, Times Books, 2011).

Um fluxo de capital fictício é necessário para completar o processo da produção e realização de valores de imóveis comerciais e residenciais.

Essa diferença é semelhante àquela entre o que Marx identifica, n'*O Capital*, como "capital de empréstimo" para a produção e o desconto de letras de câmbio que facilite a realização de valores no mercado[26]. No caso da construção de casas e condomínios, no sul da Califórnia ou na Flórida, por exemplo, a mesma empresa financeira pode prover o financiamento para construir e o financiamento para comprar o que foi construído. Em alguns casos, a instituição financeira organiza pré-vendas de apartamentos em condomínios que ainda não foram construídos. Em certa medida, portanto, o capital manipula e controla tanto a oferta quanto a demanda por novas casas pré-fabricadas e condomínios residenciais, assim como por propriedades comerciais (o que está em total desacordo com a ideia de livre funcionamento dos mercados que, segundo o Relatório do Banco Mundial, está em vigência)[27].

Contudo, a relação entre oferta e demanda é desproporcional, pois o tempo de produção e circulação para casas e imóveis comerciais é muito longo em comparação com a maior parte das outras mercadorias. É aí que se tornam cruciais os tempos desiguais de produção, circulação e rotação de estoques que Marx analisa tão profundamente no volume 2 d'*O Capital*.

---

26 Marx, op. cit., 1978, v. 3, cap. 25.
27 Marx (*Capital*, Londres, Penguin, 1973, v. 1, p. 793) observa igualmente como o capital pode manipular tanto a demanda quanto a provisão de mais-trabalho, através, por exemplo, de investimentos e do desemprego tecnologicamente induzido.

Os contratos que financiam construções são firmados muito antes que as vendas possam ter início. Os espaços de tempo em geral são consideráveis. Isso é particularmente verdadeiro no que diz respeito aos edifícios comerciais. O Empire State Building de Nova York foi inaugurado no dia primeiro de maio de 1931, quase dois anos depois da quebra da bolsa de valores e mais de três anos depois da bolha imobiliária. As Torres Gêmeas já estavam projetadas, mas só foram inauguradas depois da crise de 1973 (e ficaram anos sem encontrar locatários). A reconstrução do centro da cidade depois do 11 de Setembro está prestes a ser concluída justamente quando o valor dos edifícios comerciais está em baixa!

A quantidade existente de propriedades que podem ser comercializadas (algumas das quais de origem muito remota) também é muito grande em relação ao que se pode produzir. Portanto, a oferta total de moradias é relativamente inelástica em relação às mudanças mais voláteis de demanda: historicamente, nos países desenvolvidos ficou provado que é muito difícil aumentar a quantidade de moradias mais de 2% ou 3% em um ano, mesmo com o máximo de empenho (muito embora a China, como em todas as outras coisas, consiga ultrapassar esse limite).

Estimular a demanda por meio da tributação, de truques relacionados a políticas públicas e de outros incentivos (como o aumento do volume dos créditos hipotecários de alto risco) não faz surgir necessariamente nenhum aumento da oferta: apenas inflaciona os preços e estimula a especulação. Então é possível ganhar tanto dinheiro, se não mais, em transações financeiras com moradias existentes do que construindo novas.

Torna-se mais lucrativo financiar companhias de créditos hipotecários de reputação duvidosa, como a Countrywide[28], do que a construção de moradias. Mais tentador ainda é investir em títulos garantidos por hipotecas, compostos de parcelas de hipotecas unidas em veículos de investimentos de grande e espúria valorização (supostamente "tão seguros quanto casas"), em que o fluxo de juros dos proprietários de imóveis confere uma receita renda (pouco importa se o proprietário é solvente ou não). Foi exatamente o que aconteceu nos Estados Unidos quando o rolo compressor das hipotecas *subprime* entrou em ação. Enormes quantidades de capital fictício afluíram para o financiamento imobiliário, mas só uma pequena parte foi usada para a construção de novas moradias. O mercado de hipotecas *subprime*, que ficava em torno de 30 bilhões de dólares em meados da década de 1990, aumentou para 130 bilhões por volta do ano 2000, e atingiu um pico inédito de 625 bilhões de dólares em 2005[29]. Não havia nenhuma possibilidade de que um aumento tão rápido da demanda pudesse ser igualado por uma expansão da oferta, não importando o quanto os construtores tentassem. Assim, os preços aumentaram, e parecia que nunca mais parariam de subir.

Mas tudo isso dependia de uma contínua expansão dos fluxos de capital fictício, e de manter intacta a crença fetichista de

---

[28] Há duas empresas famosas com tal nome a que o autor pode estar se referindo: Countrywide Financial (mudou de nome em 2009 para Bank of America Home Loans), a maior empresa de concessão de crédito imobiliário nos Estados Unidos, ou Countrywide PLC, a maior corretora imobiliária do Reino Unido. [N. T.]

[29] Michael Lewis, *The Big Short: Inside the Doomsday Machine*, Nova York, Norton, 2010, p. 34.

que o capital pode ser "automaticamente valorizado por si mesmo"[30]. Sem dúvida, a perspectiva de Marx era a de que, diante de uma insuficiência da criação de valor por meio da produção, essa fantasia levaria inevitavelmente a um final trágico. E foi o que aconteceu.

Todavia, os interesses de classe envolvidos no lado da produção também são desproporcionais, e isso tem implicações para os que acabam sendo protagonistas desse "final trágico". Banqueiros, empreiteiros e construtoras unem-se facilmente para formar uma aliança de classe (que costuma dominar tanto política como economicamente aquilo que é chamado de "motor do desenvolvimento urbano"[31]). Porém, as hipotecas que caucionam as moradias dos consumidores são individuais e dispersas, e quase sempre envolvem empréstimos feitos a pessoas oriundas de outra classe ou, particularmente nos Estados Unidos (ainda que não na Irlanda), pessoas de outros grupos raciais ou étnicos. Com a securitização das hipotecas, a empresa financeira poderia simplesmente transferir qualquer risco a outra pessoa (por exemplo, a Fannie Mae, sempre ávida à procura de tais riscos como parte de sua estratégia de desenvolvimento), e foi exatamente o que fizeram, depois de embolsar o máximo possível de todos os gastos iniciais e das outras taxas legais. Se o financista tiver de escolher entre a bancarrota de uma construtora devido às falhas na realização de uma incorporação imobiliária ou pela bancarrota e execução de hipotecas de compradores das habitações (principalmente se o comprador

---

30 Karl Marx, op. cit., 1978, v. 3, p. 597 [v. 3, t. 2, p. 11].
31 John Logan e Harvey Molotch, *Urban Fortunes*: *The Political Economy of Place*, Berkeley, University of California Press, 1987.

pertencer às classes mais baixas ou a alguma minoria racial ou étnica, e a hipoteca já tiver sido transferida para outra pessoa), não restará nenhuma dúvida quanto à opção a ser feita pelo sistema financeiro. Os preconceitos de classe e de cor estão invariavelmente envolvidos nessas transações.

No que diz respeito à especulação, o mercado de ativos de moradia e de terra tem algo de esquema de pirâmide sem um Bernie Madoff[32] no topo. Eu compro uma propriedade, seu preço sobe, e um mercado em ascensão estimula outros a comprar. Quando a fonte de compradores verdadeiramente solventes seca, por que não descer um pouco os níveis de renda para consumidores de mais alto risco, terminando com compradores sem rendas nem recursos que poderiam ganhar revendendo a propriedade quando subissem os preços? E assim seguem as coisas até que, finalmente, a bolha estoura. As instituições financeiras têm enormes incentivos para manter a bolha enquanto puderem, a fim de obter o máximo de lucro das taxas cobradas. O problema é que elas geralmente não conseguem saltar do trem antes da colisão, porque a velocidade é altíssima. A ilusão de que o capital pode "valorizar a si mesmo por seus próprios poderes" é autoperpetuadora e autossuficiente, pelo menos por algum tempo. Como diz um dos perspicazes analistas financeiros de Michael Lewis que conseguiram prever a iminência da crise financeira

---

[32] Estelionatário e empresário do mercado de ações norte-americano. Elaborou um complexo esquema de pirâmide com ações da bolsa Nasdaq (uma das maiores fraudes da história de seu país, e uma das maiores pirâmides do mundo), descoberto apenas depois de muitos anos. Foi preso e seu esquema foi desmontado em dezembro de 2008, em meio à crise econômica ocasionada pela bolha imobiliária, e, em 2009, foi julgado e condenado a 150 anos de prisão e à restituição de 17 bilhões de dólares.

em *The Big Short*: "Que merda, isso não pode ser somente crédito. Isso é um esquema de pirâmide fictício"[33].

Há ainda outra questão nessa história. O aumento do preço da moradia nos Estados Unidos fez crescer a demanda efetiva na economia de modo generalizado. Só em 2003 foram emitidos 13,6 milhões de hipotecas (em contraste com menos da metade desse número dez anos antes), com valor de 3,7 trilhões de dólares. Desses, 2,8 trilhões de dólares foram por refinanciamento (em termos comparativos, o PIB total dos Estados Unidos naquela época era inferior a 15 trilhões de dólares). As famílias estavam lucrando com o valor crescente de suas propriedades. Com os salários estagnados, essa situação abria caminho para que muitos tivessem acesso a dinheiro extra tanto para suas necessidades (como assistência médica) quanto para a aquisição de bens de consumo (um carro novo ou férias). A moradia tornou-se uma conveniente galinha dos ovos de ouro, um caixa eletrônico pessoal, fomentando a demanda agregada e, sem dúvida, uma demanda ainda maior pela moradia. Michael Lewis, em *The Big Short*, explica o que acontecia. A babá de um de seus personagens principais, junto com sua irmã, acaba sendo proprietária de seis casas no Queens, em Nova York. "Depois que compraram a primeira, e seu valor aumentou, os credores apareceram e sugeriram que elas fizessem um refinanciamento e pegassem 250 mil dólares – que elas usaram para comprar outra casa." Depois, o preço desta também subiu, e elas repetiram a experiência. "Quando as coisas se complicaram, elas estavam com cinco casas, o mercado vinha despencando e elas não conseguiam arcar

---

33 Michael Lewis, op. cit., 2010, p. 141.

com nenhum dos pagamentos[34]." Os preços das propriedades não podem aumentar e não aumentam para sempre.

A PRODUÇÃO DE VALOR E AS CRISES URBANAS

Mas há nisso tudo questões de mais longo prazo e mais profundas que precisam ser levadas em conta sobre a produção. Embora grande parte do que aconteceu no mercado imobiliário fosse pura especulação, a atividade produtiva em si era parte importante do conjunto da economia, em que a construção era responsável por 7% do PIB, e todos os elementos complementares dos novos produtos (de mobília a carros) equivaliam a mais que o dobro disso. Se os estudos do National Bureau of Economic Research estiverem corretos, o colapso do *boom* da construção depois de 1928, que se manifestou como uma queda de 2 bilhões de dólares (imensa para a época) na construção de moradias e um colapso e redução de construção de novas moradias para menos de 10% de seu valor anterior nas grandes cidades, desempenhou um papel importante, mas ainda não bem compreendido, na quebra da bolsa em 1929. Um verbete da Wikipedia observa: "devastador foi o desaparecimento de 2 milhões de empregos bem remunerados no setor da construção civil, além das perdas de lucros e aluguéis que prejudicaram muitos proprietários e investidores imobiliários"[35]. Sem dúvida, isso teve implicações na confiança no mercado de ações em geral.

---

34 Michael Lewis, op. cit., 2010, p. 93.
35 Cf. Wikipedia, *Cities in the Great Depression*, S.l., Wikipedia, 2005. Disponível em: <http://en.wikipedia.org/wiki/Cities_in_the_Great_Depression>. Acesso em: 29 abr. 2014.

Não admira que tenham ocorrido desesperadas tentativas subsequentes do governo Roosevelt, na década de 1930, de fazer ressurgir o setor imobiliário. Com essa finalidade, um grande número de reformas no financiamento de hipotecas foi implementado, culminando na criação de um mercado hipotecário secundário com a fundação, em 1938, da Federal National Mortgage Association (Fannie Mae). A tarefa da Fannie Mae consistia em garantir as hipotecas e permitir que os bancos e outros credores passassem as hipotecas adiante, propiciando ao mercado imobiliário a tão necessária liquidez. Essas reformas institucionais desempenhariam mais tarde um papel crucial no financiamento da suburbanização dos Estados Unidos depois da Segunda Guerra Mundial. Apesar de necessárias, elas não eram suficientes para levar a construção de moradias a um patamar diferente no desenvolvimento econômico norte-americano. Todos os tipos de incentivos fiscais (como as deduções fiscais dos juros hipotecários), juntamente com a GI Bill[36] e uma lei da habitação muito positiva de 1947, que decretava o direito de todos os norte-americanos a "moradia decente em um local decente", foram criados para promover o acesso à propriedade imobiliária, por razões tanto políticas como econômicas. A propriedade de imóveis foi amplamente estimulada como algo crucial ao "Sonho Americano", e aumentou de aproximadamente 40% da população, na

---

36 Modo popular de se referir ao Servicemen's Readjustment Act, de 1944, que dispõe sobre uma série de benefícios e medidas de assistência social para militares da reforma ou da reserva que estiveram na ativa durante, no mínimo, noventa dias durante a Segunda Guerra Mundial. Os benefícios incluíam financiamento estudantil para qualquer nível de ensino, empréstimos de baixo custo para iniciar pequenos negócios, hipotecas a juros baixos, entre outros. [N. E.]

década de 1940, para mais de 60%, na década de 1960, e por volta de 70% em seu ponto culminante, em 2004 (em 2010, havia caído 66%). A casa própria pode ser um valor cultural profundamente arraigado nos Estados Unidos, mas os valores culturais florescem extraordinariamente quando promovidos e subsidiados por políticas estatais. As razões específicas de tais políticas são todas aquelas citadas pelo Relatório do Banco Mundial. Contudo, a razão política é raramente reconhecida em nossos dias. Como era de conhecimento geral na década de 1930, proprietários de casas agoniados pelas dívidas não fazem greves[37]. Os militares que voltaram da Segunda Guerra Mundial constituiriam uma ameaça social e política se, ao chegarem, se deparassem com desemprego e depressão. Encontrou-se a melhor maneira de matar dois coelhos com uma cajadada só: estimular a economia por meio da construção maciça de moradias e da suburbanização dos espaços periféricos e atrair os trabalhadores mais bem remunerados para uma política mais conservadora por meio da posse de uma moradia sobrecarregada de dívidas. Além disso, o fomento da demanda por políticas públicas gerou aumentos regulares do valor dos ativos dos proprietários, o que foi muito bom para eles, mas um desastre do ponto de vista do uso racional da terra e do espaço.

Durante as décadas de 1950 e 1960 essas políticas funcionaram, tanto do ponto de vista político quanto do macroeconômico, uma vez que sustentaram duas décadas de um desenvolvimento elevado dos Estados Unidos, cujos efeitos se espalharam por todo o mundo. A construção de moradias passou para outro

---

37 Martin Boddy, *The Building Societies*, Londres, MacMillan, 1980.

patamar, totalmente em relação com o crescimento econômico (cf. Figura 4). "É um padrão que se repete há muito tempo," escreve Binyamin Appelbaum, "os norte-americanos se recuperarem das recessões construindo mais casas e enchendo-as de coisas[38]." Na década de 1960, o problema foi que o crescimento desordenado do processo de urbanização foi dinâmico, porém ambientalmente insustentável e geograficamente desigual. A desigualdade refletia em grande parte os influxos de renda diferenciados que afluíam a diferentes segmentos da classe trabalhadora. Enquanto a periferia prosperava, os centros estagnavam e entravam em decadência. A classe trabalhadora branca florescia, mas as minorias impactadas das áreas centrais – afro-americanos em particular – não. O resultado foi toda uma sequência de rebeliões nesses lugares – inclusive em Detroit e Watts, culminando com rebeliões espontâneas em cerca de quarenta cidades pelos Estados Unidos na esteira do assassinato de Martin Luther King, em 1968. Alguma coisa que veio a ser conhecida como "a crise urbana" estava ali, para que todos pudessem ver e facilmente nomear (ainda que, estritamente falando, não se tratasse de uma crise macroeconômica da urbanização). Enormes **aportes** de recursos do governo **federal** foram liberados para lidar com esse problema depois de 1968, até que o presidente Nixon declarou o fim da crise (por motivos fiscais) na recessão de 1973[39].

---

38 Binyamin Appelbaum, "A Recovery that Repeats Its Painful Precedents", New York Times Business Section, 28 jul. 2011.
39 The Kerner Commission, *Report of the National Advisory Commission on Civil Disorders*, Washington, DC, Government Printing Office, 1968.

O efeito secundário de tudo isso foi que Fannie Mae se tornou uma empresa privada com patrocínio estatal em 1968 e, depois que lhe arrumaram um "concorrente", a Federal Home Mortgage Corporation (Freddie Mac), em 1970, as duas instituições desempenharam um papel de importância fundamental, e finalmente destrutivo, na promoção do acesso à propriedade imobiliária e na manutenção da construção civil por quase cinquenta anos. As dívidas hipotecárias hoje representam cerca de 40% da dívida privada acumulada dos Estados Unidos, boa parte da qual, como vimos, é tóxica. E tanto Fannie Mae quanto Freddie Mac passaram a ser controladas pelo governo. O que fazer com elas é uma questão política intensamente debatida (assim como os subsídios à demanda pela moradia própria) acerca do endividamento geral dos Estados Unidos. O que quer que aconteça com elas terá consequências muito importantes para o futuro do setor imobiliário, em particular, e para a urbanização, em termos mais gerais, no que diz respeito à acumulação de capital nos Estados Unidos.

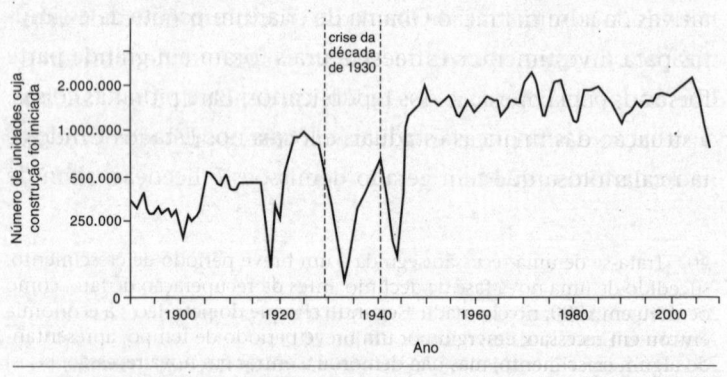

Figura 4 Inícios de construções residenciais nos Estados Unidos, 1890-2008

Os sinais atuais nos Estados Unidos não são animadores. O setor imobiliário não está se recuperando, e a construção de novas moradias está debilitada e estagnada. Há sinais de que se está encaminhando para uma temida recessão *"double-dip"*[40] enquanto o dinheiro do governo federal se esgota e o desemprego permanece alto. A construção de novas moradias caiu pela primeira vez a níveis inferiores àqueles da década de 1940 (cf. Figura 4). Em março de 2011, a taxa de desemprego na construção estava acima de 20%, enquanto no setor industrial era de 9,7%, muito próxima da média nacional. Não é necessário construir novas casas e enchê-las de coisas quando tantas casas permanecem vazias. A San Francisco Federal Reserve "avalia que a construção talvez não retorne ao nível médio de atividade anterior à bolha antes de 2016, desconsiderando a possibilidade de que esse importantíssimo setor" exerça qualquer impacto sobre a recuperação[41]. Na Grande Depressão, mais de ¼ dos trabalhadores da construção civil ficaram desempregados até 1939. Empregá-los novamente foi um objetivo crucial das intervenções públicas (como a Works Progress Administration). As tentativas da administração Obama de criar um pacote de estímulos para investimentos infraestruturais foram em grande parte frustradas pela oposição dos republicanos. Para piorar as coisas, a situação das finanças estaduais e locais nos Estados Unidos é tão calamitosa que tem gerado demissões e licenças, além de

---

40 Trata-se de uma recessão seguida a um breve período de crescimento, sucedido de uma nova fase de declínio antes da recuperação de fato, como ocorreu em 1980, no chamado "segundo choque do petróleo": a economia entrou em recessão, emergiu por um breve período de tempo, apresentando algum crescimento, mas não demorou a entrar em nova recessão. [N. T.]
41 Binyamin Appelbaum, op. cit., 2011.

cortes selvagens nos serviços urbanos. O colapso do mercado imobiliário e a queda de 20% nos preços das moradias provocaram um forte abalo nas finanças locais, que dependem muito dos impostos imobiliários. Uma crise fiscal urbana está fermentando à medida que os governos municipais e estaduais perdem força e a construção debilita-se. Quando juntamos tudo isso, parece cada vez mais que chegou ao fim a era pós-guerra de acumulação e estabilização macroeconômica por meio de suburbanização e desenvolvimento habitacional e de propriedade.

No topo de tudo isso está uma política de classes de austeridade que vem sendo implementada por razões políticas, e não econômicas. As administrações republicanas de extrema direita, tanto no nível estadual como local, estão usando a chamada "crise da dívida" para sabotar os programas governamentais e reduzir o emprego público nos estados e municípios. Trata-se, sem dúvida, de uma tática já muito antiga de investida de inspiração capitalista contra programas de governo em geral. Reagan reduziu os impostos dos ricos de 72% a mais ou menos 30% e lançou o país em uma corrida armamentista financiada pela dívida contra a União Soviética. Como resultado, houve um aumento galopante da dívida com Reagan. Como mais tarde observou seu diretor da Secretaria de Administração e Orçamento, David Stockman, o aumento da dívida tornou-se uma desculpa conveniente para não se preocupar com a regulamentação governamental (por exemplo, sobre o meio ambiente) e os programas sociais, externalizando, de fato, os custos da degradação do meio ambiente e a reprodução social. O presidente George W. Bush seguiu bem de perto seu exemplo, e seu vice-presidente, Dick Cheney, afirmou que "Reagan nos ensinou que os déficits não importam"[42]. As reduções de impostos para os ricos, duas guerras sem caixa, no Iraque e no Afeganistão, e uma imensa doação às grandes indústrias farmacêuticas, por meio de um programa de prescrição de medicamentos financiado pelo Estado, transformaram o que havia sido um superávit orçamental no governo Clinton em contas profundamente no vermelho, permitindo que mais tarde o partido republicano e os democratas conservadores fossem suficientemente longe na externalização sobre terceiros dos custos que o capital nunca quer assumir: os custos da degradação ambiental e da reprodução social. A agressão ao meio ambiente e ao bem-estar do povo é palpável e, tanto nos Estados Unidos como em boa parte da Europa, está ocorrendo por razões políticas e de classe, e não econômicas. Está induzindo, como David Stockman observou muito recentemente, a um evidente estado de guerra de classes. Como também afirmou Warren Buffett: "Sem dúvida há uma guerra de classes, e é minha classe, a dos ricos, que a está travando – e ganhando"[43]. A única pergunta é: quando o povo começará a reagir a essa guerra de classes? E um dos lugares propícios para começar seria o foco nos aspectos da vida urbana que se degradam rapidamente em decorrência das execuções de hipotecas, da persistência de práticas predatórias nos mercados imobiliários urbanos, da menor oferta de empregos e, sobretudo, da falta de

---

42 Jonathan Weisman, "Reagan Policies Gave Green Light to Red Ink", *Washington Post*, p. A11, 9 jun. 2004. William Greider, "The Education of David Stockman", *Atlantic Monthly*, dez. 1981.
43 Frase de Warren Buffet em entrevista concedida a Ben Stein ("In Class Warfare, Guess Which Class Is Winning", New York Times, 23 nov. 2006. Cf. David Stockman, "The Bipartisan March to Fiscal Madness", New York Times, 23 abr. 2011.

oportunidades viáveis de inserção nos mercados de trabalho urbanos em quase toda parte, com algumas cidades (das quais Detroit é o mais lamentável exemplo) profundamente carentes de quaisquer perspectivas de retomada dos empregos. A crise agora é mais urbana do que nunca.

PRÁTICAS URBANAS PREDATÓRIAS

No *Manifesto comunista*, Marx e Engels observam de passagem que, assim que o trabalhador recebe "seu salário em dinheiro vivo, abatem-se sobre ele então as outras parcelas da burguesia, o proprietário do imóvel, o dono da mercearia, o penhorista etc."[44]. Os marxistas relegaram tradicionalmente essas formas de exploração, bem como a luta de classes (pois é disso que se trata) que surge inevitavelmente em torno delas, a um segundo plano de suas teorizações e às margens de sua política. Mas eu digo que elas constituem, pelo menos nas economias capitalistas avançadas, um vasto terreno de acumulação por desapropriação, por meio da qual o dinheiro é sugado para a circulação do capital fictício a fim de sustentar as imensas fortunas por dentro do sistema financeiro.

As práticas predatórias, onipresentes antes da quebra do mercado imobiliário em geral, e no das hipotecas *subprime*, em particular, tornaram-se lendárias por suas proporções. Antes do estouro da crise principal, já se avaliava que a população afro-americana de baixa renda dos Estados Unidos havia perdido algo entre 71 e 93 bilhões de dólares em ativos em decorrência

---

44 Karl Marx e Friedrich Engels, *The Communist Manifesto*, Londres, Pluto Press, 2008, p. 4 [*Manifesto comunista*, São Paulo, Hedra, 2010, p. 67].

das práticas predatórias *subprime*[45]. As desapropriações chegaram em duas ondas – uma minionda entre o anúncio da iniciativa de Clinton em 1995[46] e o colapso do Long Term Capital Management[47], em 1998, e a outra depois de 2001. Simultaneamente ao segundo período, os bônus de Wall Street e os ganhos da incipiente indústria de hipotecas aumentavam vertiginosamente, com taxas de lucro inéditas decorrentes de puras manipulações financeiras, em particular daquelas associadas à securitização de hipotecas de alto custo, mas arriscadas. Disso se infere que, por vários canais ocultos, ocorriam transferências maciças de riquezas dos pobres para os ricos para além daquelas documentadas nas práticas claramente sinistras e frequentemente ilegais das empresas de crédito hipotecário como a Countrywide por meio de manipulações financeiras no mercado imobiliário[48].

O que aconteceu depois da quebra é ainda mais espantoso. Muitas das execuções de hipotecas (mais de 1 milhão em 2010) eram ilegais, quando não claramente fraudulentas, levando um congressista da Flórida a escrever à Suprema Corte daquele estado que "se os relatos que tenho ouvido forem verdadeiros, as execuções de hipotecas ilegais que vêm sendo praticadas representam o maior confisco de propriedade privada jamais

---

45 Barbara Ehrenreich e Dedrich Muhammad, "The Recession's Racial Divide", *New York Times*, 12 set. 2009.
46 O governo Clinton decidiu, no seu primeiro mandato, facilitar o acesso ao crédito, diminuindo as restrições para pessoas que solicitavam uma hipoteca pela primeira vez, por exemplo, e que, portanto, não tinham nenhum histórico, visando incentivar a aquisição de moradia própria. [N. E.]
47 Empresa que gerenciava fundos de investimentos de altíssimo risco. Teve vida muito curta: foi fundada em 1994 e faliu em 1998, devido à perda drástica de capital em apenas quatro meses. [N. E.]
48 Gretchen Morgenson e Joshua Rosner, *Reckless Endangerment*, Nova York, Henry Holt, 2011.

tentado por bancos e instituições governamentais"⁴⁹. Os procuradores-gerais de todos os cinquenta estados estão agora investigando o problema, mas (como seria de se esperar) a maioria parece ansiosa por encerrar as investigações da maneira mais sumária possível, ao preço de alguns acordos financeiros (mas sem a restituição das propriedades ilegalmente expropriadas). É evidente que ninguém será preso por isso, ainda que haja claros indícios de falsificação sistemática de documentos legais.

As práticas predatórias desse tipo já existem há muitíssimo tempo. Portanto, permitam-me apresentar alguns exemplos ocorridos em Baltimore. Pouco depois de chegar à cidade, em 1969, comecei a participar de um estudo sobre a provisão de moradias no centro da cidade que se concentrava no papel de diferentes atores – locadores, inquilinos e proprietários, corretores e mutuantes, a Federal Housing Administration, as autoridades locais (em particular o Housing Code Enforcement) – na criação das terríveis condições de vida nas áreas centrais da cidade, infestadas por ratos e arruinadas pelos distúrbios que se seguiram ao assassinato de Martin Luther King. Os vestígios de *red-lining*⁵⁰ nas áreas de populações afro-americanas de baixa renda, às quais se negavam créditos, estavam gravados no mapa da cidade, mas na época as exclusões eram justificadas como uma resposta legítima ao alto risco de crédito, e não por supostas razões de discriminação racial. Em diversas áreas da cidade,

---

49 Kevin Chiu, "Illegal Foreclosures Charged in Investigation", *Housing Predictor*, 24 abr. 2011.
50 Conjunto de práticas discriminatórias por meio das quais algumas instituições financeiras recusavam-se a conceder empréstimos hipotecários ou emitir apólices de seguro em áreas urbanas consideradas deterioradas e, portanto, de alto risco financeiro. [N. T.]

as práticas de *blockbusting*[51] eram abundantes. Essas práticas geravam grandes lucros para empresas imobiliárias inescrupulosas. Para que isso funcionasse, porém, os afro-americanos precisavam, de alguma forma, ter acesso ao financiamento hipotecário, uma vez que eram indistintamente considerados uma população de crédito de alto risco. Isso pôde ser feito mediante algo chamado de "Land Installment Contract". De fato, os afro-americanos eram "ajudados" pelos proprietários, que atuavam como intermediários nos mercados de crédito e contratavam uma hipoteca em seu próprio nome. Alguns anos depois, quando uma parte do principal (mais os juros) havia sido paga, o que comprovava a solvência da família, o título de propriedade passaria supostamente para o morador, com ajuda do bondoso proprietário e da instituição hipotecária local. Isso funcionou para alguns (ainda que quase sempre em bairros cujo valor vinha declinando), mas, em mãos inescrupulosas (havia muitas em Baltimore, e, aparentemente, nem tantas em Chicago, onde esse sistema também era comum), podia ser uma forma particularmente predatória de acumulação por desapropriação[52]. Permita-se que o proprietário cobrasse taxas para cobrir os impostos sobre a propriedade, os custos administrativos e legais e demais coisas do gênero. Essas taxas (às vezes exorbitantes) podiam ser acrescidas ao principal da hipoteca. Depois de anos de

---

51 Ato ou prática de estimular a venda de propriedades a baixos preços, de modo a explorar o medo dos proprietários de que preços ainda mais baixos possam trazer minorias raciais para morar na área. [N. T.]
52 Lynne Sagalyn, "Mortgage Lending in Older Neighborhoods", *Annals of the American Academy of Political and Social Science*, 465, jan. 1983, p. 98-108. Manuel Aalbers (org.), *Subprime Cities: The Political Economy of Mortgage Markets*, Nova York, John Wiley, 2011.

pagamento contínuo, muitas famílias se davam conta de que deviam mais sobre o principal do que no começo. Se deixassem de pagar uma única vez os valores mais altos depois do aumento das taxas de juros, o contrato era invalidado e as famílias eram despejadas. Abriu-se um processo de Direitos Civis contra os proprietários mais impiedosos. Mas não deu em nada, porque as pessoas que haviam assinado o contrato de venda de imóveis a prestações não haviam lido as letras miúdas nem pedido a seus advogados (visto que os pobres raramente os têm) que os lessem para eles – de qualquer modo, essas letras miúdas são incompreensíveis para a maioria dos mortais (você já leu alguma vez as letras miúdas do contrato do seu cartão de crédito?).

As práticas predatórias desse tipo nunca desapareceram por completo. Na década de 1980, o contrato de venda a prestações foi substituído por práticas de "*flipping*"[53] – um corretor de imóveis comprava barato uma casa em mau estado, fazia algumas reformas cosméticas (muito sobrevalorizadas) e conseguia um financiamento hipotecário "favorável" para o comprador ingênuo, que morava na casa até que o telhado desabasse ou a calefação central explodisse. E quando, na década de 1990, o mercado de hipotecas *subprime* começou a formar-se em resposta à iniciativa de Clinton, cidades como Baltimore, Cleveland, Detroit, Buffalo e outras se transformaram em importantes centros para uma crescente onda de acumulação por desapropriação (70 bilhões de dólares ou mais, em todo o país). Depois da quebra de 2008, Baltimore terminou por abrir um processo de Direitos Civis contra a Wells Fargo por suas práticas discrimina-

---

53 Compra e revenda de ativos dentro de um curto espaço de tempo. [N. T.]

tórias de empréstimos *subprime* (*red-lining* invertido em que as pessoas eram estimuladas a contratar empréstimos *subprime* em vez dos convencionais, levando famílias afro-americanas e monoparentais, constituídas em torno só da mãe, a serem sistematicamente exploradas). É quase certo que esse processo não dará em nada (ainda que na terceira iteração se tenha permitido que seguisse adiante no tribunal), visto que será quase impossível comprovar intenções com base na raça, e não no risco de crédito. Como de hábito, as incompreensíveis letras miúdas geralmente são carta branca para muitas coisas. Cleveland seguiu um caminho diverso: processou as empresas financeiras pela criação de um prejuízo público, pois a paisagem estava a tal ponto cheia de casas interditadas que a administração municipal precisava agora bloquear sua visão!

As práticas predatórias que atingem os pobres, os vulneráveis e os de alguma maneira desprivilegiados são incontáveis. Qualquer pequena conta não paga (uma taxa de licenciamento de motorista ou a conta de água, por exemplo) pode transformar-se em uma penhora de uma propriedade sobre a qual um proprietário pode permanecer misteriosa (e ilegalmente) desinformado até que seja comprada por um advogado que aumente tanto seu preço a tal ponto que uma conta originalmente de, digamos, 100 dólares, por exemplo, só possa ser quitada com o pagamento de 2,5 mil dólares. Para a maioria dos pobres, isso significa a perda da propriedade. Na última rodada de vendas de imóveis com gravames hipotecários em Baltimore, cerca de 6 milhões de dólares em encargos sobre propriedades foram vendidos a um pequeno grupo de advogados. Se o preço com margem de lucro é de 250%, eles podem amealhar grandes fortunas, se esses encargos forem pagos, ou propriedades potencialmente valiosas para o desenvolvimento futuro, caso eles simplesmente adquiram as propriedades.

Como se tudo isso fosse pouco, já se demonstrou sistematicamente que, nas cidades norte-americanas a partir da década de 1960, é comum que os pobres paguem mais por bens de consumo inferiores, como os alimentos, e que os serviços de baixa qualidade que são prestados às comunidades de baixa renda acrescentem ônus financeiros e práticos indevidos a essas populações. A economia da desapropriação de populações vulneráveis é tão ativa quanto perpétua. Ainda mais assustador é que muitos trabalhadores temporários e instáveis mal pagos em grandes cidades, como Nova York, Chicago e Los Angeles, já experienciaram perdas salariais ilegais em alguma medida, que incluem, entre outras, o não pagamento do salário mínimo, a recusa de pagamento de horas extras ou simplesmente os atrasos de pagamentos que, em alguns casos, podem estender-se por vários meses[54].

Ao mencionar todas essas diferentes formas de exploração e desapropriação, minha intenção é insinuar que em muitas regiões metropolitanas essas práticas em massa são sistematicamente exercidas contra segmentos vulneráveis da população. É importante reconhecer quão facilmente reajustes salariais reais podem ser gradativamente retomados dos trabalhadores pela classe capitalista como um todo por meio de atividades predatórias e exploradoras no âmbito do consumo. Para grande parte das populações urbanizadas de baixa renda, a excessiva

---

54 Annette Bernhardt et al., *Broken Laws, Unprotected Workers: Violations of Employment and Labor Laws in America's Cities*, Nova York, National Employment Law Project, 2009.

exploração de seu trabalho e a expropriação de seus parcos bens constitui uma perpétua drenagem de sua capacidade de manter condições minimamente adequadas de reprodução social. Esta é uma condição que exige organização e uma resposta política de toda a cidade (ver mais adiante).

O CASO DA CHINA

Na medida em que dessa vez houve alguma saída da crise global do capital, é notável que o *boom* habitacional e imobiliário na China, juntamente com uma gigantesca onda de investimentos infraestruturais financiados pela dívida, tenha assumido um papel principal estimulando não apenas seu mercado interno (enxugando o desemprego nas indústrias exportadoras), mas também as economias estreitamente integradas à China por conta do comércio, como a Austrália e o Chile, com suas matérias-primas, e a Alemanha, com suas exportações de máquinas-ferramentas e carros. Nos Estados Unidos, por outro lado, a construção tem demorado a retomar o ritmo anterior, com a taxa de desemprego, como já observamos, superando mais de duas vezes a média nacional.

Os investimentos urbanos costumam demorar muito tempo para dar frutos, e ainda mais tempo para amadurecer. Portanto, é sempre difícil determinar quando uma acumulação excessiva de capital se transformou ou está prestes a se transformar em uma acumulação excessiva de investimentos no espaço construído. A probabilidade de ultrapassar os limites, como aconteceu com as ferrovias no século XIX e como demonstra a longa história de ciclos e depressões (inclusive a debacle de 2007-2009), é muito alta.

A impetuosidade da urbanização desordenada e o *boom* dos investimentos em infraestrutura que estão reconfigurando por inteiro a geografia do espaço nacional chinês baseiam-se em parte na capacidade de o governo central intervir arbitrariamente no sistema bancário se alguma coisa der errado. Uma recessão relativamente moderada nos mercados imobiliários de cidades importantes, como Xangai, no final da década de 1990 deixou os bancos como detentores de uma grande variedade de ativos não geradores de receita ("tóxicos", como os chamamos), muitos dos quais baseados no desenvolvimento urbano e imobiliário. Estimativas não oficiais chegaram a identificar 40% de empréstimos bancários improdutivos[55]. A resposta do governo central foi utilizar suas abundantes reservas cambiais para recapitalizar os bancos – uma versão chinesa do que mais tarde seria conhecido como o polêmico Troubled Asset Relief Program (TARP) nos Estados Unidos. Sabe-se que o Estado usou cerca de 45 bilhões de dólares de suas reservas cambiais com esse objetivo no fim da década de 1990, e que indiretamente pode ter usado muito mais. Contudo, à medida que as instituições chinesas se desenvolvem de modo mais compatível com os mercados financeiros globais, para o governo central fica mais difícil controlar o que acontece no setor financeiro.

As informações que atualmente temos da China parecem perigosamente semelhantes ao que acontecia no sudoeste dos Estados Unidos e na Flórida na década de 2000, ou na Flórida da década de 1920. Desde a privatização geral da moradia na China em 1998, a especulação imobiliária e a construção habitacional deco-

---

[55] Keith Bradsher, "China Announces New Bailout of Big Banks", *New York Times*, 7 jan. 2004.

laram de maneira espetacular. Afirma-se que os preços das moradias aumentaram 140% em todo o país desde 2007, chegando a 800 por cento nas cidades principais, como Pequim e Xangai, nos últimos cinco anos. Nesta cidade, sabe-se que os preços das propriedades dobraram no último ano. O preço médio de um apartamento está agora em torno de 500 mil dólares (em um país onde o PIB *per capita* foi de 7.518 dólares em 2010), e mesmo em cidades de segunda ordem uma moradia típica "custa cerca de 25 vezes a renda média dos moradores", o que é claramente insustentável. Tudo isso indica que a construção de casas e imóveis comerciais, por maior e mais rápida que seja, não acompanha a demanda real e, o que é ainda mais importante, a demanda efetiva antecipada[56]. Uma das consequência é o surgimento de fortes pressões inflacionárias que levaram o governo central a usar diferentes instrumentos para restringir os gastos descontrolados dos governos locais.

O governo central declara abertamente sua preocupação de que

> grande parte do crescimento do país continue ligado ao gasto inflacionário com o desenvolvimento imobiliário e o investimento do governo em estradas, ferrovias e outros projetos infraestruturais multibilionários. No primeiro trimestre de 2011, o investimento em ativos fixos – uma dimensão geral da atividade construtora – aumentou 25% em relação ao mesmo período do ano anterior, e o investimento em bens imóveis aumentou 37%[57].

---

56 Para uma visão geral, cf. Thomas Campanella (op. cit., 2008). Também tentei apresentar uma perspectiva geral da urbanização da China no cap. 5 de *A Brief History of Neoliberalism* (op. cit., 2005).
57 David Barboza, "Inflation in China Poses Big Threat to Global Trade", *New York Times*, 17 abr. 2011. Jamil Anderlini, "Fate of Real Estate Is Global Concern", *Financial Times*, 1 jun. 2011. Robert Cookson, "China Bulls Reined in by Fears on Economy", *Financial Times*, 1 jun. 2011.

Hoje, esse investimento "equivale a cerca de 70% do produto interno bruto do país". Nenhum outro país se aproximou desse nível nos tempos modernos. "Mesmo o Japão, no auge de seu *boom* imobiliário da década de 1980, chegou a apenas 35%, e nos Estados Unidos a cifra girou em torno de 20% por décadas."

Os "esforços das cidades ajudaram a infraestrutura do governo e os gastos imobiliários a superar o comércio exterior como o maior contribuinte no desenvolvimento da China"[58]. Imensas aquisições de terras e desalojamentos de proporções fabulosas em algumas das maiores cidades (mais de 3 milhões de pessoas desalojadas em Pequim nos últimos dez anos) apontam para uma ativa economia de desapropriação que avança rapidamente, junto com esse gigantesco impulso de urbanização que ocorre em toda a China. As desocupações e as desapropriações forçadas configuram uma das causas mais importantes do aumento dos protestos populares, às vezes violentos.

As vendas de terras aos empreiteiros produziram uma lucrativa galinha dos ovos de ouro para encher os cofres dos governos locais. No início de 2011, porém, o governo central ordenou-lhes que refreassem para conter um mercado imobiliário fora de controle e as quase sempre brutais desapropriações de terras que vinham causando tanta resistência. Isso criou dificuldades fiscais para os órgãos administrativos de muitas municipalidades. O "súbito aumento da dívida dos governos locais e a sua falta de controle sobre empréstimos das empresas de investimento" (muitas delas patrocinadas por governos locais) são

---

58 Keith Bradsher, "China's Economy is Starting to Slow, but Threat of Inflation Looms", *New York Times*, 31 mai. 2011.

hoje vistos como um grande risco para a economia chinesa, e isso vem lançando uma sombra tenebrosa sobre as perspectivas de crescimento futuro, não apenas na China, como também em todo o mundo. Em 2011, a dívida municipal era estimada pelo governo chinês em cerca de 2,2 trilhões de dólares, o equivalente a "quase um terço do produto interno bruto do país". É possível que 80% dessa dívida equivalha às empresas de investimentos sem registro, patrocinadas pelos governos municipais, mas que tecnicamente não são parte dele. Essas são as organizações que estão construindo, vertiginosamente, tanto as novas infraestruturas quanto os edifícios de arquitetura "assinada" que tornam as cidades chinesas tão espetaculares. Contudo, a dívida acumulada pelos municípios é enorme. Uma onda de inadimplência "poderia tornar-se uma enorme responsabilidade para o governo central, que por si só já tem uma dívida de aproximadamente 2 trilhões de dólares"[59]. A possibilidade de um colapso seguido por um longo período de "estagnação ao estilo japonês" é muito real. A desaceleração da máquina chinesa de crescimento econômico em 2011 já está produzindo reduções de importações, e isso, por sua vez, repercutirá em todas as partes do mundo que floresceram graças ao mercado chinês de matérias-primas.

Enquanto isso, surgiram novas cidades inteiras ainda praticamente sem habitantes ou atividades reais no interior da China, o que levou a uma curiosa campanha publicitária na imprensa comercial norte-americana para atrair investidores e empresas a

---

59 Wang Xiaotian, "Local Governments at Risk of Defaulting on Debt", *China Daily*, 28 jun. 2011. David Barboza, "China's Cities Piling Up Debt to Fuel Boom", *New York Times*, 7 jul. 2011.

essa nova fronteira urbana do capitalismo global[60]. O desenvolvimento urbano a partir de meados do século XIX, se não antes, foi sempre especulativo, mas a escala especulativa do desenvolvimento chinês parece ser de uma ordem totalmente distinta de tudo que até hoje se viu na história humana. Ocorre, porém, que a liquidez excedente na economia global a ser absorvida, que se expande a uma taxa composta, também nunca foi tão grande.

Como no *boom* de suburbanização pós-guerra nos Estados Unidos, quando se acrescentam todos os apetrechos e pertences acessórios de uma casa, fica claro que o *boom* da urbanização na China está desempenhando um papel central no estímulo da recuperação do crescimento econômico global para um vasto segmento de bens de consumo que não incluem os carros (do qual a China hoje se vangloria de ser o maior mercado mundial). "Segundo algumas estimativas, a China consome até 50% dos principais produtos primários mundiais, bem como de materiais como cimento, aço e carvão, e a propriedade imobiliária chinesa é o principal motor dessa demanda[61]." Tendo em vista que pelo menos a metade do aço consumido acaba sendo usada no espaço construído, temos que um quarto da produção mundial de aço é atualmente absorvida só por essa atividade. A China não é o único lugar onde se pode encontrar esse *boom* imobiliário. Todos os países do BRIC parecem estar seguindo o mesmo exemplo. Desse modo, o preço dos imóveis duplicou em São Paulo e no Rio de Janeiro no ano passado, e na Índia e na Rússia

---

60 David Barboza, "A City Born of China's Boom, Still Unpeopled", New York Times, 20 out. 2010.
61 Jamil Anderlini, op. cit., 2011.

predominam condições semelhantes. Mas todos esses países, deve-se notar, vêm experimentando altas taxas de crescimento agregado, juntamente com altos índices inflacionários. É evidente que os intensos processos de urbanização têm muito a ver com a rápida recuperação dos efeitos da recessão de 2007 a 2009.

A questão é: quão sustentável é essa recuperação, dadas suas raízes em desenvolvimentos urbanos altamente especulativos? As tentativas do governo central chinês de controlar seu *boom* e conter as pressões inflacionárias, elevando gradualmente as exigências de reservas aos bancos, não foram muito bem-sucedidas. Surgiu um "sistema bancário paralelo", fortemente vinculado aos investimentos fundiários e imobiliários, difícil de monitorar e controlar e que recorre a novos tipos de investimentos (iguais aos que surgiram na década de 1990 nos Estados Unidos e na Grã-Bretanha). O resultado da aceleração das desapropriações e da inflação vem gerando uma proliferação de distúrbios. Chegam-nos informações sobre protestos de taxistas e caminhoneiros (em Xangai), bem como de greves gerais de chão de fábrica nas áreas industriais de Guangdong em resposta aos baixos salários, más condições de trabalho e aumento contínuo dos preços. Os relatos oficiais sobre tumultos têm aumentado dramaticamente, e ajustes de salários têm ocorrido, juntamente com medidas governamentais destinadas a enfrentar a crescente inquietação e estimular o mercado interno como substituto dos mercados exportadores, mais arriscados e estagnados (o atual consumo chinês representa apenas 35% do PIB, em contraste com os 70% nos Estados Unidos).

Tudo isso deve ser entendido, porém, no contexto das medidas concretas que o governo chinês adotou para lidar com a crise de 2007 a 2009. O principal impacto da crise sobre a China foi o súbito colapso dos mercados exportadores (em particular o dos Estados Unidos) e uma queda de 20% nas exportações no início de 2009. Várias estimativas de razoável confiabilidade situam o número de empregos perdidos no setor de exportações em cerca de 30 milhões em um período de tempo muito breve entre 2008 e 2009. Contudo, o FMI informava que a perda líquida de empregos na China já no outono de 2009 era de apenas 3 milhões[62]. Parte da diferença entre perdas brutas e líquidas de empregos talvez se deva à volta de migrantes urbanos desempregados para sua base rural. Outra parte certamente se deve à rápida retomada das exportações e à readmissão de trabalhadores demitidos. O resto, porém, deve-se quase certamente à implementação de um maciço programa do governo de estímulos de tipo keynesiano a investimento urbano e infraestrutural. O governo central disponibilizou mais 600 bilhões de dólares para aumentar o que já era um grande programa de investimentos infraestruturais (um total acumulado de 750 bilhões de dólares alocados unicamente para construir 13 mil quilômetros de sistemas ferroviários de alta velocidade e quase 18 mil quilômetros de vias férreas tradicionais, embora esses investimentos estejam agora prejudicados pelo acidente de um trem de alta velocidade, o que sugere um projeto inadequado, ou mesmo corrupção durante a construção)[63]. O governo central instruiu simultaneamente os bancos a fazer grandes empréstimos a todos os tipos

---

[62] Fundo Monetário Internacional e Organização Internacional do Trabalho, *The Challenges of Growth, Employment and Social Cohesion*, Genebra, International Labour Organization, 2010.
[63] Keith Bradsher, "High-Speed Rail Posed to Alter Chine, but Costs and Fares Draw Criticism", *New York Times*, 23 jun. 2011.

de projetos de desenvolvimento locais (inclusive aos setores imobiliário e infraestrutural) como forma de absorver a mão de obra excedente. Esse programa maciço destinava-se a conduzir à recuperação econômica. Hoje, o governo chinês alega ter criado quase 34 milhões de novos empregos urbanos entre 2008 e 2010. Sem dúvida, parece ter sido muito bem-sucedido em seu objetivo imediato de absorver grande parte do gigantesco excedente de mão de obra, se os números do FMI sobre as perdas líquidas de empregos estiveram certos.

A questão crucial, sem dúvida, é saber se esses gastos estatais fazem parte ou não da categoria de gastos "produtivos" – se forem, o que produzem e para quem? Muitos investimentos, como o imenso *shopping center* perto de Dongguan, continuam quase vazios, como acontece com alguns arranha-céus que se alastram por quase toda a paisagem urbana. E há também as novas cidades vazias, esperando que cheguem habitantes e indústrias. Todavia, não há dúvida de que o espaço nacional chinês poderia beneficiar-se de uma integração espacial mais profunda e eficiente, e, pelo menos na superfície, a enorme onda de investimentos infraestruturais e projetos de urbanização podem dar a impressão de estar fazendo exatamente isso, ligando o interior subdesenvolvido às regiões costeiras, mais ricas, e o norte, com escassez de água, ao bem irrigado sul. No nível metropolitano, parece que os processos de desenvolvimento e regeneração urbanos também levam as técnicas da modernidade à urbanização, junto com uma diversificação de atividades (inclusive todas as instituições essenciais da indústria cultural, exemplificadas pela espetacular Exposição de Xangai, que tão bem caracterizam a urbanização neoliberal nos Estados Unidos e na Europa).

Em alguns aspectos, o desenvolvimento da China imita e exagera o dos Estados Unidos depois da Segunda Guerra Mundial. Naqueles anos, o sistema de autoestradas interestaduais integrava o sul e o oeste dos Estados Unidos, e isso, unido à suburbanização, desempenhou um papel crucial para manter tanto o emprego como a acumulação de capital. O paralelo, porém, também é elucidativo em outros aspectos. O desenvolvimento dos Estados Unidos a partir de 1945 não foi apenas esbanjador em seu uso da energia e da terra; gerou também, como vimos, uma crise específica entre a população urbana marginalizada, excluída e rebelde, o que provocou um grande número de reações políticas durante a década de 1960. Tudo isso desapareceu gradualmente depois da crise de 1973, quando o presidente Nixon declarou em seu Discurso sobre o Estado da União que a crise urbana deixara de existir, e que não haveria mais financiamento federal. No nível municipal, o efeito foi a criação de uma crise nos serviços urbanos, com todos os efeitos terríveis da degeneração da escola pública, da saúde pública e da disponibilidade de moradias a partir da década de 1970.

A acelerada estratégia de investimentos urbanos e infraestruturais na China culminará nessas duas tendências em poucos anos. Um trem de alta velocidade entre Xangai e Pequim é ótimo para os homens de negócios e a classe média alta, mas não representa um tipo de sistema de transporte acessível que possa levar os trabalhadores a seus lugares rurais de origem para os festejos do Ano-Novo chinês. Da mesma maneira, os condomínios de prédios altíssimos, os condomínios fechados e os campos de golfe para os ricos, além dos *shopping centers* de grande sofisticação, não contribuem, de fato, para reconstituir um cotidiano adequado para as massas impacientes e empobrecidas. Essa desproporcionalidade do desenvolvimento urbano pautado por diferenças sociais de classe constitui, de fato, um problema global. Vem ocorrendo atualmente na Índia, assim como nas inumeráveis cidades ao redor do mundo onde há concentrações emergentes de populações marginalizadas, ao lado de uma urbanização moderníssima e consumista voltada para uma minoria cada vez mais rica. A questão de como lidar com os trabalhadores empobrecidos, precários e excluídos, que hoje constituem um bloco de poder majoritário e supostamente dominante em muitas cidades, está se transformando em um grande problema político. Em decorrência disso, o planejamento militar está extremamente focado em lidar com os movimentos de base urbana, irrequietos e potencialmente revolucionários.

No caso chinês, porém, há um interessante desvio dessa narrativa. A trajetória do desenvolvimento desde que a liberalização começou em 1979 baseava-se na ideia de que a descentralização é uma das melhores maneiras de exercer o controle centralizado. A ideia era liberar os governos regionais e municipais, e até mesmo os vilarejos e outras divisões administrativas pequenas, para buscarem seu próprio aprimoramento dentro de uma estrutura de controle centralizado e coordenações de mercado. As soluções bem-sucedidas às quais se chegou por meio das iniciativas locais tornaram-se então a base para a reformulação das políticas do governo central.

As informações que chegam da China sugerem que a transição de poder antecipada para 2012 vê-se diante de uma escolha intrigante. A atenção concentra-se na cidade de Chongqing, onde uma mudança supostamente radical e distante de políticas baseadas no mercado, que retoma o caminho da redistribuição socialista conduzida pelo Estado – apoiada em grande parte por uma retórica de inspiração maoista –, já vem sendo praticada há algum tempo. Nesse modelo, "tudo está ligado à questão da pobreza e desigualdade". O governo "canalizou os lucros de mercado de empresas estatais para projetos socialistas tradicionais, usando suas receitas para financiar a construção de moradias de preços acessíveis e infraestruturas de transportes". A iniciativa das moradias implica um "imenso programa de construções" a fim de "oferecer apartamentos baratos a um terço dos 30 milhões de residentes" da área metropolitana. "O município espera construir vinte cidades-satélites com uma população de 300 mil habitantes cada. Em cada uma, 50 mil pessoas viverão em moradias subsidiadas pelo Estado." O objetivo desse projeto ambiciosíssimo (contrário aos conselhos do Banco Mundial) consiste em reduzir as crescentes desigualdades sociais que surgiram nas duas últimas décadas na China. Trata-se de um antídoto aos projetos de condomínios fechados para os ricos levados a cabo por empreiteiras privadas. Seu aspecto negativo, porém, está em acelerar a desapropriação de terras de usos rurais e forçar as populações campesinas a uma urbanização que traz sucessivas ondas de protesto e insatisfação, o que, por sua vez, provoca uma reação repressiva, quando não autoritária.

Essa volta a uma agenda socialista redistributiva, que usa o setor privado para objetivos públicos, proporciona um modelo a ser seguido pelo governo central. Ele planeja construir 36 milhões de moradias de baixo custo ao longo de cinco anos a partir de 2010. Assim, a China se propõe a resolver o problema da absorção do capital excedente ao mesmo tempo que oferece um meio de urbanizar a população rural, absorver o excedente de mão de obra e (assim se espera) pôr fim à insatisfação popular ao oferecer moradias razoavelmente seguras aos menos privilegiados[64]. Encontramos, aqui, ecos das políticas urbanas dos Estados Unidos depois de 1945: manter o crescimento econômico sem desvios ou interrupções e, ao mesmo tempo, cooptar as populações potencialmente irrequietas por meio da segurança habitacional. O aspecto negativo é o aumento de uma oposição por vezes violenta às aquisições de terra necessárias (ainda que os chineses pareçam aprovar o *slogan* maoista segundo o qual "é impossível fazer uma omelete sem quebrar os ovos").

Mas os modelos de desenvolvimento baseados no mercado competitivo existem em outros lugares da China, sobretudo nas cidades costeiras e sulistas como Shenzhen. Aqui, a solução proposta é muito diferente. Enfatiza-se mais a liberalização política e algo que tem um quê de democracia urbana burguesa, ao lado de um aprofundamento das iniciativas de mercado livre. Nesse caso, a crescente desigualdade social é aceita como um preço necessário a se pagar pelo crescimento econômico sustentável e pela competitividade. Até o momento, é impossível prever qual caminho será seguido pelo governo central. O ponto-chave é o papel das iniciativas urbanas como pioneiras nas escolhas a serem feitas; contudo, os meios para se chegar a esse futuro parecem estar firmemente incorporados a uma escolha polarizada entre Estado e mercado.

---

64 Peter Martin e David Cohen, "Socialism 3.0 in China", *The Diplomat*, 25 abr. 2011. Jamil Anderlini, op. cit., 2011.

Os efeitos da urbanização da China nas últimas décadas foram simplesmente fenomenais e impressionaram profundamente o mundo com suas implicações. A absorção da liquidez excedente e do capital sobreacumulado na urbanização, em uma época em que, sob outros aspectos, as oportunidades lucrativas são difíceis de obter, certamente sustentou a acumulação de capital, não só na China, como também em grande parte do mundo nos últimos anos de crise. Quão estável essa solução pode ser ainda é uma questão em aberto. As crescentes desigualdades sociais (a China é hoje o terceiro país do mundo em número de bilionários), a degradação do meio ambiente (abertamente admitida pelo próprio governo chinês), ao lado de múltiplos sinais de hiperinflação e sobrevalorização de ativos no espaço construído, sugerem que o "modelo" chinês está longe de não apresentar problemas, e que poderia muito facilmente transformar-se da noite para o dia, passando de benfeitor a grande fonte de preocupações do desenvolvimento capitalista. Se esse "modelo" fracassar, o futuro do capitalismo estará realmente em risco. Isso implicaria que o único caminho aberto seria lidar mais criativamente com a opção de explorar alternativas anticapitalistas. Se a forma capitalista de urbanização está tão completamente inserida e é fundamental na reprodução do capitalismo, consequentemente as formas alternativas de urbanização devem necessariamente se tornar centrais em qualquer busca de uma alternativa anticapitalista.

A URBANIZAÇÃO DO CAPITAL

A reprodução do capital passa por processos de urbanização de inúmeras maneiras. Contudo, a urbanização do capital pressupõe a capacidade de o poder de classe capitalista dominar o processo urbano. Isso implica a dominação da classe capitalista não apenas sobre os aparelhos de Estado (em particular, as instâncias do poder estatal que administram e governam as condições sociais e infraestruturais nas estruturas territoriais), como também sobre populações inteiras – seus estilos de vida, sua capacidade de trabalho, seus valores culturais e políticos, suas visões de mundo. Não se chega facilmente a esse nível de controle, se é que se chega. A cidade e o processo urbano que a produz são, portanto, importantes esferas de luta política, social e de classe. Até o momento, examinamos a dinâmica dessa luta do ponto de vista do capital. Resta, portanto, examinar o processo urbano – seus aparatos e restrições disciplinares, assim como suas possibilidades emancipatórias e anticapitalistas – do ponto de vista de todos aqueles que tentam ganhar a vida e reproduzir seu cotidiano no contexto do processo urbano.

CAPÍTULO 3
A CRIAÇÃO DOS BENS COMUNS URBANOS

A cidade é o lugar onde pessoas de todos os tipos e classes se misturam, ainda que relutante e conflituosamente, para produzir uma vida em comum, embora perpetuamente mutável e transitória. A comunalidade dessa vida tem sido há muito tempo objeto de análises de urbanistas de todas as tendências, além de tema frequente de uma vasta gama de textos e representações (em romances, filmes, pinturas, vídeos e outros meios afins) que tentam apreender o caráter dessa vida (ou o caráter particular da vida em uma cidade específica em um lugar e um tempo determinados) e o seu significado mais profundo. E na longa história do utopismo urbano, temos o registro de todos os tipos de aspiração humana de conferir à cidade uma imagem diferente, mas "de acordo com nossas mais profundas aspirações", como diria Park. O recente ressurgimento da ênfase na suposta perda da comunalidade urbana reflete os impactos aparentemente profundos da recente onda de privatizações, cercamentos, controles espaciais, policiamento e vigilância na qualidade da vida urbana em geral e, em particular, na potencialidade de se criar ou inibir novas formas de relações sociais (novos bens comuns) em um processo urbano influenciado, quando não dominado, por interesses de classe dos capitalistas. Quando Hardt e Negri, por exemplo, argumentam que deveríamos ver "a metrópole como uma fábrica para a produção do comum", eles sugerem um ponto de partida para a crítica anticapitalista e a militância política. Como o direito à cidade, a ideia parece interessante e sedutora, mas qual poderia ser seu significado? E de que modo isso se relaciona com a longa história de argumentos e debates acerca da criação e utilização dos recursos de propriedade comum?

Já perdi a conta do número de vezes que vi o artigo clássico de Garrett Hardin sobre "The Tragedy of Commons" [A tragédia dos comuns] ser citado como um argumento irrefutável sobre a maior eficiência dos direitos de propriedade privada no que diz respeito à terra e ao uso de outros recursos – e, portanto, como uma justificativa irrefutável para a privatização[1]. Essa leitura equivocada deriva em parte do uso feito por Hardin da metáfora do gado, propriedade privada de vários indivíduos interessados em maximizar suas vantagens individuais, pastoreado em um pedaço de terra comunal. Individualmente, os proprietários ganham ao acrescentar mais gado, e toda perda na fertilidade, nesse caso, é distribuída entre todos os usuários. Portanto, todos os pastores continuam a adicionar mais gado, até que a terra comum perde toda a produtividade. Se o gado fosse criado em comum, sem dúvida a metáfora não funcionaria. Isso mostra que a propriedade privada do gado e o comportamento individual de maximização das vantagens é o que constitui o cerne do problema, e não a natureza de propriedade comum do recurso. Mas nada disso era a preocupação principal de Hardin, e sim o aumento populacional. Ele temia que

---

[1] Garrett Hardin, "The Tragedy of the Commons", *Science*, *162*, 1968, p. 1243-8. Bonnie McCay e James Acheson (orgs.), *The Question of the Commons: The Culture and Ecology of Communal Resources*, Tucson, University of Arizona Press, 1987.

a decisão pessoal de ter filhos eventualmente resultaria na destruição dos bens comuns globais e na exaustão de todos os recursos (como Malthus também defendia). Em sua opinião, a única solução é um controle populacional autoritário[2].

Cito esse exemplo para enfatizar o modo como a reflexão sobre os bens comuns tem ficado quase sempre presa a um conjunto muito restrito de suposições, em grande parte seguindo o exemplo dos cercamentos de terras que ocorreram na Grã-Bretanha desde o período medieval tardio. Em consequência, esse pensamento viu-se sempre polarizado entre soluções de propriedade privada, por um lado, e de intervenção estatal autoritária, por outro. De uma perspectiva política, toda a questão foi obscurecida por uma reação instintiva (misturada com doses maciças de nostalgia do conto de fadas de uma suposta economia moral da ação comum) a favor ou – mais comumente no pensamento de esquerda – contra os cercamentos de terras.

Elinor Ostrom procura desmontar alguns dos pressupostos em seu livro *Governing the Commons* [Governança dos comuns][3]. Ela sistematiza as evidências antropológicas, sociológicas e históricas que há muito tempo demonstram que, se os pastores conversassem entre si (ou tivessem regras culturais de compartilhamento), poderiam facilmente resolver quaisquer problemas quanto aos bens comuns. A partir de inúmeros exemplos, Ostrom

---

2 É impressionante verificar quantos analistas de esquerda entenderam Hardin de maneira totalmente equivocada a esse respeito. Como Massimo de Angelis (*The Beginning of History: Value Struggles and Global Capital*, Londres, Pluto Press, 2007, p. 134), que escreve que "Hardin criou uma justificação para a privatização do espaço dos bens comuns enraizada em uma suposta necessidade natural".
3 Elinor Ostrom, *Governing the Commons: The Evolution of Institutions for Collective Action*, Cambridge, Cambridge University Press, 1990.

mostra que os indivíduos podem conceber – e frequentemente o fazem – mecanismos coletivos engenhosos e eminentemente sensatos de administrar recursos de propriedade comum em benefício individual e coletivo. Sua preocupação era determinar por que, em alguns casos, eles conseguiram fazê-lo e em quais circunstâncias não. Seus estudos de caso "abalam as convicções de muitos analistas políticos de que a única maneira de resolver problemas relativos a recursos de propriedade comum seria a imposição, por autoridades externas, de direitos plenos de propriedade privada ou de uma regulamentação centralizada". Ao contrário, demonstram "complexas misturas de instrumentalizações públicas e privadas". Armada dessa conclusão, a autora podia combater essa ortodoxia econômica que vê as políticas simplesmente em termos de uma escolha dicotômica entre Estado e mercado.

Contudo, a maioria de seus exemplos envolvia no máximo uma centena ou pouco mais de apropriadores. Qualquer exemplo maior (seu maior exemplo eram 15 mil pessoas) dentre as que ela encontrava exigia uma estrutura "por subordinação" de tomada de decisões, uma vez que a negociação direta entre todas as pessoas era impossível. Isso implica que formas de organização por subordinação, e, portanto, em algum sentido "hierárquicas", são necessárias para resolver problemas em grande escala, como o aquecimento global. Infelizmente, a palavra "hierarquia" tornou-se anátema no pensamento convencional (Ostrom a evita) e virulentamente impopular para boa parte da esquerda atual. A única forma de organização politicamente correta em muitos círculos radicais é não estatal, não hierárquica e horizontal. Para evitar a implicação de que alguns tipos de arranjos hierárquicos subordinativos poderiam ser necessários, a questão de como administrar os bens comuns em grande escala, em oposição a escalas menores e locais (por exemplo, o problema da população global, que era a preocupação de Hardin), tende a ser evitada.

A esse respeito coloca-se, sem dúvida, um "problema de escala" analiticamente difícil que requer (mas não recebe) uma avaliação cuidadosa. As possibilidades de uma administração sensata dos recursos de propriedade comum que existem em determinada escala (como os direitos de compartilhamento de água entre cem agricultores em uma pequena bacia fluvial) não são e nem podem ser transferidas para problemas como o aquecimento global, ou mesmo a difusão regional de deposição ácida proveniente de centrais elétricas. Quando "pulamos escalas" (como os geógrafos gostam de dizer), toda a natureza do problema dos comuns e as perspectivas de encontrar uma solução mudam drasticamente[4]. O que parece ser uma boa maneira de se resolver problemas em uma escala não se aplica a outra escala. Pior ainda, soluções comprovadamente boas em determinada escala (a "local", digamos) não necessariamente se somam (ou se concatenam) de modo a produzir boas soluções em outra escala (a global, por exemplo). Esse é o motivo pelo qual a metáfora de Hardin é tão enganosa: ele usa um exemplo em pequena escala do funcionamento do capital privado em uma pastagem comum para explicar um problema global, como se não houvesse nenhum problema em mudar a escala.

---

4 Eric Sheppard e Robert McMaster (orgs.), *Scale and Geography Inquiry*, Oxford, Blackwell, 2004.

CIDADES REBELDES

A propósito, isso também explica por que as valiosas lições obtidas da organização coletiva de solidariedade econômica em pequena escala no que diz respeito à propriedade comum não podem traduzir-se em soluções globais sem recorrer às formas organizacionais subordinativas e, portanto, hierárquicas. Infelizmente, como já observamos aqui, a ideia de hierarquia é hoje anátema para muitos segmentos da esquerda. Um fetichismo de preferência organizacional (a pura horizontalidade, por exemplo) quase sempre atravanca o caminho de exploração de soluções apropriadas e eficazes[5]. Que fique bem claro: não estou dizendo que a horizontalidade seja ruim – na verdade, considero-a um objetivo excelente –, mas que deveríamos reconhecer seus limites como princípio organizacional hegemônico e estar preparados para ir muito além dele sempre que necessário.

Também há muita confusão acerca da relação entre os bens comuns e os supostos males do cercamento. No cômputo geral (e particularmente em nível global), algum tipo de cercamento geralmente é a melhor maneira de preservar certos tipos de bens comuns de grande valor. Isso parece ser, e é, uma afirmação contraditória, mas reflete uma situação verdadeiramente contraditória. Na Amazônia, por exemplo, será necessária uma lei de cer-

---

5 Um teórico anarquista que leva essa questão verdadeiramente a sério é Murray Bookchin em *Remaking Society: Pathways to a Green Future* (Boston, South End Press, 1990) e *Urbanization without Cities: The Rise and Decline of Citizenship* (Montreal, Black Rose Books, 1992). Marina Sitrin (*Horizontalism: Voices of Popular Power in Argentina*, Oakland, AK Press, 2006) apresenta uma estimulante defesa do pensamento anti-hierárquico. Cf. também Sara Motta e Alf Gunvald Nilson (*Social Movements in the Global South: Dispossession, Development and Resistance*, Basingstoke, Palgrave Macmillan, 2011). Um dos principais teóricos dessa concepção anti-hierárquica hegemônica é John Holloway (*Change the World without Taking Power*, Londres, Pluto Press, 2002).

camento draconiana para proteger *tanto* a biodiversidade *como* as culturas das populações indígenas que são parte integrante do conjunto de nossos bens naturais e culturais. Sem dúvida, a autoridade estatal se fará necessária para proteger esses bens contra a democracia filisteia dos interesses econômicos de curto prazo que devastam as terras com plantações de soja e criação de gado. Por definição, portanto, nem todas as formas de cercamento podem ser rejeitadas como nocivas. A produção e o cercamento de espaços não mercantilizados em um mundo implacavelmente mercantilizador é seguramente algo positivo. Nesse caso, porém, pode haver outro problema: expulsar populações indígenas de suas florestas (como costuma defender o World Wide Fund for Nature) pode ser necessário para preservar a biodiversidade. Um bem comum pode ser protegido a expensas de outro. Quando se cerca uma reserva natural, nega-se o acesso público a ela. Contudo, é perigoso supor que a melhor maneira de preservar um tipo de bem comum seja negar outro. Há diversas evidências de que programas de manejo florestal integrado, por exemplo, cujo duplo objetivo é aprimorar hábitats e desenvolvimento florestal ao mesmo tempo que se mantém o acesso dos usuários tradicionais aos recursos florestais, geralmente beneficia ambos. A ideia de proteger os bens comuns por cercamentos não é, porém, facilmente abordada quando se precisa explorá-la ativamente como estratégia anticapitalista. Na verdade, uma demanda comum da esquerda por "autonomia local" pode ser interpretada como certo tipo de cercamento.

Devemos concluir que as questões relativas aos bens comuns são contraditórias e, por esse motivo, sempre objeto de contestação. Por trás dessas contestações encontram-se interesses sociais e políticos conflitantes. Na verdade "a política", observou Jacques Rancière, "é a esfera de atividade de um bem comum que só pode ser litigioso"[6]. No fim, o analista frequentemente se vê às voltas com uma decisão muito simples: de que lado você está, que interesses comuns você busca proteger e com que meios?

Hoje em dia, por exemplo, os ricos têm o hábito de trancar-se em condomínios fechados nos quais se define um determinado bem comum como excludente. Em princípio, isso não é diferente de cinquenta usuários dividindo água sem a menor preocupação com as outras pessoas. Os ricos também têm a desfaçatez de ostentar seus espaços urbanos excludentes como os bens comuns de um vilarejo tradicional, como no caso de Kierland Commons, em Phoenix, Arizona, descrito como "uma comunidade urbana com espaço para o comércio varejista, restaurantes, escritórios etc."[7]. Os grupos radicais também podem apropriar-se de espaços (às vezes pelo exercício dos direitos de propriedade privada, como quando compram coletivamente um edifício para ser usado para alguma finalidade progressista) cujas características lhes permitem fomentar uma política de ação comum. Ou podem estabelecer uma comuna ou um soviete em algum espaço protegido. As politicamente ativas "casas do povo", que Margaret Kohn descreve como fundamentais para a ação política no início do século XX, na Itália, eram exatamente assim[8].

---

[6] Jacques Rancière [*O desentendimento*, São Paulo, Editora 34, 1996, p. 29], citado por Michael Hardt e Antonio Negri (*Commonwealth*, Cambridge, Harvard University Press, 2009, p. 350).
[7] Elizabeth Blackmar, "Appropriating 'the Commons': The Tragedy of Property Rights Discourse", in Setha Low e Neil Smith (orgs.), *The Politics of Public Space*, Nova York, Routledge, 2006.
[8] Margaret Kohn, *Radical Space: Building the House of the People*, Ithaca, Nova York, Cornell University Press, 2003.

Nem todas as formas de um bem comum requerem acesso livre. Alguns (como o ar que respiramos), sim, enquanto outros (como as ruas de nossas cidades) são, em princípio, de acesso livre, porém regulados, policiados e até administrados privadamente, como distritos de aprimoramento de negócios. Outros ainda (como o recurso hídrico comum controlado e compartilhado por cinquenta agricultores) são exclusivos de um grupo social específico desde o começo. A maioria dos exemplos apresentados por Ostrom em seu primeiro livro era deste último tipo. Além do mais, em seus estudos iniciais ela limitou suas pesquisas aos ditos "recursos naturais", como terra, florestas, água, pesca etc. (digo "ditos" porque todos os recursos são avaliações tecnológicas, econômicas e culturais, e, portanto, socialmente definidos).

Ostrom, junto com outros colegas e colaboradores, passou a examinar outras formas de recursos, como os materiais genéticos, o conhecimento, os bens culturais etc. Esses recursos também se encontram atualmente sob intenso ataque da mercantilização e do cercamento. Os bens culturais são mercantilizados (e quase sempre atenuados) por uma indústria de turismo histórico que tende à disneyficação, por exemplo. Os direitos de propriedade intelectual e patentes sobre materiais genéticos e sobre o conhecimento científico em termos mais gerais constituem um dos temas mais polêmicos de nossa época. Quando as editoras cobram pelo acesso a artigos nos periódicos científicos e técnicos, o problema do acesso àquilo que deveria ser um conhecimento comum aberto a todos torna-se muito evidente. Nos últimos vinte e poucos anos houve uma explosão de estudos e propostas práticas, além de ferozes contendas jurídicas, sobre a criação de bens de conhecimento de acesso livre[9].

Em geral, os bens culturais e intelectuais deste último tipo não estão sujeitos à lógica da escassez ou aos usos excludentes que se aplicam à maioria dos recursos naturais. Todos podemos ouvir ao mesmo tempo a mesma transmissão de rádio ou o mesmo programa de TV sem que acabem. O bem cultural, escrevem Hardt e Negri, "é dinâmico e inclui tanto o produto do trabalho como os meios para a produção futura. Esse bem não é apenas a terra que compartilhamos, mas também as línguas que criamos, as práticas sociais que estabelecemos, os modos de sociabilidade que definem nossas relações e assim por diante". Esses bens, são criados ao longo do tempo e, em princípio, estão acessíveis a todos[10].

As qualidades humanas da cidade emergem de nossas práticas nos diversos espaços da cidade, mesmo que eles sejam passíveis de cercamento, controle social e apropriação, tanto pelos interesses privados como pelos público-estatais. Há uma distinção importante entre espaços e bens públicos, por um lado, e os bens comuns, por outro. Os espaços e os bens públicos urbanos sempre foram uma questão de poder de Estado e administração pública, e esses espaços e bens não constituem necessariamente um bem comum. Ao longo da história da urbanização, a provisão de espaços e de bens públicos (como o saneamento, a saúde pública, a educação etc.) por meios públicos ou privados

---

9 Charlotte Hess e Elinor Ostrom, *Understanding Knowledge as a Commons: From Theory to Practice*, Cambridge, MIT Press, 2006.
10 Michael Hardt e Antonio Negri, op. cit., 2009, p. 137-9.

foi crucial para o desenvolvimento capitalista[11]. Na medida em que as cidades têm sido espaços para vigorosos conflitos e lutas de classes, a administração pública viu-se muitas vezes forçada a suprir os bens públicos (como habitação de interesse social acessível, sistema de saúde, educação, pavimentação das ruas, saneamento e água) a uma classe trabalhadora urbanizada. Embora esses espaços e bens públicos contribuam intensamente para as qualidades dos bens comuns, faz-se necessária uma ação política por parte dos cidadãos e das pessoas que pretendam apropriar-se deles ou concretizar essas qualidades. A educação pública torna-se um bem comum quando as forças sociais se apropriam dela, protegendo-a e aprimorando-a em benefício mútuo (três vivas à Associação de Pais e Mestres!). As praças Sintagma, em Atenas, Tahrir, no Cairo, e da Catalunha, em Barcelona, eram espaços públicos que se tornaram bens comuns urbanos quando as pessoas ali se reuniram para expressar suas opiniões políticas e fazer suas reivindicações. A rua é um espaço público que histórica e frequentemente se converte pela ação social em um bem comum do movimento revolucionário, assim como em um espaço de repressão sangrenta[12]. Sempre houve uma luta por quem cuidará e para quem a produção e o acesso ao espaço e aos bens públicos devem ser regulados. A luta para apropriar os espaços e bens públicos urbanos tendo em vista um objetivo comum está em curso. Todavia, para proteger o bem comum, quase sempre é crucial proteger o fluxo de bens

---

11 Martin Melosi, *The Sanitary City: Urban Infrastructure in America, from Colonial Times to the Present*, Baltimore, Johns Hopkins, 1999.
12 Anthony Vidler, "The Scenes of the Street: Transformations in Ideal and Reality, 1750-1871", in Stanford Anderson, *On Streets: Streets as Elements of Urban Structure*, Cambridge, MIT Press, 1978.

públicos que corroboram as qualidades do bem comum. À medida que a política neoliberal reduz o financiamento de bens públicos, também provoca a redução do bem comum disponível, obrigando grupos sociais a buscar outros caminhos para manter esse bem (a educação, por exemplo).

Portanto, o bem comum não deve ser entendido como um tipo específico de coisa, de ativo ou mesmo de processo social, mas como uma relação social instável e maleável entre determinado grupo social autodefinido e os aspectos já existentes ou ainda por criar do meio social e/ou físico, considerada crucial para sua vida e subsistência. Existe, de fato, uma prática social de *comunalização*, que cria ou estabelece uma relação social com o bem comum cujos usos sejam tanto exclusivos de um grupo social quanto parcial ou totalmente abertos a todos. No cerne dessa prática de comunalização encontra-se o princípio de que a relação entre o grupo social e o aspecto do ambiente tratado como bem comum será tanto coletiva quanto não mercantilizada – para além dos limites da lógica das trocas e avaliações de mercado. Esse último ponto é crucial, pois ajuda a distinguir entre bens públicos, entendidos como gastos produtivos do Estado, e bem comum estabelecido ou usado de maneira totalmente distinta e com uma finalidade totalmente diferente, mesmo quando acabe fomentando indiretamente a riqueza e o lucro do grupo social que o reivindica. Desse modo, uma horta comunitária pode ser vista como uma coisa boa em si mesma, quaisquer que sejam os alimentos nela produzidos. Isso não impede que parte deles seja comercializada.

É evidente que muitos grupos sociais distintos podem se engajar na comunalização por muitas razões diferentes.

Isso nos remete à questão fundamental de quais grupos sociais devem ser apoiados e quais não devem no curso das lutas pela comunalização. Afinal, os muito ricos defendem seus bens comuns residenciais com a mesma ferocidade que qualquer outra pessoa, e têm muito mais poder de fogo e influência para criá-los e protegê-los.

O comum, inclusive – e particularmente –, quando não pode ser cercado, pode ser vendido, mesmo não sendo uma mercadoria em si. O ambiente e a atratividade de uma cidade, por exemplo, é um produto coletivo de seus cidadãos, mas é o mercado turístico que capitaliza comercialmente esse bem comum de modo a extrair rendas de monopólio (cf. Capítulo 4). Por meio de suas atividades e lutas cotidianas, os indivíduos e os grupos sociais criam o mundo social da cidade ao mesmo tempo que criam algo de comum que sirva de estrutura em que todos possam abrigar-se. Embora esse bem comum culturalmente criativo não possa ser destruído pelo uso, pode ser degradado e banalizado pela utilização abusiva. As ruas congestionadas pelo tráfego tornam esse espaço público particular quase inutilizável até para os motoristas (para não falar de pedestres e manifestantes), chegando, em determinado momento, à cobrança de taxas de congestionamento e acesso, em uma tentativa de restringir o uso para que possam funcionar com mais eficiência. Esse tipo de rua não é um bem comum. Antes do surgimento dos carros, porém, as ruas geralmente o eram – um lugar de socialização popular, um espaço para as crianças brincarem (tenho idade suficiente para me lembrar que era onde brincávamos o tempo todo). Contudo, esse tipo de bem comum foi destruído e transformado em um espaço público dominado pelo automóvel (estimulando as administrações urbanas a tentar recuperar alguns aspectos de um bem comum anterior "mais civilizado", criando espaços exclusivos para pedestres, cafés nas calçadas, ciclovias, miniparques como espaços de lazer etc.). Mas essas tentativas de criar novos tipos de bens comuns urbanos podem ser facilmente capitalizadas. Na verdade, podem ser projetadas justamente com essa finalidade. Os parques urbanos quase sempre aumentam o preço dos imóveis nas áreas vizinhas (desde que, claro, o espaço público do parque seja controlado e patrulhado de modo a manter a ralé e os traficantes a distância). A recém-criada High Line em Nova York provocou um tremendo impacto nos valores das propriedades residenciais próximas, negando, assim, a possibilidade de moradia acessível na área à maioria dos nova-iorquinos por causa do rápido aumento dos aluguéis. A criação desse tipo de espaço público diminui radicalmente, em vez de aumentar, a potencialidade de comunalização de todos – a não ser os muito ricos.

O verdadeiro problema aqui, como na parábola original de Hardin, não são os bens comuns *per se*, mas a incapacidade de os direitos de propriedade privada individualizada atenderem aos interesses comuns do modo como deveriam fazer. Portanto, por que não nos concentramos na propriedade individual do gado e no comportamento individual de maximização dos benefícios, em vez das pastagens comuns, vendo-as como o problema básico a ser resolvido? Afinal, a justificação dos direitos de propriedade privada na teoria liberal é que eles serviriam para maximizar o bem comum quando socialmente integrados por meio das instituições de mercado livre e em igualdade de circunstâncias. Segundo Hobbes, um *commonwealth* se produz mediante a privatização de interesses competitivos em uma forte estrutura de poder de Estado. Essa concepção, articulada por teóricos liberais como John Locke e Adam Smith, continua a ser preconizada. Claro que hoje em dia o "truque" consiste em minimizar a necessidade de um forte poder de Estado ao mesmo tempo que se continua a adotá-lo – às vezes brutalmente. A solução para o problema da pobreza global, continua a nos assegurar o Banco Mundial (pendendo fortemente para as teorias de De Soto), são os direitos de propriedade privada para todos os moradores de favelas e o acesso ao microfinanciamento (que na verdade proporcionam altíssimas taxas de retorno aos grandes financistas do mundo ao mesmo tempo que levam alguns dos tomadores de empréstimos ao suicídio devido ao estado de escravidão econômica em que se veem enredados por conta de suas dívidas)[13]. Ainda assim, o mito prevalece: uma vez que os instintos empresariais intrínsecos aos pobres são liberados como uma força da natureza, dizem, tudo ficará muito bem, o problema da pobreza crônica deixará de existir e a riqueza comum se desenvolverá. Foi esse também o argumento usado em defesa do movimento original de cercamentos na Grã-Bretanha a partir da Idade Média tardia. E não estava totalmente errado.

Para Locke, a propriedade individual é um direito natural que surge quando os indivíduos criam valor ao misturarem seu trabalho com a terra. Os frutos de seu trabalho pertencem a eles e a ninguém mais. Essa era a essência da versão lockiana da

---

13 Banco Mundial, op. cit., 2009. Ananya Roy, *Poverty Capital: Microfinance and the Making of Development*, Nova York, Routledge, 2010.

teoria de valor decorrente do trabalho[14]. As trocas de mercado socializam esse direito quando cada indivíduo recupera o valor que criou ao trocá-lo por um valor equivalente, criado por outro. Na verdade, os indivíduos mantêm, ampliam e socializam seu direito de propriedade privada pela criação de valor e por trocas de mercado supostamente livres e justas. É assim que, como diz Adam Smith, a riqueza das nações é mais facilmente criada e o bem comum é mais bem atendido. Ele não estava totalmente errado.

O pressuposto, porém, é que os mercados podem ser justos e livres, e, na economia política clássica, presumia-se que o Estado interviria para que o fossem (pelo menos, é o que Adam Smith aconselhava os estadistas a fazer). Todavia, há um feio corolário na teoria de Locke. As pessoas que não conseguem produzir valor não podem reivindicar propriedade alguma. A desapropriação das populações indígenas na América do Norte por colonizadores "produtivos" justificava-se porque essas populações não produziam valor[15].

E como Marx lidava com tudo isso? Marx aceita a ficção lockiana nos primeiros capítulos d'*O Capital* (embora sua argumentação esteja carregada de ironia quando, por exemplo, ele comenta o estranho papel do mito de Robinson Crusoé no pensamento político-econômico, em que alguém lançado em um estado de natureza age como um verdadeiro empresário inglês)[16]. Porém, quando Marx aborda o modo como a força de trabalho

---

14 Ronald Meek, *Studies in the Labour Theory of Value*, Nova York, Monthly Review Press, 1989.
15 Ellen Meiksins Wood, *Empire of Capital*, Londres, Verso, 2005.
16 Karl Marx, *Capital*, Nova York, Vintage, 1977, v. 1, p. 169-70.

se converte em uma mercadoria individualizada, comprada e vendida em um mercado livre e justo, vemos essa fantasia lockiana desmascarada pela realidade: um sistema fundado na igualdade do valor de troca produz mais-valia para o proprietário capitalista dos meios de produção mediante a exploração do trabalho útil na produção (não no mercado, no qual a constitucionalidade e os direitos burgueses podem prevalecer).

A formulação lockiana é ainda mais dramaticamente debilitada quando Marx passa a tratar da questão do trabalho coletivo. Em um mundo em que artesãos individuais que controlassem seus próprios meios de produção pudessem praticar trocas livres em mercados relativamente livres, a fantasia lockiana poderia ter alguma vantagem. Contudo, a ascensão do sistema fabril a partir de fins do século XVIII, afirmava Marx, tornou as formulações teóricas de Locke redundantes (mesmo que não o tenham sido de início). Na fábrica, o trabalho é coletivamente organizado. Se existe algum direito de propriedade que pode derivar dessa forma de trabalho, tratar-se-ia sem dúvida de um direito de propriedade coletivo ou associado, e não individual. A definição de trabalho que produz valor, que fundamenta a teoria lockiana da propriedade privada, não mais se aplica ao indivíduo, pois passou para o campo do trabalhador coletivo. O comunismo deveria então surgir como base em "uma associação de homens livres, que trabalham com meios de produção comunais e despendem suas numerosas forças de trabalho individuais conscientemente como uma única força social de trabalho"[17]. Marx não defende a propriedade estatal, mas

---

17 Ibidem, 171 [ibidem, 203].

alguma forma de propriedade associada ao trabalhador coletivo que produza para o bem comum.

Para que essa forma de propriedade possa vir a existir, é preciso voltar contra si próprio o argumento de Locke sobre a produção de valor. Suponhamos, diz Marx, que um capitalista comece a produzir com um capital de mil libras, e que, no primeiro ano, consiga ganhar 200 libras de mais-valia, decorrentes do trabalho de seus operários tanto na terra como em outras atividades, e que ele, então, use esse excedente para seu consumo pessoal. Cinco anos depois, as mil libras originais deveriam pertencer coletivamente aos trabalhadores, visto que eles misturaram seu trabalho à terra. O capitalista gastaria toda sua riqueza original[18]. Como as populações indígenas da América do Norte, segundo essa lógica os capitalistas merecem perder todos os seus direitos, já que eles próprios não produziram valor nenhum.

Embora essa ideia pareça ultrajante, ela se encontra por trás do plano de Meidner para a Suécia, proposto em fins da década de 1960[19]. As receitas provenientes de um imposto sobre os lucros empresariais, em troca da redução dos salários praticada pelos sindicatos, seriam depositadas em um fundo controlado pelos trabalhadores, que investiria na empresa e eventualmente a compraria, colocando-a, assim, sob o controle comum dos trabalhadores associados. O capital se opôs a essa ideia com todas as suas forças, e ela nunca foi implementada. Essa ideia, porém, deveria ser reconsiderada. A conclusão central é que o trabalho coletivo que está produzindo valor agora deve fundamentar

---

18 Ibidem, 714.
19 Robin Blackburn, "Rudolph Meidner, 1914-2005: A Visionary Pragmatist", *Counterpunch*, 22 dez. 2005.

direitos de propriedade coletiva, e não individual. O valor – o tempo de trabalho socialmente necessário – é o bem comum dos capitalistas, e é representado pelo dinheiro, o equivalente geral com que se mensura a riqueza comum. O bem comum não é, portanto, algo que existia no passado e que desde então esteve perdido, mas algo que, assim como os bens comuns urbanos, é continuamente produzido. O problema está no fato de ser continuamente encerrado e apropriado pelo capital em sua forma mercantilizada e monetizada, mesmo quando continuamente produzido pelo trabalho coletivo.

O principal meio pelo qual é apropriado nos contextos urbanos é, sem dúvida, a extração de terras e do aluguel das propriedades[20]. Um grupo comunitário que luta por manter a diversidade étnica em seu bairro e protegê-lo da gentrificação pode descobrir repentinamente que os preços (e os impostos) de suas propriedades aumentam à medida que os agentes imobiliários propagandeiam para os ricos o "caráter" multicultural, diversificado e movimentado de seu bairro. Quando o mercado concluísse seu trabalho destrutivo, não só os residentes originais seriam despojados do bem comum que eles haviam criado (sendo constantemente forçados pelo aumento dos aluguéis e dos impostos sobre a propriedade), como também o próprio bem comum já se teria degradado a ponto de tornar-se irreconhecível. A revitalização da comunidade por meio da gentrificação no sul de Baltimore substituiu a vitalidade das ruas, em que as pessoas se sentavam em suas varandas nas noites quentes de verão e conversavam com os vizinhos, por casas com ar-condicionado

---

20 Recentemente, Hardt e Negri fizeram ressurgir um interesse geral por essa importante ideia (2009, p. 258).

e à prova de assaltos, em que geralmente havia uma BMW na garagem e um terraço na cobertura, mas em ruas vazias. Segundo a opinião local, a revitalização significou desvitalização. Esse é o destino que volta e meia ameaça lugares como Christiania, em Copenhagen, os distritos de St. Pauli de Hamburgo ou Willamsburg e DUMBO, em Nova York, e também é o que destruiu o distrito do SoHo.

Essa é, sem dúvida, uma maneira bem melhor de explicar a verdadeira tragédia dos bens comuns urbanos em nossa época. Os que criam um cotidiano comunitário interessante e estimulante acabam por perdê-lo para as práticas predatórias dos agentes imobiliários, dos financistas e consumidores de classe alta, que carecem totalmente de qualquer imaginação social urbana. Quanto melhores as qualidades comuns que um grupo social cria, mais provável é que sejam tomadas de assalto e apropriadas por interesses privados de maximização de lucros.

Há outra questão analítica que devemos assinalar. O trabalho coletivo analisado por Marx limitava-se quase totalmente ao meio fabril. E se ampliarmos essa concepção para pensar, como sugerem Hardt e Negri, que atualmente é a metrópole que constitui um vasto bem comum produzido pelo trabalho coletivo que se realiza na cidade e sobre ela? Sem dúvida, o direito de usar esse bem comum deve ser concedido a todos aqueles que participaram de sua produção. Essa é certamente a base para a reivindicação do direito à cidade por parte dos trabalhadores coletivos responsáveis por sua criação. A luta pelo direito à cidade é contra os poderes do capital que se alimentam impiedosamente e extraem renda da vida comunal que outros produziram. Isso nos lembra que o problema real se encontra no caráter privado dos direitos de propriedade e do poder que eles conferem de apropriar não apenas o trabalho, como também as produções coletivas de outros. Em outras palavras, o problema não é o bem comum *per se*, mas as relações entre os que o produzem e o conquistam pelo esforço em diferentes escalas e aqueles que dele se apropriam para seu benefício privado. Grande parte da corrupção que assola a política urbana relaciona-se ao modo como os investimentos públicos são alocados para produzir algo que se assemelhe a um bem comum, mas que promove ganhos em valores patrimoniais privados a proprietários privilegiados de bens imóveis. A distinção entre bens públicos urbanos e bens comuns urbanos é ao mesmo tempo fluida e perigosamente maleável. Com que frequência os projetos de desenvolvimento são subsidiados pelo Estado em nome do interesse comum quando, na verdade, os verdadeiros beneficiários são alguns proprietários de terras, financistas e empreiteiras?

De que maneira, então, os bens comuns urbanos são produzidos, organizados, utilizados e apropriados ao longo de toda uma área metropolitana? Como a comunalização poderia funcionar no nível de uma comunidade local é relativamente claro. Para isso basta uma mistura de iniciativas individuais e privadas que organizem e apreendam efeitos de externalidade ao mesmo tempo que colocam alguns aspectos do entorno fora do âmbito do mercado. Os governos locais são implicados por regulamentações, códigos, padrões e investimentos públicos, junto com a organização formal e informal da vizinhança (por exemplo, uma associação comunitária que pode ou não ser politicamente ativa e militante, a depender das circunstâncias). Há muitos casos em que as estratégias e os cercamentos territoriais no meio urbano podem se transformar em um veículo para a esquerda política avançar suas pautas. Os organizadores de baixa renda e trabalho precário em Baltimore declararam toda a área de Inner Harbor uma "zona de direitos humanos" – um tipo de bem comum – onde todo trabalhador poderia receber um salário mínimo que lhe permitisse sobreviver. A Fejuve – Federación de Juntas Vecinales de El Alto[21] – tornou-se uma das principais bases das rebeliões de El Alto em 2003 e 2005, nas quais toda a cidade se mobilizou coletivamente contra as formas dominantes de poder político[22]. O cercamento é um meio político transitório na busca de um objetivo político comum.

Contudo, o resultado geral descrito por Marx ainda vigora: o capital, impelido pelas leis coercitivas da concorrência para maximizar a utilidade (lucratividade) – como no caso dos proprietários de gado na história de Hardin –, produz não

> só um progresso na arte de saquear o trabalhador, mas ao mesmo tempo na arte de saquear o solo, pois cada progresso no aumento da fertilidade por certo período é simultaneamente um progresso na ruína das fontes permanentes dessa fertilidade.

---

21 Federação composta de associações comunitárias da cidade de El Alto, Bolívia, denominadas *juntas vecinales*. As *juntas* são auto-organizadas e de participação direta, e deliberam sobre questões de uma vizinhança específica. Delegados eleitos das *juntas vecinales* se reúnem em juntas maiores, de bairro ou de zonas da cidade, que por sua vez enviam delegados para a Fejuve, onde se discutem questões comunitárias de toda El Alto. A Fejuve tem um longo histórico de participação nas lutas populares na Bolívia, e atualmente é composta de cerca de seiscentas *juntas vecinales*. [N. E.]

22 United Workers Organization e National Economic and Social Rights Initiative, *Hidden in Plain Sight: Workers at Baltimore's Inner Harbor and the Struggle for Fair Development*, Baltimore e Nova York, 2011. Sian Lazar, *El Alto, Rebel City: Self and Citizenship in Andean Bolivia*, Durham, Duke University Press, 2010.

Quanto mais um país, como, por exemplo, os Estados Unidos da América do Norte, se inicia com a grande indústria como fundamento de seu desenvolvimento, tanto mais rápido se dá esse processo de destruição. Por isso, a produção capitalista só desenvolve a técnica e a combinação do processo de produção social ao minar simultaneamente as fontes de toda a riqueza: a terra e o trabalhador[23].

A urbanização capitalista tende perpetuamente a destruir a cidade como um bem comum social, político e habitável.

Essa "tragédia" é semelhante àquela descrita por Hardin, mas a lógica da qual ela surge é totalmente diferente. Sem regulamentação, a acumulação individualizada de capital ameaça eternamente destruir os dois recursos básicos da propriedade comum que reforçam todas as formas de produção: o trabalhador e a terra. Contudo, a terra que hoje habitamos é produto do trabalho humano coletivo. A urbanização nada mais é que a incessante produção de um comum urbano (ou sua forma espectral de espaços e bens públicos) e sua eterna apropriação e destruição por interesses privados. E com a acumulação de capital ocorrendo a uma taxa de crescimento composto (em geral no nível satisfatório mínimo de 3%), com o tempo também aumenta em escala e intensidade essa dupla ameaça, ao meio ambiente (tanto "natural" como construído) e ao trabalho[24]. Veja-se o desastre urbano ocorrido em Detroit para se ter uma ideia de quão devastador pode ser esse processo.

---

23 Karl Marx, op. cit., 1977, p. 638 [São Paulo, Nova Cultural, 1996, t. 2, p. 133].
24 David Harvey, op. cit., 2010.

Contudo, o que é mais interessante no conceito dos bens comuns urbanos é colocar de modo extremamente concentrado todas as contradições políticas dos bens comuns. Considere-se, por exemplo, a questão da escala em que nos movemos da questão da organização política e da vizinhança local até a totalidade da região metropolitana. Tradicionalmente, as questões dos bens comuns no nível metropolitano foram administradas por meio de mecanismos de planejamento urbano estatal e regional, em reconhecimento ao fato de que os recursos comuns exigidos para que as populações urbanas possam funcionar devidamente – como o abastecimento de água, o transporte, a eliminação de resíduos e os espaços abertos à recreação e ao lazer – devem ser providenciados em escala metropolitana, regional. Porém, quando se trata de agrupar questões desse tipo, as análises de esquerda geralmente se tornam vagas, acenando esperançosamente para alguma concordância mágica das ações locais que sejam eficazes em nível regional ou global, ou se limitando a ver nisso um problema importante antes de remontar àquele nível, em geral micro e local, no qual se sentem mais confortáveis.

Podemos aprender algo sobre a história recente dos bens comuns pensando nos círculos mais convencionais. Ostrom, por exemplo, apesar de insistir, em seu discurso de agradecimento pelo prêmio Nobel em 2009, nos casos de pequena escala, buscava refúgio em seu subtítulo, "Sistemas econômicos complexos de controle policêntrico", para sugerir que tinha alguma solução para as questões relativas aos bens comuns em diferentes escalas. Na verdade, tudo que ela faz é acenar esperançosamente para a ideia de que "quando um fundo comum de recursos está estreitamente ligado a um sistema socioecológico de maior amplitude, as atividades de controle organizam-se em uma sucessão de múltiplas camadas", mas sem recorrer, insistia ela, a qualquer estrutura hierárquica monocêntrica[25].

O problema crucial aqui é imaginar como, de fato, um sistema de controle policêntrico (ou algo semelhante, como a confederação de municípios libertários de Murray Bookchin) poderia funcionar e certificar-se de que tal sistema não mascare alguma coisa muito diferente. Essa questão atormenta não apenas os argumentos de Ostrom, mas uma ampla variedade de propostas da esquerda comunalista radical no que concerne ao problema dos bens comuns. Por esse motivo, é muito importante criticar-lhe corretamente.

Em um texto preparado para uma conferência sobre a Mudança Climática Global, Ostrom aprofundou a natureza de sua argumentação, que, para nossa conveniência, tem por base os resultados de um estudo de longo prazo do fornecimento de bens públicos em regiões municipais[26]. Há tempos se pressupunha que a consolidação do fornecimento de serviços públicos em formas metropolitanas de governo em grande escala, ao contrário de sua organização em inúmeras administrações locais aparentemente caóticas, aumentaria sua eficiência e efetividade. Todavia, os estudos mostraram convincentemente que não era assim. As razões se resumiam à constatação de quão mais fácil era organizar e pôr em prática a ação coletiva e cooperativa com

---

25 Elinor Ostrom, "Beyond Markets and States: Polycentric Governance of Complex Economic System", *American Economic Review*, *100* (3), p. 641--72, 2009.
26 Elinor Ostrom, "Polycentric Approach for Coping with Climate Change", documento preparatório para o World Development Report, de 2010, Washington, D.C., World Bank, *Policy Research Working Paper 5095*, 2009.

uma grande participação dos habitantes locais em jurisdições menores, bem como ao fato de que a capacidade de participação diminuía rapidamente com o aumento do tamanho da unidade administrativa. Ostrom termina seu texto citando Andrew Sancton, para quem

> municipalidades são mais do que meros provedores de serviços. São mecanismos democráticos pelos quais comunidades territorialmente constituídas governam localmente a si próprias [...] aqueles que forçariam os governos municipais a fundir-se afirmam invariavelmente que sua intenção consiste em tornar esses governos mais fortes. Essa abordagem – por mais bem-intencionada que seja – corrói os fundamentos de nossas democracias liberais porque minam a ideia de que pode haver formas de autogoverno para além das instituições do governo central[27].

Para além da eficiência e efetividade, há uma razão não mercantilizável para preferir a pequena escala.

"Ainda que as unidades em grande escala fossem parte do controle efetivo das regiões metropolitanas", conclui Ostrom, "as unidades em pequena e média escala também são componentes necessários." O papel construtivo dessas unidades menores, dizia ela, "precisa ser seriamente repensado". Coloca-se então a questão de como as relações entre as unidades menores devem ser estruturadas. A resposta, diz Vincent Ostrom, é uma "ordem policêntrica" em que "muitos elementos são capazes de fazer ajustes mútuos que ordenem suas relações recíprocas

---

27 Andrew Sancton, *The Assault on Local Government*, Montreal, McGill-Queen's University Press, 2000, p. 167 (*apud* Ostrom, op. cit., 2009).

dentro de um sistema geral de regras em que cada elemento atua independentemente dos outros elementos"[28].

Portanto, o que há de errado com essa imagem? Toda essa argumentação tem raízes na chamada "hipótese Tiebout". O que Tiebout propunha era uma metrópole fragmentada, em que cada uma de muitas jurisdições pudesse oferecer um regime tributário local específico e um conjunto particular de bens públicos aos possíveis moradores que, quando insatisfeitos, demonstrariam o seu desagrado[29], escolhendo a combinação particular de impostos e serviços que melhor se adequasse a suas necessidades e preferências[30]. À primeira vista, a proposta parece muito atraente. O problema é que quanto mais rico você for, mais fácil ficará abandonar o que lhe causa desagrado e pagar a entrada de uma propriedade, arcando também com os custos adicionais da terra. Educação pública de melhor qualidade seria oferecida ao custo de altos preços das propriedades e impostos, mas as pessoas de baixa renda seriam privadas do acesso à educação de melhor qualidade e seriam condenadas a viver em uma jurisdição de baixa renda com educação pública de baixa qualidade. A consequente reprodução de privilégios de classe e poder no sistema de controle policêntrico ajusta-se muito bem às estratégias de classe neoliberais de reprodução social.

---

28 Vincent Ostrom, "Polycentricity – Part 1", in Michael McGinnis (org.), *Polycentricity and Local Public Economies*, Ann Arbor, University of Michigan Press, 1999 (apud Ostrom, op. cit., 2009).
29 No original, *vote with one's feet* (demonstrar insatisfação com alguma coisa e ir embora, geralmente a pé). Apesar de demasiado coloquial para este livro, seria um equivalente aproximado do português "sair pisando duro"). (N.T.)
30 Charles Tiebout, "A Pure Theory of Local Expenditures", *Journal of Political Economy*, 64 (5), p. 416-24, 1956.

A proposta de Ostrom corre o risco de cair exatamente na mesma armadilha de muitas propostas mais radicais de autonomia descentralizada. Na verdade, a política neoliberal favorece tanto a descentralização administrativa como a maximização da autonomia local. Ainda que por um lado isso abra espaço para que forças radicais possam plantar mais facilmente as sementes de uma agenda mais revolucionária, a tomada contrarrevolucionária de Cochabamba em nome da autonomia pelas forças reacionárias em 2007 (até serem rechaçadas pela rebelião popular) sugere que a adoção do localismo e da autonomia por grande parte da esquerda, como pura estratégia, é problemática. Nos Estados Unidos, a liderança da Iniciativa de Cleveland, celebrada como exemplo de comunitarismo autônomo em ação, apoiou a eleição de um governador republicano antissindical e de extrema direita.

A descentralização e a autonomia são os principais meios para gerar maior desigualdade pela neoliberalização. Assim, no estado de Nova York, a oferta desigual de serviços de educação pública em diversos distritos dotados de recursos financeiros radicalmente distintos foi considerada anticonstitucional pelos tribunais, e uma decisão judicial obrigou o estado a aumentar a igualdade na oferta educacional – o que não foi capaz de fazer, no entanto, e agora usa a emergência fiscal como mais uma desculpa para retardar as medidas. Observe-se, porém, que a sentença da ordem superior e hierarquicamente instituída dos tribunais estaduais é crucial para determinar a maior igualdade de tratamento como direito constitucional. Ostrom não exclui essa regulamentação de ordem superior. As relações entre comunidades autônomas e independentes devem ser estabelecidas e regulamentadas de alguma forma (por isso a referência de Vincent Ostrom a "regras estabelecidas"). Todavia, continuamos sem saber como essas regras de ordem superior poderiam ser constituídas e por quem, ou como estariam abertas ao controle democrático. Para o conjunto da região metropolitana, algumas dessas regras (ou práticas costumeiras) são ao mesmo tempo necessárias e cruciais. Elas também devem ser aplicadas e ativamente fiscalizadas (como no caso de qualquer bem comum). Não precisamos olhar além da "policêntrica" Eurozona para encontrar um exemplo catastrófico do que pode dar errado: supunha-se que todos os seus membros deviam submeter-se a regras que restringissem seus déficits orçamentários, e quando a maioria delas violou essas regras não houve como forçá-las a transigir ou a lidar com os desequilíbrios fiscais que então surgiram entre os estados. Fazê-los cumprir as metas de emissão de carbono também parece ser uma tarefa irrealizável. Embora a resposta histórica à pergunta "Quem põe o 'comum' no Mercado Comum" possa dar a impressão de abranger tudo o que há de errado nas formas hierárquicas de controle, a alternativa imaginária de milhares e milhares de municípios autônomos defendendo com unhas e dentes sua autonomia e sua área de influência ao mesmo tempo que negociam infinitamente (e, sem dúvida, ferozmente) sua posição nas divisões de trabalho no âmbito europeu não é exatamente acolhedora.

Como pode a descentralização radical – sem dúvida, um objetivo valioso – funcionar sem constituir alguma autoridade hierárquica de ordem superior? É pura ingenuidade acreditar que o policentrismo ou qualquer outra forma de descentralização possa funcionar sem fortes coerções hierárquicas e uma incisiva aplicação. Grande parte da esquerda radical – particularmente de matiz anarquista e autonomista – não tem resposta para esse problema. As intervenções estatais (para não falar na obrigatoriedade de aplicação e controle do Estado) são inaceitáveis, e a legitimidade da constitucionalidade burguesa é quase sempre negada. Em vez disso, existe uma vaga e ingênua esperança de que os grupos sociais que organizaram satisfatoriamente suas relações com os bens comuns locais farão a coisa certa ou convergirão para algumas práticas intergrupais satisfatórias por meio da negociação e da interação. Para que isso aconteça, os grupos locais não devem ser perturbados por quaisquer efeitos externos que suas ações possam exercer sobre o resto do mundo, e devem abrir mão das vantagens decorrentes, democraticamente distribuídas dentro do grupo social, a fim de resgatar ou complementar o bem-estar dos que lhe são próximos (para não falar dos distantes), os quais, como resultado de más decisões ou de má sorte, estejam mergulhados em fome e miséria. A história nos fornece muito poucas provas de que essas redistribuições funcionem de qualquer outra maneira que não seja eventual ou única. Assim, não há absolutamente nada que impeça a escalada das desigualdades sociais entre comunidades. Isso está perfeitamente de acordo com o projeto neoliberal de não apenas proteger, como também privilegiar as estruturas de poder de classe (do tipo tão claramente evidente no fracasso do financiamento para educação em Nova York).

Murray Bookchin tem plena consciência desses riscos – "a agenda de um municipalismo libertário pode facilmente se esvaziar, na melhor das hipóteses, ou, na pior, ser usada para fins extremamente mesquinhos", escreve ele. Sua proposta é o "confederalismo". Enquanto assembleias municipais funcionassem por democracia direta, sendo a base para a criação de diretrizes políticas, o Estado seria substituído "por uma rede confederada de assembleias municipais; a economia corporativa, reduzida a uma economia verdadeiramente política, em que os municípios, interagindo econômica e politicamente entre si, resolveriam seus problemas materiais como instâncias cidadãs em assembleias abertas". Essas assembleias confederadas seriam reservadas para fins de administração e controle de políticas determinadas pelas assembleias municipais, e os delegados seriam revogáveis e responsáveis, em todos os momentos, pela vontade das assembleias municipais. Os conselhos confederados

> tornam-se o meio propício para a interligação de vilarejos, municípios, bairros e cidades em redes confederadas. Desse modo, o poder flui de baixo para cima e não de cima para baixo, e nas confederações o fluxo de poder de baixo para cima diminui com o alcance do conselho federal, que em termos territoriais abrange inicialmente as localidades, depois as regiões, e destas passa para áreas territoriais cada vez maiores[31].

A proposta de Bookchin é de longe a mais sofisticada proposta radical para lidar com a criação e o uso coletivo dos bens comuns em uma grande variedade de escalas, e vale a pena aprimorá-la como parte da agenda anticapitalista radical.

Essa questão é de grande premência devido ao violento ataque neoliberal contra o oferecimento público de bens sociais nos últimos trinta anos ou mais, o que correspondia ao ataque

---

31 Murray Bookchin, *Urbanization Without Cities: The Rise and Decline of Citizenship*, Montreal, Black and Rose Books, 1992, caps. 8, 9.

severo contra os direitos e o poder do trabalho organizado que começaram na década de 1970 (do Chile à Grã-Bretanha), mas voltou-se mais claramente para os custos da reprodução social do trabalho. O capital há tempos prefere tratar os custos da reprodução social como uma externalidade – um custo pelo qual o mercado não tem responsabilidade –, mas o movimento social--democrata e a ameaça real de uma alternativa comunista forçou o capital a internalizar alguns desses custos, juntamente a alguns custos externos imputáveis à degradação ambiental no mundo capitalista desenvolvido até a década de 1970. O objetivo das políticas neoliberais desde 1980, mais ou menos, tem sido despejar esses custos nos bens comuns globais de reprodução social e do meio ambiente, criando, por assim dizer, bens comuns negativos nos quais populações inteiras são hoje obrigadas a viver. As questões de reprodução social, gênero e bens comuns estão interligadas[32].

A resposta do capital às condições da crise global depois de 2007 foi pôr em prática um plano draconiano de austeridade global que diminui a oferta de bens públicos para manutenção tanto da reprodução social como da melhora do meio ambiente, diminuindo, assim, as qualidades dos bens comuns em ambos os casos. Também tem usado a crise para facilitar ainda mais a atividade predatória da apropriação privada dos bens comuns como uma precondição necessária à retomada do crescimento. Os usos do poder expropriante, por exemplo, para apropriar espaços para finalidades privadas (ao contrário da "utilidade pública", para a qual essas leis foram originalmente criadas) é

---

32 Silvia Federici, "Women, Land Struggles and the Reconstruction of the Commons", *Working USA: The Journal of Labor and Society*, *14*, p. 41-56, 2011.

um caso clássico de redefinição de "finalidade pública" como patrocínio estatal ao desenvolvimento privado.

Da Califórnia à Grécia, a crise produziu perdas de direitos e nos valores dos ativos urbanos para a maior parte da população, junto com a extensão do poder capitalista predatório sobre as populações de baixa renda e até hoje marginalizadas. Em resumo, foi um ataque indiscriminado sobre os bens comuns reprodutivos e ambientais. Vivendo com menos de 2 dólares por dia, uma população global de mais de 2 bilhões de pessoas está sendo estimulada a recorrer do sistema de microfinanças como "o *subprime* de todas as formas *subprime* de crédito", a fim de apropiar-se de suas riquezas (como aconteceu no mercado imobiliário dos Estados Unidos por empréstimos *subprime* predatórios seguidos por execuções de hipotecas) para tornar ainda mais opulentas as mansões dos ricos. Os bens comuns ambientais não estão menos ameaçados enquanto as soluções propostas (como o mercado de carbono e novas tecnologias ambientais) propuserem que busquemos a saída para esse impasse usando os mesmos instrumentos de acumulação de capital e de mercado de câmbio especulativo que já na origem nos puseram em dificuldades. Não surpreende, portanto, que os pobres não apenas ainda estejam entre nós, mas que seu número aumente com o tempo, em vez de diminuir. Enquanto a Índia vem acumulando um respeitável índice de crescimento ao longo dessa crise, por exemplo, o número de bilionários saltou de 26 para 69 nos três últimos anos, enquanto o número de favelados quase dobrou na última década. Os impactos urbanos são estarrecedores, conforme condomínios fechados, luxuosos e com ar-condicionado surgem em meio ao abandono da miséria urbana, em que os pobres lutam para construir algum tipo aceitável de existência para si mesmos.

O desmonte dos marcos e controles regulatórios que buscavam, por mais inadequados que fossem, refrear a propensão às práticas predatórias de acumulação desencadeou a lógica *"après moi le déluge"* da acumulação e especulação financeira desenfreada que hoje se transformou em um verdadeiro dilúvio de destruição criativa, inclusive aquela moldada pela urbanização capitalista. Esse dano só pode ser contido e revertido pela socialização da produção excedente e da distribuição e pelo estabelecimento de um novo bem comum de riqueza ao alcance de todos.

É nesse contexto que a retomada de uma retórica e de uma teoria dos bens comuns adquire importância ainda maior. Se os bens públicos oferecidos pelo Estado diminuem ou se transformam em mero instrumento para a acumulação privada (como vem acontecendo com a educação), e se o Estado deixa de oferecê-los, então só há uma resposta possível, que é as populações se auto-organizarem para oferecerem seus próprios bens comuns (como aconteceu na Bolívia, conforme veremos no Capítulo 5). O reconhecimento político de que os bens comuns podem ser produzidos, protegidos e usados para o benefício social transforma-se em um modelo para resistir ao poder capitalista e repensar a política de uma transição anticapitalista.

Mas o que importa não é a combinação particular de arranjos institucionais – os cercamentos aqui, as ampliações de toda uma gama de arranjos coletivos e de propriedade comum ali –, e sim que o efeito unificado da ação política encare a espiral de degradação do trabalho e dos recursos da terra (inclusive os recursos inseridos na "segunda natureza" do ambiente construído) nas mãos do capital. Nesse esforço, a "rica mistura de instrumentalidades" que Elinor Ostrom começa a identificar – não apenas públicas e privadas, mas também coletivas e associativas, subordinativas, hierárquicas e horizontais, excludentes e abertas – desempenhará um papel crucial na busca de caminhos para organizar a produção, a distribuição, a troca e o consumo a fim de atender às necessidades e aos desejos humanos em bases anticapitalistas. Essa rica combinação não é dada; tem de ser construída.

A questão não é atender às exigências da acumulação pela acumulação por parte da classe que se apropria da riqueza comum da classe que a produz. O reaparecimento dos bens comuns como questão política deve ser totalmente integrado à luta anticapitalista de uma maneira muito específica. Infelizmente, a ideia dos bens comuns (como o direito à cidade) vem sendo tão facilmente apropriada pelo poder político existente quanto o valor a ser extraído de um bem comum urbano atual pelos interesses imobiliários. A questão, portanto, é mudar tudo isso e descobrir maneiras criativas de usar os poderes do trabalho coletivo para o bem comum, e manter o valor produzido sob o controle dos trabalhadores que o produziram.

Isso requer um duplo ataque político, pelo qual o Estado seja obrigado a oferecer cada vez mais e mais bens públicos para finalidades públicas, junto com a auto-organização de populações inteiras para apropriar, usar e complementar esses bens de maneiras que ampliem e aprimorem as qualidades dos bens comuns reprodutivos e ambientais não mercantilizados. A produção, proteção e uso de bens públicos e comuns urbanos em cidades como Mumbai, São Paulo, Johannesburgo, Los Angeles, Xangai e Tóquio tornam-se uma questão central a ser abordada pelos movimentos sociais democráticos, e isso precisará de muito mais imaginação e sofisticação do que se vem usando nas atuais teorias radicais hegemônicas dos bens comuns, sobretudo conforme esses bens sejam continuamente criados e apropriados por meio da forma capitalista de urbanização. O papel dos bens comuns na formação das cidades e na política urbana só agora está sendo claramente reconhecido e desenvolvido, tanto teoricamente como no mundo da prática radical. Há muito trabalho a fazer, mas há sinais abundantes nos movimentos sociais urbanos ao redor do mundo de que existem muitas pessoas e uma massa crítica de energia política à disposição para fazê-lo.

CAPÍTULO 4
A ARTE DA RENDA

O número de trabalhadores engajados nas atividades e na produção cultural aumentou consideravelmente nas últimas décadas (de cerca de 150 mil artistas registrados na região metropolitana de Nova York no começo da década de 1980 a provavelmente o dobro atualmente), e continua aumentando. Eles formam o núcleo criativo que Daniel Bell chama de "massa cultural" (não os criadores, mas os transmissores de cultura na mídia e em outros lugares)[1], e têm mudado sua postura política ao longo dos anos. Na década de 1960, as escolas de arte eram celeiros de discussões radicais, mas sua subsequente pacificação e profissionalização atenuou significativamente a política subversiva. Embora a estratégia e o pensamento socialista precisem ser reconfigurados, a revitalização dessas instituições como centros de engajamento político e a mobilização das forças políticas e agitadoras dos produtores de cultura são certamente um objetivo de grande valor para a esquerda. Ainda que um domínio da comercialização e dos incentivos de mercado seja inquestionável nos dias de hoje, há muitas subcorrentes dissidentes e descontentes a serem detectadas entre os produtores de cultura que podem fazer deste um campo fértil para a expressão crítica e a agitação política visando à produção de novos tipos de bens comuns.

---

1   Daniel Bell, *The Cultural Contradictions of Capitalism*, Nova York, Basic Books, 1978, p. 20. David Harvey, op. cit., 1989, p. 290-1, 347-9. Brandon Taylor, *Modernism, Postmodernism, Realism: A Critical Perspective for Art*, Winchester, Winchester School of Art Press, 1987, p. 77.

Essa cultura é uma forma de bens comuns, e o fato de ter se transformado em uma espécie de mercadoria é inegável. Há também uma crença muito difundida de que existe algo tão especial a respeito de certos produtos e eventos culturais (seja nas artes plásticas, no teatro, na música, no cinema, na arquitetura ou, em termos mais amplos, em formas de vida específicas, nos legados da tradição, nas memórias coletivas e nas comunidades afetivas) que os coloca totalmente à parte das mercadorias ordinárias, como as blusas e os sapatos. Embora a fronteira entre os dois tipos de mercadoria seja extremamente permeável (talvez cada vez mais), ainda há fundamentos para se manter uma separação analítica. Pode ser, claro, que façamos distinção entre artefatos e eventos culturais porque não conseguimos deixar de vê-los como autenticamente diferentes, situados mais em algum plano superior da criatividade e do sentido do que os que se encontram nas fábricas de produção em massa e no consumo. Porém, mesmo quando afastamos todos os resíduos de nossas esperanças (em geral, baseadas em poderosas ideologias), ainda ficamos com algo muito especial sobre esses produtos designados como "culturais". Estúdios, galerias de arte, cafés e bares onde músicos se encontram para tocar não são a mesma coisa que lojas de roupas simplesmente porque eles também só podem existir se ganharem dinheiro suficiente para pagar seus aluguéis. Como, então, é possível reconciliar o *status* de mercadoria de tantos desses fenômenos com seu caráter especial?

RENDA DE MONOPÓLIO E CONCORRÊNCIA

Para os próprios produtores de cultura, em geral mais interessados em questões estéticas (às vezes, inclusive, dedicados a ideais de arte pela arte), de valores afetivos, de vida social e dos sentimentos, um termo como "renda de monopólio" pode parecer excessivamente técnico e árido para comportar algo além dos possíveis cálculos do financista, empreiteiros e proprietários de terras. Mas espero mostrar uma vantagem: se devidamente elaborado, pode gerar interpretações ricas dos muitos dilemas práticos e pessoais que decorrem do nexo entre globalização capitalista, desenvolvimentos político-econômicos locais e evolução dos significados culturais e valores estéticos[2].

Toda renda se baseia no poder monopolista de proprietários privados sobre certos ativos. A renda de monopólio surge porque agentes sociais podem conseguir um maior fluxo de receitas por um maior período de tempo em virtude de seu controle exclusivo sobre determinado item direta ou indiretamente comercializável que, em alguns aspectos cruciais, é único e irreproduzível. Há duas situações em que a categoria do monopólio passa ao primeiro plano. A primeira ocorre quando alguns agentes sociais controlam algum recurso, mercadoria ou localização com qualidades especiais que, em relação a certo tipo de atividade, lhes permite extrair rendas de monopólio daqueles que os desejem usar. No domínio da produção, argumenta Marx, o exemplo mais óbvio seriam vinhedos que produzissem um vinho de qualidade extraordinária que pudesse ser vendido a um preço de monopólio. Em tais circunstâncias, "o preço de monopólio acarreta a renda"[3]. A versão disso no caso da loca-

---

[2] A teoria geral da renda que utilizo é apresentada em *The Limits of Capital* (Harvey, op. cit., 1982, cap. 11).
[3] Karl Marx, *Capital*, v. 3, Nova York, International Publishers, 1967, p. 774-5 [v. 3, t. 2, p. 239].

lização seria a centralidade (para o capitalista comercial), que diz respeito à rede de transportes e comunicações ou à proximidade (por exemplo, no caso de uma cadeia de hotéis) de alguma atividade altamente concentrada (como um centro financeiro). O capitalista comercial e o hoteleiro estão dispostos a pagar mais pela terra devido à sua acessibilidade.

Esses são casos indiretos de renda de monopólio. Não é a terra, o recurso ou a localização com qualidades únicas que são negociadas, mas a mercadoria ou serviço produzido por meio de seu uso. No segundo caso, a terra, o recurso ou o bem são diretamente comercializados (como quando vinhedos ou grandes propriedades imobiliárias são vendidos a capitalistas e financistas multinacionais para fins especulativos). Pode-se criar escassez retirando de uso corrente essa terra, recurso ou bem e especulando sobre valores futuros. Esse tipo de renda de monopólio pode estender-se à propriedade de obras de arte, como um Rodin ou um Picasso, que podem ser (e cada vez mais são) compradas e vendidas como investimentos. É a singularidade de um Picasso ou de um lugar específico que cria a base para o preço de monopólio.

Em geral, as duas formas de renda de monopólio convergem. Um vinhedo (com seu *château* e seu espaço geográfico únicos) renomado por seus vinhos pode ser diretamente negociado a um preço de monopólio, assim como os vinhos de sabor exclusivo produzidos em suas terras. Um Picasso pode ser comprado para obter ganhos de capital e, em seguida, alugado a alguém que o expõe a um preço de monopólio. A proximidade de um centro financeiro pode ser negociada direta ou indiretamente com, por exemplo, uma cadeia hoteleira, que usaria o espaço físico para seus próprios fins. Mas a diferença entre as duas formas de renda é importante. É improvável (ainda que não impossível), por exemplo, que a Abadia de Westminster e o Palácio de Buckingham sejam diretamente negociados (até os mais fervorosos privatizadores hesitariam). Mas é possível fazer negócios com eles, o que de fato acontece, pelas práticas de mercado da indústria turística (ou, no caso do Palácio de Buckingham, pela própria rainha).

Há duas contradições na categoria de renda de monopólio. Ambas são importantes para o argumento seguinte. Em primeiro lugar, embora a exclusividade e a particularidade sejam cruciais para a definição de "qualidades especiais", a exigência de comercialidade significa que nenhum item pode ser tão único ou tão especial que possa ficar totalmente fora do cálculo monetário. Um Picasso precisa ter um valor monetário, assim como um Monet, um Manet, a arte aborígene, os artefatos arqueológicos, os edifícios históricos, os monumentos antigos, os templos budistas e a experiência de praticar canoagem no rio Colorado, de estar em Istambul ou no topo do Everest. Como essa lista deixa evidente, há certa dificuldade de "formação de mercado" neste caso. Pois, embora mercados tenham se formado em torno de obras de arte e, até certo ponto, em torno de artefatos arqueológicos, é evidente que essa lista contém vários itens difíceis de incorporar diretamente a um mercado (esse é o problema da Abadia de Westminster). Muitos itens talvez nem sejam fáceis de comercializar indiretamente.

A contradição aqui é que, quanto mais facilmente comercializáveis esses itens se tornarem, menos únicos e especiais eles serão. Em alguns casos, a própria comercialização tende a destruir as qualidades únicas (sobretudo se elas dependerem de qualidades como isolamento, afastamento, a pureza de alguma experiência estética e coisas do tipo). Em termos mais gerais, na medida em que esses itens ou eventos sejam facilmente comercializáveis (e sujeitos a falsificações, plágios, imitações ou simulacros), menos base terão para oferecer para uma renda de monopólio. Lembro-me aqui de uma aluna que se queixava de quão inferior havia sido sua experiência na Europa em comparação com a Disney World:

> Na Disney World todos os países ficam mais próximos uns dos outros, e eles nos mostram o que cada um tem de melhor. A Europa é muito chata. As pessoas falam línguas estranhas e as coisas são sujas. Às vezes você fica dias sem ver algo interessante na Europa, mas na Disney World alguma coisa diferente acontece todos os dias, e as pessoas são felizes. É muito mais divertido. É bem projetado[4].

Embora isso soe como uma avaliação risível, é deprimente refletir sobre como a Europa está tentando se redesenhar segundo os "padrões Disney" (e não só em benefício dos turistas norte-americanos). Porém – e aqui está o cerne da contradição –, quanto mais a Europa se "disneyfica", menos única e especial ela se torna. A insípida homogeneidade que acompanha a pura mercantilização apaga as vantagens do monopólio; os produtos culturais tornam-se cada vez mais semelhantes às mercadorias em geral. "A avançada transformação dos bens de consumo em produtos comerciais ou 'artigos de marca' que detêm

---

[4] Apud Douglas Kellbaugh, *Common Place*, Seattle, University of Washington Press, 1997, p. 51.

um monopólio de valor estético", escreve Wolfgang Haug, "substituiu em grande escala os produtos elementares ou 'genéricos'", de modo que a "estética mercantilizada" avança suas fronteiras "cada vez mais sobre o reino das indústrias culturais"[5]. Inversamente, todo capitalista procura convencer os consumidores das qualidades únicas e irreproduzíveis de seus produtos (as marcas, grifes, a publicidade etc.). As pressões de ambos os lados ameaçam espremer as qualidades únicas que subjazem às rendas de monopólio. Para manter e converter em dinheiro estas últimas é preciso encontrar alguma maneira de manter determinados bens e lugares *suficientemente* únicos (mais adiante, refletirei sobre o que isso significaria) para manter uma margem monopolista em uma economia que, sob outros aspectos, é mercantilizada e quase sempre ferozmente competitiva.

Mas por que, em um mundo neoliberal em que os mercados competitivos são supostamente dominantes, quaisquer tipos de monopólio seriam tolerados, para não dizer considerados desejáveis? Aqui encontramos a segunda contradição que, em sua raiz, acaba por se revelar uma imagem especular da primeira. A concorrência, como Marx observou há muito tempo, sempre tende para o monopólio (ou oligopólio) simplesmente porque, na guerra de todos contra todos, a sobrevivência dos mais aptos elimina as empresas mais fracas[6]. Quanto mais feroz a concorrência, mais rápida a tendência para o

---

5 Wolfgang Haug, "Commodity Aesthetics", *Working Paper Series*, Department of Comparative American Cultures, Washington State University, 2000, p. 13.
6 As concepções de Marx sobre a renda monopolista encontram-se resumidas em *The Limits to Capital* (Harvey, op. cit., 1982, cap. 5).

oligopólio, quando não para o monopólio. Portanto, não é por acaso que a liberalização dos mercados e a apologia do mercado competitivo nos últimos anos tenha produzido uma incrível centralização do capital (Microsoft, Rupert Murdoch, Bertelsmann, serviços financeiros e uma onda de aquisições, fusões e consolidações nas linhas aéreas, no setor varejista e, inclusive, nas indústrias mais antigas, como as automobilísticas, petrolíferas e congêneres). Essa tendência já é reconhecida há tempos como uma característica problemática da dinâmica capitalista – ao que se deve a legislação antitruste nos Estados Unidos e o trabalho das Comissão de Monopólios e Fusões na Europa. Trata-se, porém, de defesas muito frágeis diante de uma força avassaladora.

Essa dinâmica estrutural não teria a importância que tem não fosse pelo fato de que os capitalistas cultivam ativamente os poderes de monopólio. Ao fazê-lo, eles obtêm um controle de grande abrangência sobre a produção e a comercialização, e, desse modo, estabilizam seus negócios de modo a permitir-se um cálculo racional e um planejamento de longo prazo, com a redução dos riscos e incertezas, e, em termos mais gerais, garantem-lhes uma existência relativamente mais calma e sem grandes sobressaltos. A mão visível da gerência, como dizia Alfred Chandler, teve muito maior importância para a geografia histórica do capitalismo do que a mão invisível do mercado de Adam Smith, alardeada *ad nauseam* nos últimos anos como o fio condutor da ideologia neoliberal da globalização contemporânea[7].

---

7   Alfred Chandler, *The Visible Hand: The Managerial Revolution in American Business*, Cambridge, Harvard University Press, 1977.

É aqui, porém, que a imagem especular da primeira contradição aparece mais claramente: os processos de mercado dependem crucialmente do monopólio individual dos capitalistas (de todos os tipos) sobre a propriedade dos meios de produção, inclusive as finanças e a terra. Toda renda, convém lembrar, é um retorno ao poder de monopólio da propriedade privada de algum bem crucial, como terra ou patente. Portanto, o poder de monopólio da propriedade privada é o ponto de partida e de chegada de toda atividade capitalista. Há um direito jurídico não negociável na base de todo comércio capitalista, que torna a opção de não negociar (armazenar, reter para si, ser avarento) um grande problema nos mercados capitalistas. A concorrência de mercado pura, a livre troca de mercadorias e a perfeita racionalidade do mercado são, portanto, instrumentos um tanto raros e cronicamente instáveis para coordenar decisões de produção e consumo. O problema é manter as relações econômicas *suficientemente* competitivas ao mesmo tempo que se mantêm os privilégios monopolistas individuais e de classe de propriedade privada que constituem a base do capitalismo como sistema político-econômico.

Esta última questão requer maior elaboração para que nos aproxime mais do assunto. Admite-se geral, mas equivocadamente, que o poder de monopólio mais forte e extremo é mais claramente sinalizado pela centralização e concentração do capital nas megacorporações. Por outro lado, supõe-se, também erroneamente, que a pequena empresa seria um sinal de uma situação de mercado competitivo. Por esse critério, o capitalismo outrora competitivo tornou-se cada vez mais monopolizado com o tempo. Esse erro provém em parte de uma aplicação demasiado simplista dos argumentos de Marx a respeito da "lei da tendência à centralização do capital", que ignora seu contra-argumento de que a centralização levaria "em breve a produção capitalista ao colapso, se tendências contrárias não atuassem constantemente, com efeito descentralizador"[8]. Mas ele também é sustentado por uma teoria econômica da empresa que geralmente ignora seu contexto de espaço e localização, ainda que aceite (nas raras ocasiões em que se digna a tratar da questão) que a vantagem da localização implica "competição monopolista".

No século XIX, por exemplo, o cervejeiro, o padeiro e o fabricante de velas eram todos protegidos em grande medida contra a concorrência nos mercados locais pelo alto custo dos transportes. Os poderes de monopólio local eram onipresentes (ainda que as empresas fossem pequenas) e muito difíceis de se quebrar em todos os aspectos, da energia à provisão de alimentos. Visto por esse prisma, o capitalismo de pequena escala do século XIX era bem menos competitivo do que o atual. É nesse ponto que as condições variáveis de transporte e comunicações entram como variáveis determinantes de extrema importância. À medida que as barreiras espaciais diminuíam graças ao pendor capitalista para a "aniquilação do espaço pelo tempo", muitas indústrias e serviços locais perderam sua proteção local e seus privilégios monopolistas[9]. Eles foram obrigados a competir com produtores de

---

8   Marx, op. cit., 1978, v. 3, p. 246 [v. 4, t. 1, p. 186]. Cf. também Harvey, op. cit., 1982, cap. 5.
9   Karl Marx, op. cit., 1973, p. 524-39. Para uma elaboração geral desse argumento, cf. *The Limits to Capital* (Harvey, op. cit., 1982, cap. 12) e *The Condition of Postmodernity* (Harvey, op. cit., 1989, parte 3), e, para uma aplicação específica do conceito, cf. *Nature's Metropolis* (William Cronon, Nova York, Norton, 1991).

outros lugares – relativamente próximos, de início, mas muito mais distantes com o passar do tempo.

A geografia histórica do comércio da cerveja é muito instrutiva a esse respeito. No século XIX, a maioria das pessoas bebia cerveja local porque não tinha outra opção. No fim do século XIX, a produção e o consumo de cerveja na Inglaterra haviam sido regionalizados em uma medida considerável, e assim permaneceu até a década de 1960 (as importadas, com exceção da Guinness, eram desconhecidas). Mas foi então que o mercado se tornou nacional (a Newcastle Brown e a Scottish Youngers apareceram em Londres e no sul do país) antes de se tornar internacional (de repente, as cervejas importadas viraram moda). Se atualmente alguém bebe cerveja local é por opção, em geral por uma combinação de princípios de apego ao lugar e alguma qualidade especial da cerveja (baseada na técnica, na água ou outra coisa qualquer). Em Manhattan existem bares onde podemos tomar diferentes cervejas locais de todas as partes do mundo!

Sem dúvida, o espaço econômico da concorrência mudou de forma e escala ao longo do tempo. O recente ímpeto globalizante reduziu significativamente as proteções monopolistas concedidas historicamente pelos altos custos de transporte e comunicações, enquanto a remoção de barreiras institucionais ao comércio (protecionismo) provocou também uma diminuição das rendas de monopólio que se podiam obter barrando a concorrência estrangeira. O capitalismo, porém, nada pode sem monopólios, e anseia por novos meios de obtê-los. Portanto, a questão em pauta é como obter os poderes de monopólio em uma situação em que as proteções oferecidas pelos chamados "monopólios naturais" de espaço e localização e as proteções políticas das fronteiras e tarifas nacionais foram extremamente reduzidas, quando não eliminadas.

A resposta óbvia é centralizar o capital em megacorporações ou estabelecer alianças mais flexíveis (como na indústria da aviação e na automobilística) que dominem os mercados. E temos visto muito isso. O segundo caminho é assegurar cada vez mais firmemente os direitos de monopólio da propriedade privada mediante leis comerciais internacionais que regulamentem todo o comércio global. As patentes e os chamados "direitos de propriedade intelectual" transformaram-se, por conseguinte, em um importante campo de batalha em que os poderes de monopólio afirmam-se cada vez mais fortemente. A indústria farmacêutica, para dar um exemplo paradigmático, adquiriu extraordinários poderes de monopólio, em parte por meio de imensas centralizações de capital e, em parte, por meio da proteção de patentes e acordos de licenciamento. E tenta avidamente aumentar seus poderes de monopólio ao procurar estabelecer direitos de propriedade sobre todo tipo de material genético (inclusive o de plantas raras das florestas tropicais, tradicionalmente coletadas pelos indígenas que nelas vivem). À medida que os privilégios monopolistas de uma fonte diminuem, presenciamos um grande número de tentativas de preservá-los e agrupá-los por outros meios.

Não tenho como passar em revista aqui todas essas tendências. O que eu quero, de todo modo, é examinar mais de perto os aspectos desse processo que influem mais diretamente nos problemas do desenvolvimento local e das atividades culturais. Pretendo mostrar, primeiro, que há lutas contínuas acerca da definição dos poderes de monopólio que poderiam corresponder ao lugar e às localidades, e que a ideia de "cultura" está cada vez mais ligada às tentativas de reafirmar esses poderes de monopólio, exatamente porque as afirmações de singularidade e autenticidade podem ser mais bem articuladas como reivindicações distintivas e irreproduzíveis. Começarei pelo exemplo mais óbvio de renda de monopólio – aquele oferecido pelo "vinhedo que produz um vinho de qualidade extraordinária e que pode ser vendido a um preço de monopólio".

AVENTURAS NO COMÉRCIO DE VINHOS

O comércio de vinhos, assim como o de cerveja, tornou-se cada vez mais internacional nos últimos trinta anos, e a tensão da concorrência internacional tem produzido efeitos curiosos. Sob pressão da União Europeia, por exemplo, os produtores internacionais de vinho concordaram (depois de longas batalhas legais e intensas negociações) em reduzir progressivamente o uso de "expressões tradicionais" nos rótulos dos vinhos, que eventualmente podiam incluir termos como *"château"* e *"domaine"*, bem como termos genéricos como *"champagne"*, *"bourgogne"*, *"chablis"* ou *"sauternes"*. Assim, a indústria vinícola europeia, liderada pelos franceses, procura preservar suas rendas de monopólio insistindo nas virtudes únicas da terra, do clima e da tradição (amalgamadas na palavra francesa *terroir*) e a especificidade de seu produto certificado por um nome. Reforçado por controles internacionais como a Denominação de Origem Controlada, o comércio de vinho francês insiste na autenticidade e originalidade de seu produto, que fundamenta a singularidade sobre a qual a renda de monopólio pode ser baseada.

A Austrália é um dos países que concordaram com esse procedimento. A empresa Château Tahbilk, de Victoria, obrigada a eliminar o *"Château"* de seus rótulos, declarou despreocupadamente que "somos orgulhosamente australianos e não precisamos empregar termos herdados de outros países e culturas de tempos idos". Como compensação, eles identificaram dois fatores que, quando combinados, "dão-nos uma posição única no mundo dos vinhos". A região deles é uma das seis únicas regiões vinícolas do mundo nas quais o mesoclima é muito influenciado pelas massas de água interiores (os inúmeros lagos e lagunas locais moderam e refrescam o clima). Seu solo é de um tipo único (encontrado apenas em outro lugar de Victoria), descrito como uma argila vermelha/arenosa colorida por uma quantidade muito alta de óxido férrico que "exerce um efeito positivo sobre a qualidade da uva e acrescenta um certo caráter regional específico aos nossos vinhos". Esses dois fatores se completam para definir os "Lagos Nagambie" como uma região vitícola única (a ser autenticada, supõe-se, pelo Comitê de Indicações Geográficas da Corporação Australiana de Vinhos e *Brandies*, criado para identificar regiões vitícolas em toda a Austrália). Portanto, a Tahbilk apresenta uma contrarreivindicação das rendas de monopólio, com base na combinação singular de condições ambientais da região em que se situa. E ela o faz de uma maneira que se equipara e concorre com as alegações de singularidade do *terroir* e do *domaine* reivindicados pelos produtores de vinho franceses[10].

---

10 Tahbilk Wine Club, *Wine Club Circular*, 15, jun. 2000.

Mas então encontramos a primeira contradição. Todo vinho é comercializável e, portanto, comparável em algum sentido, seja qual for sua origem. Veja-se Robert Parker e seu *Wine Advocate*, publicado regularmente. Parker avalia os vinhos por seu sabor e pouco se interessa pelo *terroir* ou quaisquer outras referências histórico-culturais. Ele é notoriamente independente (a maioria dos outros guias é patrocinada por setores influentes da indústria vinícola). Ele classifica os vinhos em uma escala que segue apenas seu próprio gosto. Parker tem muitos seguidores nos Estados Unidos, um mercado de grande importância. Se ele atribui 65 pontos a um "Château" de Bordeaux e 95 pontos a um vinho australiano, os preços são afetados. Os produtores de vinhos de Bordeaux têm verdadeiro pavor dele. Já o processaram, difamaram, insultaram e chegaram mesmo a agredi-lo fisicamente. Ele ameaça as bases de suas rendas de monopólio[11].

As reivindicações de monopólio, podemos concluir, são tanto um "efeito discursivo" e o resultado da luta pela concorrência como um reflexo das qualidades do produto. Contudo, se a linguagem do *terroir* e a tradição forem abandonados, que tipo de discurso poderia substituí-lo? Nos últimos anos, Parker e muitos outros no comércio vinícola criaram uma linguagem em que os vinhos são descritos em termos como "sabor de pêssego e ameixa, com notas de tomilho e groselha". A linguagem parece bizarra, mas essa mudança discursiva, que corresponde ao aumento da concorrência internacional e à globalização do comércio do vinho, assume um papel específico que reflete a

---

[11] William Langewiesche, "The Million Dollar Nose", *Atlantic Monthly*, 286 (6), dez. 2002, p. 11-22.

mercantilização do consumo dessa bebida de acordo com parâmetros padronizados.

Porém, o consumo de vinho tem dimensões que abrem caminhos à sua exploração lucrativa. Para muitos, é uma experiência estética. Além do puro prazer (para alguns) de um bom vinho com a comida certa, há uma série de referências associadas à tradição ocidental que remontam à mitologia (Dioniso e Baco), à religião (o sangue de Jesus e o ritual da comunhão) e a tradições celebradas em festivais, poemas, canções e literatura. Conhecimento de vinhos e a apreciação "adequada" geralmente são sinais de classe, e são analisáveis como uma forma de capital "cultural" (como diria Bourdieu). Escolher o vinho certo deve ter ajudado a fechar vários negócios e acordos importantes (você confiaria em alguém que não soubesse escolher um vinho?). O estilo do vinho está ligado às cozinhas regionais e, portanto, incorporado às práticas que transformam a regionalidade em um estilo de vida marcado por estruturas distintivas de sentimento (é difícil imaginar Zorba, o grego, tomando um Mondavi californiano, mesmo que fosse vendido no aeroporto de Atenas).

O comércio de vinho tem a ver com dinheiro e lucro, mas com cultura em todos os seus sentidos (desde a cultura do produto até as práticas culturais que cercam seu consumo e o capital cultural que pode evoluir com ele tanto entre os produtores como entre os consumidores). A eterna busca de rendas de monopólio implica a busca de critérios de individualidade, singularidade, originalidade e autenticidade em cada um de seus aspectos. Se não se pode estabelecer a singularidade pelo *terroir* e tradição nem pela clara descrição do sabor, será preciso buscar outros métodos distintivos para estabelecer as reivindicações monopolistas e outros discursos capazes de garantir a veracidade dessas afirmações (o vinho que garante a sedução ou o vinho que acompanha a nostalgia diante de uma lareira são imagens publicitárias recorrentes nos Estados Unidos). Na prática, o que encontramos no negócio do vinho é um conjunto de discursos competitivos, todos com diferentes pretensões à verdade sobre a singularidade do produto. Porém, voltando ao meu ponto de partida, todas essas mudanças e diferenças discursivas, bem como muitas das mudanças e escolhas que aconteceram nas estratégias para dominar o mercado internacional do vinho, têm em sua raiz não apenas a busca do lucro, mas também de rendas de monopólio. Nesse quesito, são de enorme importância a linguagem da autenticidade, originalidade, singularidade e caráter irreprodutível do produto. A generalidade de um mercado globalizado produz, de modo consistente com a segunda contradição que identifiquei há pouco, uma força poderosa que procura garantir não apenas a continuidade dos privilégios monopolistas da propriedade privada, mas também as rendas de monopólio que provêm da apresentação dos produtos como algo incomparável.

EMPREENDEDORISMO URBANO E A BUSCA DE RENDAS DE MONOPÓLIO

As batalhas recentes no comércio de vinhos oferecem um bom modelo para entendermos uma vasta gama de fenômenos na fase contemporânea da globalização. Elas são de particular relevância para se entender como desenvolvimentos e tradições culturais locais são absorvidos pelos cálculos da economia política mediante tentativas de acumular rendas de monopólio. Também colocam a questão de saber o quanto o interesse atual pela inovação da cultura local e o ressurgimento e a invenção de tradições locais estão ligados ao desejo de extrair e apropriar-se dessas rendas. Visto que os capitalistas de todos os matizes (inclusive os mais exuberantes dentre os financistas internacionais) são facilmente seduzidos pelas lucrativas perspectivas dos poderes de monopólio, percebemos de imediato uma terceira contradição: que os globalizadores mais ávidos darão apoio aos desenvolvimentos locais que tenham o potencial de oferecer rendas de monopólio, mesmo que o efeito de tal apoio seja criar um clima político local antagônico à globalização. Enfatizar a singularidade e pureza da cultura balinesa local pode ser vital para a indústria hoteleira, de linhas aéreas e turística, mas o que acontece quando isso estimula um movimento balinês que se opõe violentamente à "impureza" da comercialização? O País Basco pode parecer uma configuração cultural potencialmente valiosa exatamente por conta de suas características únicas, mas a ETA, com sua reivindicação de autonomia e sua determinação em realizar ações violentas, não é facilmente receptiva à comercialização. Contudo, é surpreendente até que ponto os interesses comerciais podem chegar. Depois do lançamento do filme *Cidade de Deus*, que representa a violência e as guerras ao tráfico de drogas nas favelas do Rio de Janeiro em detalhes gráficos monstruosos (e, diriam alguns, enganadores), uma indústria de turismo empreendedora começou a vender excursões em favelas em alguns dos bairros mais perigosos (você poderia escolher o seu nível de risco preferido). Aprofundemo-nos um pouco mais nessa contradição, que entra em choque com as políticas de desenvolvimento urbano. Para fazê-lo, porém, devemos contextualizar brevemente essas políticas em relação à globalização.

O empreendedorismo urbano tornou-se importante tanto nacional como internacionalmente nas últimas décadas. Refiro-me ao padrão de comportamento na governança urbana que mistura os poderes públicos (locais, metropolitanos, regionais, nacionais ou supranacionais) com um grande número de formas organizacionais da sociedade civil (câmaras de comércio, sindicatos, igrejas, instituições educacionais e de pesquisa, organizações comunitárias, ONGs etc.) e interesses privados (corporativos ou individuais) para formar coalisões capazes de promover ou administrar o desenvolvimento urbano ou regional de um tipo ou de outro. Existe hoje uma vasta literatura sobre esse tema, que mostra que as formas, atividades e objetivos desses sistemas de governança (diversamente conhecidos como "regimes urbanos", "motores de desenvolvimento" ou "coligações para o desenvolvimento regional") variam muito, dependendo das condições locais e da combinação de forças em atuação[12]. O papel desse empreendedorismo urbano em relação à forma neoliberal de globalização também foi minuciosamente examinado, quase sempre sob a rubrica de relações de natureza local e global e da chamada "dialética espaço-lugar". A maioria dos geógrafos que se debruçou sobre o problema conclui acertadamente

---

[12] Bob Jessop, "An Entrepreneurial City in Action: Hong Kong's Emerging Strategies in Preparation for (Inter-)Urban Competition", *Urban Studies*, 37 (12), p. 2287-313, 2000. David Harvey, "From Managerialism to Entrepreneurialism: The Transformation of Urban Governance in Late Capitalism", *Geographic Annaler*, 71B, 3-17, 1989. Neil Brenner, *Spaces of Neoliberalism: Urban Restructuring in North America and Western Europe*, Oxford, Wiley-Blackwell, 2003.

que é um erro categórico ver a globalização como uma força causal associada ao desenvolvimento local. O que está em jogo aqui, argumentam com razão, é uma relação muito mais complexa em diferentes escalas, em que as iniciativas locais podem permear a escala global e vice-versa, ao mesmo tempo que os processos em determinada escala – os exemplos mais óbvios seriam as concorrências interurbana e inter-regional – podem reformular as configurações regionais dos processos intrínsecos à globalização.

Portanto, a globalização não deve ser vista como uma unidade indiferenciada, mas como uma padronização das atividades e relações capitalistas globais articuladas geograficamente[13]. Mas o que significa exatamente falar de uma "padronização articulada geograficamente"? Há, sem dúvida, inúmeras provas de desenvolvimento geográfico desigual (em várias escalas) e certa elaboração teórica convincente para entender sua lógica capitalista. Em parte pode ser entendida em termos convencionais como uma tentativa dos capitais móveis (em que o capital financeiro, comercial e produtivo tem diferentes capacidades a esse respeito) de obter vantagens na produção e apropriação de mais-valia por se manter em circulação. Na verdade, é possível identificar tendências que se ajustam a modelos simples de uma "corrida para o fundo", na qual a força de trabalho mais barata e mais facilmente explorada transforma-se no farol que serve de guia à mobilidade do capital e às decisões de investimento. Mas há muitas provas contrárias que sugerem que isso é uma drástica simplificação, já que delineada como uma explicação

---

13 Cf. Kevin Cox (org.), *Spaces of Globalization: Reasserting the Power of the Local*, Nova York, Wiley-Blackwell, 2003.

monocausal da dinâmica do desenvolvimento geográfico desigual. Em geral, o capital flui tão facilmente para regiões de altos salários quanto para as de baixos salários, e frequentemente parece ser guiado geograficamente por critérios muito diferentes daqueles convencionalmente estabelecidos tanto na economia política burguesa como na marxista.

O problema decorre em parte do hábito de ignorar a categoria do capital fundiário e a importância considerável de investimentos de longo prazo no espaço construído, que são, por definição, geograficamente imóveis. Esses investimentos, sobretudo quando de natureza especulativa, atraem invariavelmente novas ondas de investimentos se a primeira onda se mostrar lucrativa (para encher o centro de convenções, precisamos de hotéis, que requerem melhores transportes e comunicações, que criam a possibilidade de aumentar a capacidade do centro de convenções...). Portanto, há um elemento de causalidade circular e cumulativa em atuação na dinâmica dos investimentos em áreas metropolitanas (veja, por exemplo, todo o redesenvolvimento das Docklands de Londres e a viabilidade financeira do distrito comercial de Canary Wharf, que gira em torno de novos investimentos, tanto públicos como privados, nessa área). Isso é o que geralmente significam os chamados "motores do desenvolvimento urbano": a orquestração da dinâmica de processos de investimento e a provisão de investimentos públicos essenciais no lugar e no momento certos a fim de torná-los bem-sucedidos na concorrência interurbana e inter-regional[14].

---

14   John Logan e Harvey Molotch, *Urban Fortunes: The Political Economy of Place*, Berkeley: University of California Press, 1988.

Mas isso não seria tão atraente como de fato é se não fossem as maneiras de também captar rendas de monopólio. Uma estratégia bem conhecida dos empreiteiros, por exemplo, consiste em reservar os melhores e mais rentáveis pedaços de terra de seus projetos para extrair rendas de monopólio depois de o resto do projeto ser concluído. Governos astutos com os poderes necessários podem engajar-se nas mesmas práticas. O governo de Hong Kong, ao que me parece, é consideravelmente financiado por vendas controladas a altíssimos preços de monopólio de propriedades públicas para desenvolvimento. Por sua vez, isso se converte em rendas de monopólio sobre as propriedades, o que torna Hong Kong tão atraente para o investimento financeiro internacional nos mercados imobiliários. Sem dúvida, Hong Kong tem outras características singulares, uma vez que sua localização lhe permite fazer negócios excepcionais e oferecer grandes vantagens monopolistas. A propósito, Cingapura também passou a captar rendas de monopólio e também foi extremamente bem-sucedida nisso, ainda que tenha recorrido a meios político-econômicos muito diferentes.

Esse tipo de governança urbana orienta-se basicamente pela criação de padrões de investimentos locais não apenas em infraestruturas físicas, como transportes e comunicações, instalações portuárias, redes de esgoto e abastecimento de água, mas também nas infraestruturas sociais de educação, tecnologia e ciência, controle social, cultura e qualidade de vida. O objetivo é criar sinergia suficiente no processo de urbanização para que as rendas de monopólio sejam criadas e realizadas tanto pelos interesses privados como pelos poderes estatais. É evidente que nem todos esses esforços são bem-sucedidos, mas até os exemplos malsucedidos podem ser parcial ou totalmente entendidos em termos de sua incapacidade de realizar rendas de monopólio. Contudo, a busca por essas rendas não se restringe às práticas do desenvolvimento imobiliário, das iniciativas econômicas e das finanças públicas. Sua aplicação é muito mais ampla.

CAPITAL SIMBÓLICO COLETIVO, MARCAS DE DISTINÇÃO E RENDAS DE MONOPÓLIO

Se as alegações de singularidade, autenticidade, particularidade e especificidade subjazem à capacidade de captar rendas de monopólio, então que terreno será melhor para fazê-las do que no campo das práticas culturais historicamente constituídas e no das características ambientais especiais (incluindo, sem dúvida, tanto os espaços construídos como os meios sociais e culturais)? Como no comércio de vinho, todas essas questões são tanto resultado de construções e embates discursivos quanto fundamentadas em fatos materiais. Muitas se baseiam em narrativas históricas, interpretações e significados de memórias coletivas, representações de práticas culturais etc.: sempre há um forte elemento social e discursivo na construção dessas causas para extrair rendas de monopólio, uma vez que não haverá, pelo menos na mente de muitas pessoas, nenhum lugar além de Londres, Cairo, Barcelona, Milão, Istambul, San Francisco, ou outro qualquer, para se ter acesso ao que quer que seja de supostamente singular de tais lugares.

O exemplo mais óbvio é o turismo contemporâneo, mas acredito que seria um erro parar por aí. Afinal, o que está em jogo aqui é o poder do capital simbólico coletivo, das marcas distintivas especiais que o ligam a determinado lugar, que exerce poder de atração geralmente significativo sobre os fluxos de capital. Bourdieu, a quem devemos o uso geral desses termos, infelizmente os restringe a indivíduos (mais ou menos como átomos flutuando em um oceano de juízos estéticos estruturados), quando me parece que as formas coletivas (e a relação dos indivíduos com essas formas coletivas) poderiam ser de muito maior interesse[15]. O capital simbólico coletivo que se associa a nomes e lugares como Paris, Atenas, Nova York, Rio de Janeiro, Berlim e Roma é de grande importância, e confere a esses lugares grandes vantagens econômicas se comparados, digamos, a Baltimore, Liverpool, Essen, Lille e Glasgow. O problema para estes últimos lugares é aumentar seu quociente de capital simbólico e elevar seus traços distintivos para fundamentar melhor suas reivindicações de uma singularidade que resulta em rendas de monopólio. A "marca" das cidades transforma-se em grandes negócios[16]. Tendo em vista a perda geral de outros poderes de monopólio por conta da maior facilidade dos transportes e das comunicações, bem como da redução de outras barreiras ao comércio, essa luta pelo capital simbólico coletivo tornou-se ainda mais importante como base para as rendas de monopólio. Como mais poderíamos explicar o furor causado pelo Museu Guggenheim em Bilbao, cuja arquitetura é assinada por Gehry? E como poderíamos explicar a boa vontade de importantes instituições financeiras, com

---

15 Pierre Bourdieu, *Distinction: A Social Critique of the Judgement of Taste*, Londres, Routledge & Kegan Paul, 1984.
16 Miriam Greenberg, *Branding New York: How a City in Crisis Was Sold to the World*, Nova York, Routledge, 1999.

interesses internacionais consideráveis, de financiar tal projeto com assinatura?

A grande ascensão de Barcelona no contexto do sistema de cidades europeias, para darmos outro exemplo, baseou-se, em parte, em seu constante acúmulo de capital simbólico e de traços distintivos. Nesse processo, a escavação de uma história e tradição características da Catalunha, a comercialização de suas grandes realizações artísticas e de seu legado arquitetônico (Gaudí, obviamente) e suas marcas distintivas de estilo de vida e de tradições literárias foram de enorme importância, corroborados por uma infinidade de livros, exposições e eventos culturais que celebram sua distinção. Tudo isso foi exibido com novos enfeites arquitetônicos exclusivos (a torre de telecomunicações de Norman Foster e o Museu de Arte Contemporânea branco e reluzente de Meier, situado em uma área bastante degradada da cidade velha) e toda uma série de grandes investimentos para desenvolver o porto e a praia e recuperar terrenos abandonados para a construção da Vila Olímpica (com uma bela referência ao utopismo dos icarianos[17]), transformando o que outrora havia sido um local de vida noturna um tanto sombrio e até mesmo perigoso em uma paisagem aberta de espetáculos urbanos. Tudo isso contou com a ajuda dos Jogos Olímpicos, que trouxeram imensas oportunidades de obter rendas de monopólio (Samaranch, presidente do Comitê Olímpico Internacional, tinha grandes interesses imobiliários em Barcelona)[18].

---

17 Partidários do teórico francês Etiénne Cabet, que, em sua obra *Voyage en Icarie* [Viagem a Icaria] (1840), apresentou sua concepção de Estado perfeito. [N. T.]
18 Donald McNeill, *Urban Change and the European Left: Tales from the New Barcelona*, Nova York, Routledge, 1999.

Porém, o sucesso inicial de Barcelona parece ter ido ao fundo da primeira contradição. À medida que as oportunidades de embolsar altas rendas de monopólio se apresentam com base no capital simbólico coletivo de Barcelona como cidade (o preço dos imóveis disparou desde que o Royal Institute of British Architects concedeu a toda a cidade uma medalha por suas realizações arquitetônicas), seu irresistível fascínio atrai mais e mais mercantilização multinacional em seu rastro. Nas últimas fases de construções na orla marítima, os edifícios parecem exatamente iguais aos de quaisquer outras cidades do mundo ocidental: o colossal congestionamento do trânsito gera pressões para a construção de bulevares em partes da cidade velha, lojas multinacionais substituem o comércio local, a gentrificação desloca os moradores de longa data e destrói o antigo tecido urbano, e Barcelona perde alguns de seus traços distintivos. Há inclusive indícios nada sutis de disneyficação.

Essa contradição é marcada por questionamentos e resistência. Que memória coletiva deve ser celebrada aqui – a dos anarquistas, que, como os icarianos, desempenharam um papel tão importante na história de Barcelona; a dos republicanos, que lutaram tão bravamente contra Franco; a dos nacionalistas catalães, imigrantes da Andaluzia; ou a de franquistas de longa data, como Samaranch? Qual é a estética que realmente conta – a dos grandes arquitetos de Barcelona, como Bohigas? Por que aceitar qualquer tipo de disneyficação? Debates desse tipo não podem ser facilmente silenciados exatamente porque é evidente para todos que o capital simbólico coletivo que Barcelona acumulou depende de valores de autenticidade, singularidade e qualidades particulares irreproduzíveis. Essas marcas de distinção local são difíceis de acumular sem levantar a questão do empoderamento local, inclusive dos movimentos populares e de oposição. Nesse contexto, obviamente, os guardiães do capital simbólico coletivo e cultural – os museus, as universidades, a classe dos mecenas e o aparelho de Estado – costumam fechar suas portas e insistir em manter fora a ralé (ainda que o Museu de Arte Contemporânea de Barcelona, ao contrário da maioria das instituições desse tipo, tenha se mantido surpreendente e construtivamente aberto à sensibilidade popular). E se isso fracassar, então o Estado pode intervir com qualquer tipo de coisa, desde o "comitê de decência" criado pelo prefeito Giuliani[19] para manter sob controle o gosto cultural nova-iorquino até a repressão policial propriamente dita. Não obstante, os interesses são aqui significativos, uma vez que o que está em jogo é determinar quais segmentos da população se beneficiarão mais do capital simbólico coletivo com o qual todos contribuíram, cada um a seu modo, tanto hoje como no passado. Por que deixar a renda de monopólio vinculada a esse capital simbólico ser captada somente pelas multinacionais, ou por um pequeno e poderoso segmento da burguesia local? Até Cingapura, que criou e se apropriou de rendas de monopólio tão impiedosamente e com tanto sucesso ao longo dos anos (sobretudo devido a suas vantagens de lugar e posição), cuidou para que os benefícios fossem amplamente distribuídos para a habitação, saúde e educação.

---

19 Em 2001, o então prefeito de Nova York, Rudolph Giuliani, declarou que estabeleceria um comitê, para impor "padrões de decência" para obras de arte expostas em museus financiadas pela prefeitura da cidade, ao se revoltar com a exibição de uma montagem fotográfica no Museu de Arte do Brooklyn, que representava a Santa Ceia com uma mulher negra nua substituindo Jesus Cristo. [N. E.]

Pelos mesmos motivos exemplificados pela história recente de Barcelona, os campos do conhecimento e do patrimônio cultural, a vitalidade e efervescência da produção cultural, a arquitetura assinada e o cultivo de juízos estéticos particulares tornaram-se poderosos elementos constitutivos do empreendedorismo urbano em muitos lugares (particularmente na Europa). Luta-se para acumular marcas distintivas e capital simbólico coletivo em um mundo altamente competitivo. Mas isso traz em seu rastro todas as questões locais sobre qual memória coletiva, estética e benefícios devem ser priorizados. Os movimentos comunitários de Barcelona reivindicam seu reconhecimento e empoderamento com base no capital simbólico e podem, em decorrência disso, afirmar sua presença política na cidade. São seus bens comuns urbanos que são apropriados com excessiva frequência não apenas pelos empreiteiros, como também pela indústria do turismo. Contudo, a natureza seletiva de tais apropriações pode gerar novas vias de lutas políticas. O inicial apagamento de toda menção ao comércio de escravos na reconstrução da Albert Dock, em Liverpool, gerou protestos da população caribenha excluída e produziu novas solidariedades políticas entre uma população marginalizada. O Memorial do Holocausto, em Berlim, acendeu controvérsias arrastadas há muito tempo. Até monumentos antigos como a Acrópole, cujo significado se poderia pensar que já fosse bem estabelecido, estão sujeitos a contestações[20], as quais podem ter implicações políticas muito amplas, ainda que indiretas. A produção popular de novos bens

---

20 Argyro Loukaki, "Whose Genius Loci: Contrasting Interpretations of the Sacred Rock of the Athenian Acropolis", *Annals of the Association of American Geographers*, 87 (2), p. 306-29, 1997.

comuns urbanos, a concentração de capital simbólico coletivo, a mobilização de memórias e mitologias coletivas e o apelo a tradições culturais específicas são importantes facetas de todas as formas de ação política, tanto de esquerda como de direita.

Considerem-se, por exemplo, os argumentos que rodavam por Berlim quando da reconstrução da cidade depois da reunificação alemã. Todos os tipos de forças divergentes entraram em choque para definir o capital simbólico revelado de Berlim. Berlim, obviamente, pode reivindicar um grau considerável de singularidade com base em seu potencial de mediação entre o Leste e o Oeste. Sua posição estratégica em relação ao desenvolvimento geográfico desigual do capitalismo contemporâneo (com a abertura da antiga União Soviética) lhe confere vantagens óbvias. Mas vem sendo travado também outro tipo de batalha pela identidade, que diz respeito às memórias coletivas, mitologias, história, cultura, estética, tradição. Tratarei apenas de uma dimensão particularmente perturbadora dessa batalha – que não é necessariamente dominante e cuja capacidade de respaldar reivindicações de renda de monopólio no contexto da concorrência global não é, em absoluto, clara ou bem resolvida. Um grupo de arquitetos e planejadores locais (com o apoio de parte do aparelho de Estado local) tentou revalidar as formas arquitetônicas da Berlim dos séculos XVIII e XIX e, em particular, pôr em relevo a tradição arquitetônica de Schinkel, excluindo muitos outros. Isso poderia ser visto como mera questão de preferência estética elitista, mas está carregado de toda uma gama de significados que têm a ver com a memória coletiva, os monumentos, o poder da história e a identidade política da cidade. Também tem a ver com aquele clima de opinião (articulado em uma variedade de discursos) que define quem é ou não berlinense e quem tem direito à cidade em termos estritamente definidos de linhagem ou adesão a valores e crenças específicos. Traz à superfície uma história local e uma herança arquitetônica carregada de conotações nacionalistas e românticas. Em um contexto em que os maus-tratos e a violência contra os imigrantes são muito difundidos, pode até mesmo oferecer uma legitimação tácita a esses comportamentos. A população turca, boa parte da qual é berlinense por nascimento, tem sofrido muitas injúrias e foi praticamente forçada a deixar o centro da cidade. Sua contribuição para Berlim como cidade é ignorada. Além disso, o estilo arquitetônico romântico/nacionalista condiz com uma abordagem tradicional da monumentalidade que replica, em planos contemporâneos (embora sem referência específica e, talvez, sem o saber), inúmeras vezes, os projetos de Albert Speer, desenhados para Hitler na década de 1930, de um Reichstag de aparência monumental.

Felizmente, não é só isso que acontece na busca de um capital coletivo simbólico em Berlim. A reconstrução do Reichstag por Norman Foster, por exemplo, ou o conjunto de arquitetos modernistas internacionais levados por multinacionais (em clara oposição aos arquitetos locais) para tomar a Potsdamer Platz, dificilmente poderia ser considerada compatível com tal proposta. E a resposta romântica local à ameaça do domínio das multinacionais poderia, sem dúvida, acabar sendo apenas um elemento inocente de interesse em uma realização complexa de diferentes marcas de distinção da cidade (afinal, Schinkel é um arquiteto de mérito considerável, e a reprodução de um castelo do século XVIII poderia prestar-se facilmente à disneyficação).

Contudo, o aspecto potencialmente negativo dessa história é de nosso interesse porque mostra claramente como podem acontecer as contradições da renda de monopólio. Se esses projetos mais restritos de estética e práticas discursivas excludentes se tornassem dominantes, seria difícil comercializar livremente o capital coletivo simbólico criado, pois suas qualidades muito especiais o situariam, em grande medida, fora da globalização e dentro de uma cultura política excludente que rejeita boa parte do que é a globalização, retrocedendo para um nacionalismo paroquial, na melhor das hipóteses, e para uma virulenta rejeição de estrangeiros e imigrantes, na pior. Os poderes de monopólio coletivos que estão ao alcance da administração urbana podem ser direcionados para a oposição ao cosmopolitismo banal da globalização multinacional, mas também constituir a base de um nacionalismo localizado. Os termos culturais nos quais a ajuda para que os gregos tentassem resolver seu endividamento foi amplamente rejeitada pela opinião pública alemã sugerem que o estímulo a tal nacionalismo localista podem ter sérias consequências globais. O sucesso na "criação de marca" de uma cidade pode requerer a expulsão ou erradicação de todas as pessoas ou coisas que não sejam adequadas à marca.

O dilema – entre se voltar de vez para a comercialização a ponto de perder os traços distintivos que subjazem às rendas de monopólio ou construir traços distintivos tão especiais a ponto de tornar sua comercialização muito difícil – está sempre presente. Contudo, como no comércio de vinhos, sempre há manobras discursivas implícitas na definição do que é ou não tão especial em um produto, um lugar, uma forma cultural, uma tradição, um legado arquitetônico. As batalhas discursivas tornam-se parte do jogo, e seus defensores (na mídia e no universo acadêmico, por exemplo) conquistam o público e obtêm ajuda financeira, em relação a esses processos. Há muito a ganhar, por exemplo, com o apelo à moda (é interessante observar que, para uma cidade, ser um centro de moda é uma maneira de acumular um considerável capital simbólico coletivo). Os capitalistas são bem conscientes disso e devem, portanto, avançar nas guerras culturais e no mato cerrado do multiculturalismo, da moda e da estética, pois é justamente por esses meios que se extraem rendas de monopólio, ainda que por pouco tempo. E se, como afirmo, a renda de monopólio é sempre um objeto de desejo capitalista, o modo de obtê-la por meio de intervenções nos campos da cultura, da história, do patrimônio histórico, da estética e dos significados deve ser de grande importância para qualquer tipo de capitalista. Coloca-se assim a questão de saber como essas intervenções culturais podem se tornar, elas próprias, uma potente arma na luta de classes.

RENDA DE MONOPÓLIO E ESPAÇOS DE ESPERANÇA

A esta altura, os críticos reclamarão do aparente reducionismo econômico de minha argumentação. Dirão que passo a impressão de afirmar que o capitalismo produz culturas locais, dá forma a significados estéticos e, desse modo, domina as iniciativas locais impedindo o desenvolvimento de qualquer tipo de diferença que não esteja diretamente subordinada à circulação do capital. Não posso evitar esse tipo de leitura, mas seria uma perversão de minha mensagem, pois o que espero ter mostrado ao evocar o conceito de renda de monopólio na lógica da acumulação de capital é que o capital tem meios de extrair excedentes de diferenças locais, de variações culturais locais e de significados estéticos, seja qual for sua origem. Turistas europeus podem hoje desfrutar de excursões pelo Harlem, em Nova York (com um coral de música gospel incluído no pacote), assim como o "turismo da pobreza" oferece visitas às favelas da África do Sul, de Dharavi, em Mumbai, e do Rio de Janeiro. A indústria da música nos Estados Unidos é extremamente bem-sucedida na apropriação da enorme criatividade dos músicos de origem popular e local de todas as tendências (quase invariavelmente em benefício da indústria, e não dos músicos). Mesmo a música politicamente explícita que fale de uma longa história de opressão (inclusive algumas formas de *rap*, *reggae* e *dancehalls* de Kingston) também se tornou mercantilizada. A mercantilização e comercialização de tudo constitui, afinal, uma das marcas características de nossa época.

Mas a renda de monopólio é uma modalidade contraditória. Sua busca leva o capital global a valorizar iniciativas locais distintivas – na verdade, em certos aspectos, quanto mais distintivas e, hoje em dia, quanto mais transgressoras forem essas iniciativas, tanto melhor. Também leva à valorização da singularidade, da autenticidade, da particularidade, da originalidade e de todas as demais dimensões da vida social que são incompatíveis com a homogeneidade pressuposta pela produção de mercadorias. E se a intenção do capital não é destruir totalmente a singularidade que constitui a base da apropriação de rendas de monopólio (e há muitas circunstâncias em que assim o fez e foi severamente condenado por isso), então precisa defender uma forma de diferenciação e permitir o desenvolvimento de uma cultura local divergente e, até certo ponto, incontrolável, que possa ser antagônica a seu próprio bom funcionamento. Pode até mesmo apoiar (ainda que com cautela e, em geral, inquietação) práticas culturais transgressoras – exatamente porque essa é uma maneira de ser original, criativo e autêntico, além de único.

É nesses espaços que os movimentos de oposição podem se formar, mesmo presumindo (como quase sempre é o caso) que esses movimentos já não estejam firmemente arraigados. O problema para o capital é encontrar maneiras de cooptar, classificar, mercantilizar e monetizar essas diferenças e bens culturais o suficiente para se apropriar de suas rendas de monopólio. Dessa forma, o capital frequentemente produz alienação e ressentimento entre os produtores de cultura, que experimentam em primeira mão a apropriação e exploração de sua criatividade e de seus compromissos políticos em benefício econômico de terceiros, do mesmo modo que populações inteiras podem se ressentir por suas histórias e culturas serem exploradas por mercantilização. Para os movimentos de oposição, o problema é entender-se com essa vasta apropriação de seus bens comuns culturais e usar a validação de sua particularidade, singularidade, autenticidade, cultura e significados estéticos de maneiras que abram novas possibilidades e alternativas.

No mínimo, isso significa resistência à ideia de que a autenticidade, criatividade e originalidade são um produto exclusivo da geografia histórica burguesa, e não da geografia histórica da classe trabalhadora, do campesinato ou de outros não capitalistas. Também implica tentar convencer os produtores de cultura contemporâneos a redirecionar sua raiva para a mercantilização, o domínio do mercado e o sistema capitalista em geral. Uma coisa, por exemplo, é ser transgressivo em relação à sexualidade, religião, hábitos sociais e convenções artísticas e arquitetônicas, mas é muito diferente ser transgressivo em relação às instituições e práticas do domínio capitalista que, de fato, penetram mais profundamente nas instituições culturais. As lutas disseminadas mas geralmente fragmentadas que ocorrem entre a apropriação capitalista e a criatividade cultural passada e presente podem levar um segmento da comunidade envolvido com as questões culturais a tomar o partido de uma política oposta ao capitalismo multinacional e favorável a alguma alternativa mais instigante baseada em modalidades diferentes de relações sociais e ecológicas.

Isso não significa que a adesão a valores "puros" de autenticidade e originalidade e uma estética de especificidades de cultura seja um fundamento adequado para uma política oposicionista progressista. Também pode voltar-se facilmente para uma política identitária local, regional ou nacionalista de tipo neofascista, das quais já há um excesso de sinais perturbadores em grande parte da Europa e em outros lugares. Essa é uma contradição central que a esquerda deve enfrentar. Os espaços para uma política transformadora continuam a existir porque o capital não pode se dar o luxo de fechá-los. Eles oferecem oportunidades para a oposição socialista. Podem ser espaço para explorar estilos de vida alternativos, ou mesmo filosofias sociais (assim como Curitiba, Brasil, foi pioneira em ideias sobre sustentabilidade ecológica urbana, conseguindo fama considerável por suas iniciativas). Como a Comuna de Paris em 1871 ou os numerosos movimentos políticos urbanos ao redor do mundo em 1968, eles podem constituir um elemento crucial naquele fermento da revolução que há muito tempo Lenin chamou de "Festa do Povo". Os movimentos fragmentados de oposição à globalização neoliberal, tal como os que se manifestaram em Seattle, Praga, Melbourne, Bangcoc e Nice, e depois mais construtivamente no Fórum Social Mundial de 2001, em Porto Alegre, indicam tal política alternativa. Não é totalmente antagônica à globalização, mas quer que esta se dê em termos muito diferentes. O empenho por certo tipo de autonomia cultural e apoio à criatividade e à diferenciação cultural é um poderoso elemento constitutivo desses movimentos políticos.

Não por acaso, sem dúvida, foi Porto Alegre, e não Barcelona, Berlim, San Francisco ou Milão, que se abriu a essas iniciativas de oposição[21], pois nessa cidade as forças da cultura e da história estão sendo mobilizadas por um movimento político (liderado pelo Partido dos Trabalhadores brasileiro) de modo muito diferente, buscando um tipo de capital coletivo simbólico diferente daquele alardeado pelo Museu Guggenheim, de Bilbao, ou pelo anexo da Tate Gallery, em Londres. As marcas distintivas que vêm sendo acumuladas em Porto Alegre derivam de sua luta para criar uma alternativa à globalização que não tire vantagem das rendas de monopólio em particular nem ceda às pressões do capitalismo multinacional em geral. Concentrando-se na mobilização popular, vem construindo ativamente novas formas culturais e novas definições de autenticidade, originalidade e tradição. É um caminho difícil de trilhar, como vimos

---

21 Rebecca Abers, "Practicing Radical Democracy: Lessons from Brazil", *Plurimondi*, 1 (2), p. 67-82, 1999. Ignacio Ramonet, "Porto Alegre", *Le Monde Diplomatique*, 562 (1), jan. 2001.

em exemplos anteriores, como os notáveis experimentos da Bolonha Vermelha[22] das décadas de 1960 e 1970. O socialismo em uma única cidade não é um conceito viável, mas é nas cidades que as condições para a produção e apropriação de rendas de monopólio são mais concentradas, tanto em termos de investimentos materiais como de movimentos culturais. Nenhuma alternativa à forma contemporânea de globalização surgirá do nada. Terá de vir de uma multiplicidade de espaços locais – espaços urbanos, em particular –, combinando-se em um movimento mais amplo. E é nesses espaços que as contradições enfrentadas pelos capitalistas em sua busca por rendas de monopólio assumem certa importância estrutural. Na tentativa de negociar valores de autenticidade, localidade, história, cultura, memórias coletivas e tradição, abrem espaço para o pensamento e a ação política em que alternativas socialistas podem ser concebidas e perseguidas. O espaço desses bens comuns merece uma intensa exploração e cultivo pelos movimentos de oposição que adotam a causa dos produtores de cultura e da produção cultural como um elemento-chave de sua estratégia política. Há abundantes precedentes históricos para nos orientar na tentativa de mobilizar as forças da alta cultura dessa maneira (o papel do construtivismo nos anos criativos da Revolução Russa, de 1918 a 1926, é apenas um desses exemplos históricos instrutivos). Mas a cultura popular, como é produzida nas relações comuns da vida cotidiana, também é de importância crucial. É onde se encontra um dos espaços fundamentais da esperança

---

22 Bolonha é conhecida como *La Rossa* ("A Vermelha") pelos seus telhados e por ter sido, durante anos, uma das sedes centrais do Partido Comunista Italiano. [N. T.]

de construção de um tipo alternativo de globalização e uma vibrante política antimercantilização: uma política em que as forças progressivas da produção e transformação cultural podem buscar apropriar-se das forças do capital e suprimi-las, e não o contrário.

SEGUNDA PARTE: CIDADES REBELDES

CAPÍTULO 5
REIVINDICANDO A CIDADE PARA A LUTA ANTICAPITALISTA

Se a urbanização é tão crucial para a história da acumulação do capital, e se as forças do capital e seus inumeráveis aliados devem mobilizar-se sem descanso para revolucionar periodicamente a vida urbana, então uma luta de classes de algum tipo, não importa se explicitamente reconhecida como tal, está inevitavelmente envolvida. Isso é assim porque as forças do capital têm de empenhar-se com tenacidade para impor sua vontade em um processo urbano e em populações inteiras que nunca estarão, nem mesmo nas circunstâncias mais favoráveis, sob seu controle total. Segue-se então uma importante questão política estratégica: em que medida devem as lutas anticapitalistas explicitamente se centrar e se organizar no amplo espaço da cidade e do urbano? E, se devem fazê-lo, como e exatamente por quê?

A história das lutas de classe de base urbana é extraordinária. Os sucessivos movimentos revolucionários em Paris de 1789 a 1830 e de 1848 até a Comuna de 1871 constituem o mais óbvio exemplo no século XIX. Os acontecimentos posteriores incluem o Soviete de Petrogrado, as Comunas de Xangai de 1927 e 1967, a Greve Geral de Seattle em 1919, o papel de Barcelona na Guerra Civil Espanhola, o levante de Córdoba em 1969 e as insurreições urbanas mais gerais nos Estados Unidos, na década de 1960, os movimentos de base urbana de 1969 (Paris, Chicago, Cidade do México, Bangcoc e outras, inclusive a chamada "Primavera de Praga" e a ascensão das associações de vizinhos em Madri, que estiveram na linha de frente do movimento antifranquista na Espanha mais ou menos na mesma época). E mais recentemente testemunhamos ecos dessas lutas mais antigas nos protestos contra a globalização em Seattle, em 1999 (seguidos por protestos similares em Quebec, Gênova e muitas outras cidades, como parte de um amplo movimento de globalização alternativa). Mais recentemente, vimos protestos de massas na Praça Tahrir, no Cairo, em Madison, Wisconsin, na Plaza Puerta del Sol, em Madri, na Praça da Catalunha, em Barcelona, e na Praça Sintagma, em Atenas, além de movimentos revolucionários em Oaxaca, no México, em Cochabamba (2000 e 2007) e El Alto (2003 e 2005), na Bolívia, ao lado de manifestações muito diferentes mas igualmente importantes em Buenos Aires, de 2001 a 2002, e em Santiago do Chile (2006 e 2011).

Como a história demonstra, não são apenas centros urbanos singulares que estão envolvidos. Em várias ocasiões, o espírito de protesto e revolta alastrou-se de modo contagioso e extraordinário pelas redes urbanas. O movimento revolucionário de 1848 pode ter começado em Paris, mas o espírito de revolta espalhou-se por Viena, Berlim, Milão, Budapeste, Frankfurt e muitas outras cidades europeias. A revolução bolchevique na Rússia foi acompanhada pela formação de conselhos operários e "sovietes" em Berlim, Viena, Varsóvia, Riga, Munique e Turim, assim como em 1968 Paris, Berlim, Londres, Cidade do México, Bangcoc, Chicago e inumeráveis outras cidades conheceram "dias de fúria" e, em certa medida, uma violenta repressão. O desenrolar da crise urbana da década de 1960, nos Estados Unidos, afetou simultaneamente muitas cidades. E em um momento fascinante, mas muito subestimado da história mundial, em 15 de fevereiro de 2003, milhões de pessoas apareceram simultaneamente nas ruas de Roma (cerca de 3 milhões de pessoas, no que foi considerada a maior manifestação contra guerra em toda a história humana), Madri, Londres, Barcelona, Berlim e Atenas, e em número bem menor, mas nem por isso menos significativo (embora impossível de contar devido à repressão policial), em Nova York e Melbourne, além de milhares de manifestantes em cerca de duzentas cidades da Ásia (com exceção da China), da África e da América Latina, em uma demonstração mundial contra a ameaça de guerra contra o Iraque. Descrito na ocasião como uma das primeiras expressões da opinião pública global, o movimento se diluiu rapidamente, mas legou o sentido de uma rede global urbana prenhe de possibilidades políticas que ainda não foram aproveitadas pelos movimentos progressistas. A onda atual de movimentos liderados por jovens de todo o mundo, de Cairo a Madri ou Santiago – para não mencionar uma rebelião de rua em Londres, seguida pelo movimento "Occupy Wall Street", que começou em Nova York e logo se espalhou por inúmeras cidades norte-americanas, e hoje acontece em cidades do mundo inteiro –, sugere que há algo de político no ar das cidades lutando para se expressar[1].

Duas perguntas surgem desse breve relato dos movimentos políticos urbanos. Será a cidade (ou um sistema de cidades) nada além de um lugar (ou rede preexistente) passivo onde surgem e se expressam correntes mais profundas da luta política?

---

1 A máxima "o ar da cidade liberta" vem da era medieval, quando os burgos com carta de franquia podiam funcionar como "ilhas não feudais em um oceano feudal". Uma descrição clássica é a apresentada por Henri Pirenne (*Medieval Cities*, Princeton, Princeton University Press, 1925).

Na superfície, talvez pareça que sim. Contudo, também fica claro que certas características ambientais urbanas são mais propícias à eclosão de protestos insurgentes – por exemplo, a centralidade de praças como a Tahrir, a da Paz Celestial e a Sintagma, as ruas mais facilmente barricáveis de Paris, se comparadas às de Londres ou Los Angeles, ou a posição de El Alto, controlando as principais rotas de abastecimento para La Paz.

Portanto, o poder político frequentemente procura reorganizar as infraestruturas urbanas e a vida urbana com o objetivo de manter as populações insatisfeitas sob controle. O caso mais famoso é o dos bulevares projetados por Haussmann, em Paris, que mesmo na época já eram vistos como um meio de controle militar dos cidadãos rebeldes. Mas esse caso não é o único. A reengenharia do centro das cidades norte-americanas na esteira dos levantes urbanos da década de 1960 apenas criou barreiras de estradas difíceis de se transpor – fossos, na verdade – entre as cidadelas suburbanas de alto valor e os bairros centrais pobres. As violentas batalhas no esforço de subjugar os movimentos de oposição que foram travadas em Ramallah, na Cisjordânia (empreendidas pelas Forças de Defesa de Israel), e em Fallujah, no Iraque (empreendidas pelo exército dos Estados Unidos), foram cruciais para se repensar as estratégias militares para pacificar, policiar e controlar as populações urbanas. Movimentos de oposição como o Hezbollah e o Hamas, por sua vez, cada vez mais empregam estratégias urbanizadas de revolta. A militarização não é, por certo, a única solução (e, como ficou demonstrado em Fallujah, talvez esteja longe de ser a melhor). Os programas planejados de pacificação das favelas do Rio de Janeiro implicam uma abordagem urbanizada da guerra social e de classes por meio da aplicação de diferentes políticas públicas aos bairros mais problemáticos. De sua parte, o Hezbollah e o Hamas combinam as operações militares de dentro das densas redes de ambientes urbanos com a construção de estruturas alternativas de governança urbana, incorporando tudo, desde a coleta de lixo até o pagamento de pensões alimentícias e a gestão operacional de bairros e comunidades.

Portanto, é evidente que o espaço urbano funciona como uma esfera importante de ação e revolta política. As características atuais de cada lugar são importantes, e a reengenharia física e social e a organização territorial desses lugares são armas nas lutas políticas. Da mesma maneira que, nas operações militares, a escolha e a configuração do campo de batalha desempenham um importante papel para determinar quem será o vencedor, assim se dá com os protestos populares e movimentos políticos nos contextos urbanos[2].

O segundo ponto importante é que os protestos políticos frequentemente avaliam sua eficácia em termos de sua capacidade de interromper a economia urbana. Na primavera de 2006, por exemplo, uma vasta agitação se desenvolveu nos Estados Unidos entre as populações de imigrantes por conta de uma proposta apresentada ao Congresso para criminalizar os imigrantes sem documentos (alguns dos quais já estavam no país há décadas). Os protestos intensos equivaleram ao que seria uma greve dos imigrantes que efetivamente bloqueou a atividade econômica em Los Angeles e Chicago e exerceu sérios impactos em outras cidades. Essa impressionante demonstração do poder político e econômico de imigrantes desorganizados (legais e ilegais) para

---

2 Stephen Graham, *Cities Under Siege: The New Military Urbanism*, Londres, Verso, 2010.

interromper tanto os fluxos de produção quanto os de bens e serviços em importantes centros urbanos foi de grande importância para anular a legislação proposta.

O movimento pelos direitos dos imigrantes surgiu do nada e se caracterizou por uma boa dose de espontaneidade. Mas então desapareceu do dia para a noite, deixando para trás duas conquistas menores, mas talvez significativas, além de barrar a legislação proposta: a formação de uma aliança permanente dos trabalhadores imigrantes e uma nova tradição nos Estados Unidos de comemorar o Primeiro de Maio como um dia de apoio às reivindicações trabalhistas. Embora esta última conquista pareça meramente simbólica, ainda assim ela lembra aos trabalhadores (desorganizados ou não) dos Estados Unidos de sua potencialidade coletiva. Uma das principais barreiras à realização dessa potencialidade também ficou clara no rápido declínio do movimento. Em grande parte de base hispânica, falhou em negociar com a liderança da população afro-americana. Isso abriu caminho para uma verdadeira avalanche de propagandas orquestrada pela mídia de direita, que repentinamente se pôs a chorar lágrimas de crocodilo porque os empregos dos afro-americanos vinham sendo tomados pelos imigrantes ilegais hispânicos[3].

A rapidez e volatilidade com que grandes movimentos de protesto ascenderam e caíram nas últimas décadas demanda algum comentário. Além da manifestação mundial antiguerra de 2003 e da ascensão e queda do movimento pelos direitos dos trabalhadores imigrantes nos Estados Unidos em 2006, há inúmeros

---

3   Kevin Jonson e Hill Ong Hing, "The Immigrants Rights Marches of 2006 and the Prospects for a New Civil Rights Movement", *Harvard Civil Rights-Civil Liberties Law Review*, 42, p. 99-138.

exemplos da trajetória errática e da expressão geográfica desigual dos movimentos de oposição; incluem a rapidez com que as revoltas nos subúrbios franceses em 2005 e as investidas revolucionárias em boa parte da América Latina, da Argentina em 2001 a 2002 à Bolívia em 2000 a 2005, foram controladas e reabsorvidas em forma de práticas capitalistas dominantes. Será que terão poder de permanência os protestos populistas dos *"indignados"* pelo sul da Europa em 2011 e o mais recente movimento Occupy Wall Street? Entender a política e o potencial revolucionário de tais movimentos é um sério desafio. A história de flutuação do movimento antiglobalização e de globalização alternativa desde fins da década de 1990 também sugere que estamos em uma fase muito particular e talvez radicalmente diferente da luta anticapitalista. Formalizado no Fórum Social Mundial e em seus desdobramentos regionais, e cada vez mais ritualizado como manifestações periódicas contra o Banco Mundial, o FMI, o G7 (agora G20), ou em quase qualquer congresso internacional sobre qualquer questão (desde mudanças climáticas até racismo e igualdade de gênero), esse movimento é difícil de ser definido, por se tratar muito mais de "um movimento de movimentos" do que de uma organização focada em um único objetivo[4]. Isso não significa que as formas tradicionais de organização da esquerda (partidos políticos de esquerda e grupos militantes, sindicatos e movimentos ambientais ou sociais militantes, como os maoístas na Índia ou o movimento de

---

4 Thomas Mertes (org.), *A Movement of Movements*, Londres, Verso, 2004. Sara Motta e Alf Gunvald Nilson (orgs.), *Social Movements in the Global South: Dispossession, Development and Resistance*, Basingstoke, Palgrave MacMillan, 2011.

camponeses sem-terra no Brasil) tenham desaparecido. Mas hoje todas parecem boiar em um oceano mais difuso de movimentos de oposição que carecem de coerência política em termos gerais.

MUDANÇAS DE PERSPECTIVAS DA ESQUERDA SOBRE AS LUTAS ANTICAPITALISTAS

A questão principal que quero discutir aqui é a seguinte: será que as manifestações urbanas de todos esses movimentos distintos são algo além de meros efeitos colaterais das aspirações humanas globais, cosmopolitas, ou mesmo universais, que não têm nada a ver especificamente com as peculiaridades da vida urbana? Ou há alguma coisa no processo urbano e na experiência urbana – as qualidades da vida urbana cotidiana – sob o capitalismo que, em si mesma, tenha potencial para fundamentar as lutas anticapitalistas? Se assim for, o que constitui esse fundamento e como pode ser mobilizado e usado para desafiar os poderes políticos e econômicos do capital, juntamente com suas práticas ideológicas hegemônicas e seu poderoso controle das subjetividades políticas (esta última questão é, a meu ver, crucial)? Em outras palavras, as lutas na cidade e sobre ela, bem como sobre as qualidades e perspectivas da vida urbana, devem ser consideradas fundamentais para a política anticapitalista?

Não direi aqui que a resposta a essa pergunta seja "obviamente sim". Afirmo, porém, que tal pergunta é inerentemente válida.

Para muitos na esquerda tradicional (o que para mim significa principalmente partidos políticos socialistas e comunistas e a maioria dos sindicatos), a interpretação da geografia histórica dos movimentos políticos urbanos vem sendo prejudicada por suposições políticas e táticas apriorísticas que conduzem a uma subestimação e incompreensão da potência desses movimentos para deflagrar uma mudança não apenas radical, mas revolucionária. Os movimentos sociais urbanos são constantemente vistos como algo, por definição, separado ou subordinado às lutas de classe e anticapitalistas que têm raízes na exploração e alienação do trabalho vivo na produção. Se é que os movimentos sociais urbanos chegam a ser, de fato, levados em consideração, são tipicamente interpretados como meros desdobramentos ou desvios dessas lutas mais fundamentais. Na tradição marxista, por exemplo, as lutas urbanas tendem a ser ignoradas ou repudiadas como desprovidas de potencial ou importância revolucionária. Essas lutas são interpretadas como algo voltado mais para questões de reprodução do que de produção, ou sobre direitos, soberania e cidadania, e, portanto, não sobre classe. Nos termos dessa argumentação, o movimento dos trabalhadores imigrantes desorganizados em 2006 era basicamente para reivindicar direitos, e não a revolução.

Quando uma batalha que se estende por toda uma cidade adquire um *status* revolucionário icônico, como no caso da Comuna de Paris, de 1871, ela é reivindicada (primeiro por Marx, e depois mais enfaticamente por Lenin) como uma "insurreição proletária"[5], e não como um movimento revolucionário muito mais complexo – animado tanto pelo desejo de reclamar a própria cidade de sua apropriação burguesa como pela almejada liberação dos trabalhadores do serviço penoso que lhes é imposto pela opressão de classe em seus locais de trabalho. Considero simbólico que as duas primeiras ações da Comuna de Paris

---

5 Karl Marx e Vladimir Lenin, *The Civil War in France: The Paris Commune*, Nova York, International Publishers, 1989.

tenham sido a abolição do trabalho noturno nas padarias (uma questão trabalhista) e a imposição de uma moratória aos aluguéis (uma questão urbana). Portanto, os grupos tradicionais de esquerda podem ocasionalmente tomar a frente em lutas de base urbana, mesmo quando procuram interpretá-las a partir de sua tradicional perspectiva trabalhista. O Socialist Workers Party inglês, por exemplo, liderou a bem-sucedida luta contra o imposto comunitário *per capita* de Thatcher na década de 1980 (uma reforma das finanças do governo local que atingiria duramente os mais pobres). A derrota de Thatcher nessa disputa provavelmente teve um papel significativo em sua queda.

A luta anticapitalista, no sentido marxista formal, é fundamental e apropriadamente interpretada como sendo relativa à abolição da relação de classe entre capital e trabalho na produção que permite a produção e apropriação da mais-valia pelo capital. O objetivo último da luta anticapitalista é a abolição dessa relação de classe e de tudo que a acompanha, pouco importando onde ocorra. Na superfície, esse objetivo revolucionário parece não ter nada a ver com a urbanização em si. Mesmo quando essa luta deva ser vista, como invariavelmente deve, através das perspectivas de povos, etnia, sexualidade e gênero, e mesmo quando ela se desenrola mediante conflitos urbanos interétnicos, raciais ou de gênero nos espaços vitais da cidade, a concepção fundamental é que uma luta anticapitalista deve, em última análise, chegar às entranhas do sistema capitalista e extirpar o tumor canceroso das relações de classe na produção.

Seria uma caricatura realista dizer que os movimentos da classe operária em geral sempre privilegiaram os trabalhadores industriais do mundo como agentes de vanguarda nessa missão. Nas versões revolucionárias marxistas, essa vanguarda conduz a luta de classes pela ditadura do proletariado a uma terra prometida em que Estado e classes deixariam de existir. Também é uma caricatura fidedigna dizer que as coisas nunca funcionaram desse modo.

Marx argumentava que as relações de dominação de classe na produção tinham de ser deslocadas pelos trabalhadores organizados no controle de seus próprios processos e projetos de produção. Essa concepção corresponde a uma longa história de anseio político de controle pelos trabalhadores, autogestão, cooperativas de trabalhadores etc[6]. Essas lutas não decorrem necessariamente de nenhuma tentativa consciente de seguir as prescrições teóricas de Marx (na verdade, as últimas quase certamente refletem as primeiras), nem eram necessariamente interpretadas na prática como alguma estação intermediária na jornada para uma reconstrução revolucionária radical da ordem social. O mais comum é que decorram de uma intuição básica, à qual os próprios trabalhadores chegaram, em muitos lugares e épocas diferentes, de que seria muito mais justo, menos repressivo e mais de acordo com seu próprio senso de autoestima e dignidade pessoal regular suas próprias relações sociais e atividades produtivas em vez de se submeter aos ditames opressivos de um patrão frequentemente despótico que exige que empreguem irrestritamente sua capacidade em um trabalho alienado. Mas as tentativas de mudar o mundo pelo controle dos trabalhadores e movimentos análogos – como os projetos de propriedade comunitária, a chamada economia "moral" ou "solidária",

---

6 Mario Tronti, "Workers and Capital", in *Libcom.org*, publicado em italiano em 1971.

os sistemas econômicos e mercantis locais, a troca, a criação de espaços autônomos (dos quais o mais famoso atualmente seria o dos zapatistas) – não se mostraram até agora viáveis como modelos para soluções anticapitalistas mais globais, a despeito dos nobres esforços e sacrifícios que frequentemente têm mantido esses esforços em movimento diante de hostilidades impiedosas e repressões truculentas[7].

O principal motivo do fracasso em longo prazo dessas iniciativas em agregar-se a alguma alternativa global ao capitalismo é bem simples. Todas as empresas que operam em uma economia capitalista estão sujeitas às "leis coercitivas da concorrência", que fundamentam as leis capitalistas da produção e realização de valor. Se alguém criar um produto igual ao meu, mas a um menor preço, ou eu abandono a criação e comercialização desse produto, ou adapto minhas práticas de produção de modo a aumentar minha produtividade, ou reduzo os custos de minha mão de obra, dos bens intermediários e das matérias-primas. Ainda que empresas pequenas e periféricas possam trabalhar fora do radar e além do alcance das leis de concorrência (adquirindo o *status* de monopólios locais, por exemplo), a maioria não pode. Então as empresas controladas pelos trabalhadores ou as cooperativas tendem a imitar, em algum momento, suas concorrentes capitalistas, e, quanto mais o fizerem, menos diferenciadas se tornarão suas práticas. Na verdade, pode muito bem acontecer de os trabalhadores acabarem em um estado de autoexploração coletiva, em tudo tão repressivo quanto o que o capital lhes impõe.

---

7   Immanuel Ness e Dario Azzelini (orgs.), *Ours to Master and to Own: Workers' Control from the Commune to the Present*, Londres, Haymarket Books, 2001.

Além disso, como Marx também expõe no segundo volume d'*O Capital*, a circulação do capital compreende três processos distintos: o do dinheiro, o produtivo e o das mercadorias[8]. Nenhum processo circulatório pode sobreviver, ou mesmo existir, sem os outros: eles se misturam e se codeterminam mutuamente. O controle dos trabalhadores ou coletivos comunitários em unidades de produção relativamente periféricas raramente consegue sobreviver – apesar de toda a esperançosa retórica autonomista, autogestionária e anarquista – diante de um ambiente financeiro e um sistema de crédito hostis e das práticas predatórias do capital mercantil. O poder do capital financeiro e do capital mercantil (o fenômeno Wal-Mart) vem ressurgindo com vigor nos últimos anos (tema que tem sido muito negligenciado pela teorização de esquerda). O que fazer com esses outros processos de circulação e com as forças de classe que se cristalizam em torno deles torna-se, assim, uma parte bastante significativa do problema. São essas, afinal, as forças primordiais pelas quais opera a inexorável lei da determinação capitalista de valor.

A conclusão teórica que se segue é flagrantemente óbvia. A abolição da relação de classe na produção depende da abolição dos poderes de que a lei capitalista do valor dispõe para ditar as condições da produção por meio do livre-comércio no mercado mundial. A luta anticapitalista não deve apenas organizar-se e reorganizar-se no processo de trabalho, por mais fundamental que seja. Deve também encontrar uma alternativa política e social à operação da lei capitalista de valor no âmbito do

---

8 Karl Marx, op. cit., 1978, v. 2. David Harvey, *A Companion to Marx's Capital*, Verso, no prelo, v. 2.

mercado mundial. Embora o controle dos trabalhadores ou os movimentos comunitários possam surgir de intuições concretas de pessoas coletivamente engajadas na produção e no consumo, contestar as operações da lei capitalista de valor na esfera mundial requer um entendimento teórico das inter-relações macroeconômicas, juntamente com uma forma diferente de sofisticação técnica e organizacional. Isso apresenta o difícil problema de desenvolver uma habilidade política e organizacional de mobilizar e controlar a organização das divisões internacionais do trabalho e das práticas e relações de troca no mercado mundial. A dissociação dessas relações, como alguns propõem hoje, beira o impossível por muitas razões. Primeiro, a dissociação aumenta a vulnerabilidade à escassez de alimentos e às catástrofes, tanto sociais como as ditas naturais. Segundo, a administração eficaz e a sobrevivência quase sempre dependem da disponibilidade de meios de produção sofisticados. Por exemplo, a habilidade para coordenar os fluxos ao longo de uma cadeia de produção de mercadoria em um coletivo de trabalhadores (das matérias-primas aos produtos finais) depende da disponibilidade de fontes de energia e tecnologias, como eletricidade, telefones celulares, computadores e internet, que provêm desse mundo em que predominam as leis capitalistas de criação e circulação de valor.

Diante dessas dificuldades óbvias, muitas forças da esquerda tradicional voltaram-se historicamente para a conquista do poder de Estado como objetivo principal. Esses poderes poderiam então ser usados para regulamentar e controlar os fluxos de capital e dinheiro, para instituir sistemas de trocas não mercantis (e não mercantilizados) por meio do planejamento racional e para criar uma alternativa às leis capitalistas de determinação de valor mediante reconstruções organizadas e conscientemente planejadas da divisão internacional do trabalho. Incapazes de fazer esse sistema funcionar globalmente, os países comunistas criados a partir da Revolução Russa optaram por isolar-se do mercado mundial capitalista tanto quanto fosse possível. O fim da Guerra Fria, o colapso do Império Soviético e a transformação da China em uma economia que plena e vitoriosamente abraçou a lei de valor capitalista resultaram em uma rejeição total dessa estratégia anticapitalista particular como um caminho viável para a construção do socialismo. A ideia centralmente planejada e mesmo social-democrata de que o Estado poderia até oferecer proteção contra as forças do mercado mundial por meio do protecionismo, da substituição de importações (como na América Latina na década de 1960, por exemplo), das políticas fiscais e outros arranjos de bem-estar social foi abandonada pouco a pouco à medida que os movimentos contrarrevolucionários neoliberais ganharam forças para dominar os aparelhos de Estado a partir de meados da década de 1970[9].

A funesta experiência histórica do stalinismo e do comunismo centralmente planejado, do modo como foram realmente praticados, e do fracasso definitivo do reformismo e protecionismo social-democrata em resistir ao crescente poder do capital para controlar o Estado e ditar suas diretrizes políticas levou boa parte da esquerda contemporânea a concluir que ou a "demolição do Estado" é um precursor necessário à transformação revolucionária, ou que a organização de uma produção autonomamente dentro do Estado é o único caminho viável para a

---

9 David Harvey, op. cit., 2005.

mudança revolucionária. Assim, o ônus político transfere-se, então, para alguma forma de controle operário, comunitário ou local. O pressuposto é que o poder opressivo do Estado pode "declinar" à medida que movimentos de oposição de diferentes tipos – ocupações de fábricas, economias solidárias, movimentos coletivos autônomos, cooperativas agrícolas etc. – adquirem impulso na sociedade civil. Isso equivale ao que se poderia chamar de uma "teoria de cupim" da mudança revolucionária: corroer os apoios institucionais e materiais do capital até que entrem em colapso. Esse não é um termo depreciativo. Os cupins podem infligir danos terríveis, na maioria das vezes sem ser detectados facilmente. O problema não é falta de potencial efetividade; o que acontece é que, assim que o dano ocasionado torna-se demasiado óbvio e ameaçador, o capital pode e se predispõe a chamar os exterminadores (os poderes do Estado) para lidar com o problema. A única esperança, então, é que os exterminadores se voltem contra seus senhores (como aconteceu algumas vezes no passado) ou sejam derrotados – um resultado bastante improvável, a não ser em circunstâncias específicas como as do Afeganistão – no decorrer de um conflito militar. Infelizmente, não há nenhuma garantia de que o tipo de sociedade que então emergiria seria menos bárbaro do que aquele que substituiria.

As opiniões ao longo de todo o amplo espectro da esquerda sobre o que vai funcionar e como são ferozmente mantidas e defendidas (muitas vezes com grande rigor e dogmatismo). Desafiar qualquer tipo específico de pensamento e ação costuma provocar respostas afrontosas. Toda a esquerda vive atormentada por um exaustivo "fetichismo da forma organizacional". A esquerda tradicional (de orientação comunista e socialista) geralmente adotava e defendia alguma forma de centralismo democrático (nos partidos políticos, sindicatos etc.). Hoje, porém, os princípios são geralmente avançados – como "horizontalidade" e a "não hierarquia" – ou concepções de democracia radical e governança dos bens comuns, que podem funcionar para pequenos grupos, mas são impossíveis de se operacionalizar na escala de uma região metropolitana, para não falar dos 7 bilhões de pessoas que hoje habitam o planeta Terra. Prioridades programáticas são dogmaticamente articuladas, como a abolição do Estado, como se nenhuma forma alternativa de governança territorial jamais viesse a ser necessária ou valiosa. Até mesmo o venerável anarquista social e antiestatista Murray Bookchin, com sua teoria do confederalismo, defende categoricamente a necessidade de alguma governança territorial, sem a qual os zapatistas, para tomar um exemplo recente, certamente teriam se deparado com a morte e a derrota: apesar de sua estrutura organizacional ser em geral falsamente apresentada como totalmente não hierárquica e "horizontalista", eles tomam decisões por meio de delegados e oficiais democraticamente eleitos[10]. Outros grupos concentram seus esforços na recuperação de noções antigas e autóctones sobre os direitos da natureza, ou insistem que questões de gênero, racismo, anticolonialismo ou autoctonia devem ser priorizadas, se não opostas, à busca de uma política anticapitalista. Tudo isso conflita com a autopercepção dominante nesses movimentos sociais, que tende a acreditar que não existe uma teoria organizacional norteadora ou predominante, mas apenas um conjunto de

---

10 Murray Bookchin, op. cit., 1992.

práticas intuitivas e flexíveis que surgem "naturalmente" de determinadas situações. A esse respeito, como veremos, não estão totalmente equivocados.

Como se isso não bastasse, no mundo inteiro há uma ausência evidente de propostas concretas que sejam consensuais e busquem reorganizar as divisões do trabalho e das transações econômicas (monetizadas?) para que se possa manter um nível de vida razoável para todos. Na verdade, esse problema é quase sempre indiferentemente ignorado. Como diz um destacado pensador anarquista, David Graeber, ecoando as reservas de Murray, apresentadas acima:

> As bolhas temporárias de autonomia devem transformar-se aos poucos em comunidades livres e permanentes. Para fazê-lo, porém, essas comunidades não podem existir em total isolamento; tampouco podem ter uma relação de puro confronto com todos os que vivem no seu entorno. Precisam encontrar alguma maneira de se comprometer com relações com os sistemas econômicos, sociais ou políticos de maior amplitude que as cercam. Essa é a questão mais intricada, pois se provou extremamente difícil para quem se organiza em linhas radicalmente democráticas integrar-se de qualquer modo significativo em estruturas mais amplas sem ter de fazer infinitas concessões em tudo o que diz respeito a seus princípios fundamentais[11].

---

11 David Graeber, *Direct Action: An Ethnography*, Oakland, AK Press, 2009, p. 239. Cf. também Ana Dinerstein, Andre Spicer e Steffen Bohm, "The (Im)possibilities of Autonomy, Social Movement in and Beyond Capital, the State and Development", *Non-Governmental Public Action Program, Working Papers*, London School of Economics and Political Science, 2009.

CIDADES REBELDES

Em nosso momento histórico, os processos caóticos de destruição criativa capitalista já reduziram evidentemente o coletivo restante a um estado de incoerência dinâmica, ainda que fragmentada, mesmo quando erupções periódicas de movimentos maciços de protesto e a corrosiva ameaça da "política de cupim" sugerirem que as condições objetivas para um rompimento mais radical com a lei capitalista do valor estão mais que maduras para a colheita.

No cerne de tudo isso, porém, encontra-se um dilema estrutural bastante simples: como pode a esquerda unir a necessidade de se comprometer ativamente, mas também criar uma alternativa às leis capitalistas de determinação de valor no mercado mundial ao mesmo tempo que facilita a capacidade de os trabalhadores organizados administrarem e decidirem democrática e coletivamente o que irão produzir e como. Essa é a tensão dialética central que até agora escapou à ambiciosa apreensão dos movimentos anticapitalistas alternativos[12].

---

12 Mondragon é um dos casos mais instrutivos de autogestão operária que sobreviveu ao teste do tempo. Fundada em 1956 durante o regime fascista como uma cooperativa de trabalhadores no País Basco, possui hoje cerca de duzentas empresas em toda a Espanha e na Europa. Na maioria dos casos, a diferença de remuneração entre os cooperados limita-se à relação 3:1, comparada a uma relação 400:1 na maior parte das empresas norte-americanas (ainda que nos últimos anos, na Mondragon, essas proporções tenham subido, em alguns casos, para 9:1). A corporação opera nos três circuitos do capital, tendo criado instituições de crédito e pontos de varejo a preços de fábrica, além de unidades de produção. Esse talvez seja um dos motivos de sua sobrevivência. Os críticos de esquerda reclamam de sua falta de solidariedade com as lutas trabalhistas em termos gerais, e chamam atenção para algumas práticas exploradoras de subcontratação e medidas de eficiência interna, necessárias para manter a competitividade da corporação. Mas se todas as empresas capitalistas fossem desse tipo, estaríamos vivendo em um mundo muito diferente. Não se pode menosprezá-la facilmente. Cf. George Cheney, *Values at Work: Employee Participation Meets Market Pressure at Mondragon*, Ithaca, ILR Press, 1999.

DAVID HARVEY

ALTERNATIVAS

Se um movimento anticapitalista viável aparecer, então será preciso reavaliar as estratégias anticapitalistas passadas e presentes. Não é apenas vital dar um passo atrás e refletir sobre o que pode e deve ser feito, quem o fará e onde. Também é vital conciliar os princípios e as práticas organizacionais preferidos com a natureza das batalhas políticas, sociais e técnicas que têm de ser travadas e vencidas. Quaisquer soluções, formulações, formas de organização e agendas políticas propostas devem oferecer respostas a três questões fundamentais:

1. A primeira diz respeito ao esmagador empobrecimento material de grande parte da população mundial, junto com a concomitante frustração do potencial do pleno desenvolvimento das capacidades e forças criativas humanas. Marx foi, acima de tudo, um grande filósofo do desenvolvimento humano, mas reconhecia que isso só seria possível naquele "reino de liberdade que começa quando se deixa para trás o reino da necessidade". Os problemas da acumulação global da pobreza não podem ser enfrentados – deveria ser óbvio – sem o enfrentamento do obsceno acúmulo global de riqueza. As organizações contra a pobreza precisam se comprometer com uma política contra a riqueza e com a construção de relações sociais alternativas às que são dominantes no capitalismo.

2. A segunda questão decorre dos claros e iminentes perigos da degradação ambiental e das transformações ecológicas descontroladas. Isso também não é apenas uma questão material, mas também espiritual e moral de transformar a concepção humana da natureza e sua relação material com ela. Não

existe uma maneira de se resolver essa questão por meios exclusivamente tecnológicos. É preciso que haja mudanças significativas no estilo de vida (por exemplo, reparar os impactos políticos, econômicos e ambientais dos últimos setenta anos de suburbanização), assim como grandes modificações no consumismo, produtivismo e arranjos institucionais.

3. O terceiro conjunto de questões, que constitui a base dos dois primeiros, deriva de uma compreensão histórica e teórica da inegável trajetória do desenvolvimento capitalista. Por muitas razões, o crescimento composto é uma condição absoluta para a contínua acumulação e reprodução do capital. Essa é a socialmente construída e historicamente determinada lei da acumulação infinita do capital, que deve ser mudada e eventualmente abolida. O crescimento composto (digamos, a um mínimo inalterável de 3%) é uma impossibilidade cabal. O capital chegou a um ponto de inflexão (que é diferente de um impasse) em sua longa história, em que essa impossibilidade imanente começa a ser percebida. Qualquer alternativa anticapitalista tem de abolir o poder da lei capitalista do valor na regulação do mercado mundial. Isso requer a abolição da relação de classe dominante que sustenta e impõe a eterna expansão da produção e realização da mais-valia. E é essa relação de classe que produz as distribuições cada vez mais desiguais de riqueza e poder, junto com a eterna síndrome de crescimento que exerce uma pressão destrutiva tão imensa sobre as relações sociais e os ecossistemas globais.

Como, então, as forças progressistas podem se organizar para resolver esses problemas, e como a até agora evasiva dialética dos imperativos duais do controle localizado do trabalhador e das coordenadas globais pode ser administrada? É nesse contexto que gostaria de retomar a questão fundamental desta investigação: os movimentos sociais de base urbana podem desempenhar um papel construtivo e deixar sua marca na luta anticapitalista nessas três dimensões? A resposta depende em parte de algumas reconceitualizações fundamentais da natureza das classes e da redefinição do terreno da luta de classes.

A concepção de controle pelos trabalhadores que até aqui dominou o pensamento político da esquerda alternativa é problemática. O foco da luta tem incidido sobre a oficina e a fábrica como espaço privilegiado da produção de mais-valia. A classe trabalhadora industrial tem sido tradicionalmente privilegiada como a vanguarda do proletariado, seu principal agente revolucionário. Mas não foram os trabalhadores fabris que geraram a Comuna de Paris. Por essa razão, há uma concepção dissidente e influente sobre a Comuna segundo a qual não se tratava absolutamente de um levante proletário ou de um movimento de classe, mas de um movimento social urbano que reivindicava os direitos de cidadania e o direito à cidade. Não seria, portanto, anticapitalista[13].

Não vejo razão alguma para não entendê-la como uma luta ao mesmo tempo de classes e pelos direitos de cidadania no lugar onde as pessoas trabalhadoras viviam. Para começar, a dinâmica da exploração de classe não se restringe ao local de trabalho. Todo um conjunto de economias da expropriação e

---

13 Manuel Castells, *The City and the Grassroots*, Berkeley, University of California Press, 1933. Roger Gould, *Insurgent Cities: Class, Community, and Protest in Paris from 1848 to the Commune*, Chicago, University of Chicago Press, 1995. Cf. minha refutação desses argumentos em *Paris, Capital of Modernity* (op. cit., 2003).

de práticas predatórias, como as dos mercados imobiliários descritas no Capítulo 2, constitui um caso a ser levado em consideração. Essas formas secundárias de exploração são basicamente organizadas por comerciantes, proprietários de terras e financistas, e seus efeitos são basicamente sentidos no local onde se vive, e não na fábrica. Essas formas de exploração são e sempre foram vitais para a dinâmica geral da acumulação de capital e para a perpetuação do poder de classe. As concessões salariais aos trabalhadores podem, por exemplo, ser roubadas e recuperadas para a classe capitalista como um todo pelos comerciantes e proprietários e, nas condições atuais, mais impiedosamente ainda pelos agiotas, banqueiros e financistas. As práticas de acumulação por desapropriação, apropriação de rendas, pela extorsão de dinheiro e vantagens encontram-se no âmago de muitos dos descontentamentos que se relacionam às qualidades da vida cotidiana para a massa da população. Os movimentos sociais urbanos costumam mobilizar-se nessas questões, que decorrem do modo como a perpetuação do poder de classe se organiza em torno do estilo de vida e do trabalho. Portanto, os movimentos sociais urbanos sempre têm um conteúdo de classe mesmo quando são primariamente articulados em termos de direitos, cidadania e labuta da reprodução social.

O fato de esses descontentamentos terem a ver com ciclos de mercadorias e dinheiro, e não com os de produção, não tem nenhuma importância: na verdade, é uma grande vantagem teórica reconceitualizar as questões dessa maneira, porque assim concentra-se a atenção nos aspectos da circulação do capital que tão frequentemente são os grandes vilões contra as tentativas de controle da produção pelos trabalhadores. Já que o que importa é a circulação do capital no todo (e não simplesmente o que acontece no circuito produtivo), o que importa para o conjunto da classe capitalista se o valor é extraído dos circuitos comercial e monetário, e não diretamente do circuito produtivo? A lacuna entre o lugar onde se produz a mais-valia e aquele onde ela se realiza é crucial tanto na teoria quanto na prática. O valor criado na produção pode ser recuperado dos trabalhadores em benefício da classe capitalista por aluguéis altos cobrados pelos proprietários.

Em segundo lugar, a própria urbanização é produzida. Milhares de trabalhadores participam de sua produção, e seu trabalho gera valor e mais-valia. Por que, então, não se concentrar na cidade, em vez de na fábrica, como principal lugar de produção de mais-valia? A Comuna de Paris pode então ser reconceitualizada como uma luta desse proletariado que produziu a cidade reivindicando o direito de ter e controlar o objeto de sua produção. Esse é (e assim foi no caso da Comuna de Paris) um tipo muito diferente de proletariado ao qual grande parte da esquerda atribuiu quase sempre o papel de vanguarda, caracterizado pela insegurança, pelo emprego episódico, temporário e espacialmente difuso, além de muito difícil de se organizar por local de trabalho. Mas neste momento da história, nas partes do mundo caracterizadas como de capitalismo avançado, o proletariado fabril convencional foi radicalmente diminuído. Então agora temos de fazer uma escolha: lamentar a perda da possibilidade de uma revolução porque aquele proletariado desapareceu ou mudar nossa concepção de proletariado para incluir as hordas não organizadas de produtores da urbanização (do tipo que se mobilizava nas marchas pelos direitos dos imigrantes) e explorar suas capacidades e forças revolucionárias específicas.

Quem são, portanto, esses trabalhadores que criam a cidade? Os construtores das cidades, os trabalhadores da construção civil em particular, são os candidatos mais evidentes, ainda que não constituam a única nem a maior força de trabalho envolvida. Como força política, nos últimos tempos os trabalhadores da construção civil apoiaram com demasiada frequência, nos Estados Unidos (e possivelmente em outros países), o desenvolvimentismo classista e em grande escala que os mantém empregados. Mas não é imprescindível que as coisas sejam assim. Os pedreiros e construtores que Haussmann levou a Paris desempenharam um importante papel na Comuna. O movimento Green Ban, da Federação de Trabalhadores da Construção, em Nova Gales do Sul, Austrália, no começo da década de 1970, proibia o trabalho em projetos que considerasse prejudiciais ao meio ambiente, e foi bem-sucedido em muitas de suas ações. No fim, o movimento foi destruído por uma combinação entre o poder do Estado e sua própria liderança maoista nacional, que considerava as questões ambientais uma manifestação piegas de sentimentalidade burguesa[14].

Mas há uma evidente conexão entre os que extraem o minério de ferro das minas que participa da produção do aço que vai para a construção das pontes pelas quais trafegam os caminhões cheios de mercadorias para consumo até seu destino final, sejam fábricas ou residências. Todas essas atividades (inclusive o movimento espacial) são produtoras de valor e mais-valia. Se o

---

14 John Tully, "Green Bans and the BLF: The Labour Movement and Urban Ecology", *International Viewpoint*, IV (357), mar. 2004.

capitalismo se recupera frequentemente de suas crises, como já vimos, "construindo casas e enchendo-as de coisas", fica claro que todos os que participam dessa atividade urbanizadora têm um papel crucial a desempenhar na dinâmica macroeconômica da acumulação de capital. E se a manutenção, os consertos e as substituições (em geral difíceis de distinguir na prática) fazem parte do fluxo de produção de valor (como asseverava Marx), o grande exército de trabalhadores que participam dessas atividades em nossas cidades também contribui para a produção de valor e de mais-valia. Em Nova York, milhares de trabalhadores passam o dia ocupados em armar e desarmar andaimes. Eles estão produzindo valor. Além disso, se o fluxo de mercadorias do lugar de origem até o destino final produz valor, como Marx também insiste, o mesmo se pode dizer dos trabalhadores empregados na cadeia alimentar que liga os produtores rurais aos consumidores urbanos. Milhares de caminhões de transporte atravancam as ruas de Nova York todos os dias. Organizados, esses trabalhadores teriam o poder de estrangular o metabolismo da cidade. As greves dos trabalhadores do setor de transportes (como na França, nos últimos vinte anos, e agora em Xangai) são armas políticas extremamente eficazes (insidiosamente usadas no Chile no golpe de 1973). O Sindicato dos Motoristas de Ônibus de Los Angeles e a organização dos taxistas em Nova York e Los Angeles são exemplos de organização nessas dimensões[15]. Quando a população rebelde de El Alto cortou as principais linhas

---

15 Michael Wines, "Shanghai Truckers' Protest Ebbs with Concessions Won on Fees", *New York Times*, 23 abr. 2011. Jacqueline Levitt e Gary Blasi, "The Los Angeles Taxi Workers Alliance", in Ruth Milkman, Joshua Bloom e Victor Navarro (orgs.), *Working for Justice: The LA Model of Organizing and Advocacy*, Ithaca, Cornell University Press, 2010, p. 109-24.

de abastecimento para La Paz, obrigando a burguesia a viver de sobras, seu objetivo político não demorou a ser alcançado. De fato, é nas cidades que as classes abastadas são mais vulneráveis, não necessariamente enquanto pessoas, mas quanto ao valor dos bens que controlam. É por esse motivo que o Estado capitalista se prepara continuamente para lutas urbanas militarizadas como linha de frente da luta de classes nos próximos anos.

Consideremos os fluxos não apenas de alimentos e outros bens de consumo, mas também de energia, água e outras necessidades básicas, bem como sua vulnerabilidade a perturbações da ordem. Ainda que parte da produção e reprodução da vida urbana possa ser "descartada" (um termo infeliz) como "improdutiva" no cânone marxista, continua a ser socialmente necessária como parte dos falsos custos da reprodução das relações de classe entre capital e trabalho. Em grande parte, esse trabalho sempre foi temporário, inseguro, itinerante e precário; e é muito comum que camufle o suposto limite entre produção e reprodução (como no caso dos vendedores de rua). Novas formas de organização são absolutamente necessárias para essa força de trabalho que produz e, com igual importância, reproduz a cidade. É nesse ponto que entram organizações recentes, como o Congresso dos Trabalhadores Excluídos nos Estados Unidos, que é uma aliança de trabalhadores caracterizada por condições de trabalho temporárias e inseguras, os quais frequentemente, como no caso dos trabalhadores domésticos, estão espacialmente dispersos por uma região metropolitana[16].

---

16 Excluded Workers Congress, *Unity for Dignity: Excluded Workers Report*, Nova York, Excluded Workers Congress e Inter-Alliance Dialogue, dez. 2010.

A história das lutas trabalhistas convencionais – e este é meu terceiro ponto fundamental – também precisa ser reescrita. Quando examinada mais de perto, a maioria das lutas travadas por trabalhadores fabris demonstra ter uma base muito mais ampla. Margaret Kohn, por exemplo, lamenta como os historiadores esquerdistas do movimento trabalhista exaltam os Conselhos de Fábrica de Turim dos primórdios do século XX ao mesmo tempo que ignoram por completo as Casas do Povo na comunidade em que se formulava grande parte de sua política, e de onde fluíram poderosas correntes de suporte logístico[17]. E. P. Thompson mostra como a formação da classe trabalhadora inglesa dependia tanto do que acontecia nas capelas e nos bairros como nos locais de trabalho. Os conselhos de comércio locais desempenharam um papel muito subestimado na organização política britânica, e constantemente garantiram a base militante de um nascente Partido Trabalhista e de outras organizações de esquerda em determinados vilarejos e cidades de maneiras ignoradas pelo movimento sindical nacional[18]. Que sucesso teriam tido as ocupações grevistas de Flint, de 1937, não fossem as massas de desempregados e as organizações comunitárias diante dos portões, oferecendo apoio moral e material infalível aos grevistas?

A organização das áreas vicinais tem sido tão importante para manter as lutas trabalhistas quanto a organização do local de trabalho. Um dos arrimos das ocupações de fábricas na Argentina que se seguiram ao colapso de 2001 foi o fato de que as fábricas cooperativamente administradas também se tornaram centros

---

17 Margaret Kohn, op. cit., 2003.
18 Edward Thompson, *The Making of the English Working Class*, Harmondsworth, Penguin Books, 1968.

culturais e educacionais. Elas construíram pontes entre a comunidade e o local de trabalho. Quando os antigos proprietários tentam expulsar os trabalhadores ou recuperar o maquinário, é comum que toda a população se mostre solidária aos trabalhadores para impedir que tais ações se efetuem[19]. Quando o UNITE HERE[20] tentou mobilizar a base dos trabalhadores hoteleiros ao redor do aeroporto LAX, em Los Angeles, pôde contar com um "amplo alcance de uma aliança de apoiadores comunitários políticos, religiosos e de outra natureza", o que lhe permitiu enfrentar as estratégias repressivas dos patrões[21]. Mas nisso há uma lição a ser aprendida: nas greves dos mineiros ingleses nas décadas de 1970 e 1980, os que viviam em áreas difusamente urbanizadas, como Nottingham, foram os primeiros a ceder, enquanto os da Nortúmbria, onde as políticas de local de trabalho e de moradia convergiam, mantiveram-se solidárias até o fim[22]. O problema colocado por circunstâncias desse tipo será abordado mais adiante.

Na medida em que os locais de trabalho convencionais estão desaparecendo em muitas partes do chamado mundo capitalista avançado (ainda que, sem dúvida, não na China ou em

---

19 Peter Ranis, "Argentina's Worker-Occupied Factories and Enterprises", *Socialism and Democracy*, 19 (3), p. 1-23, nov. 2005. Carlos Forment, *Argentina's Recuperated Factory Movement and Citizenship: An Arendtian Perspective*, Buenos Aires, Centro de Investigación de la Vida Publica, 2009. Marcela López, *We are Millions: Neo-Liberalism and New Forms of Political Action in Argentina*, Londres, Latin America Bureau, 2004.
20 Sindicato trabalhista nos Estados Unidos e no Canadá. [N. T.]
21 Forrest Stuart, "From the Shop to the Streets: UNITE HERE Organizing in Los Angeles Hotels", in Ruth Milkman, Joshua Bloom e Victor Narro (orgs.), *Working for Justice: The LA Model of Organizing and Advocacy*, Ithaca, Cornell University Press, 2010.
22 Huw Beynon, *Digging Deeper: Issues in the Miner's Strike*, Londres, Verso, 1985.

Bangladesh), organizar-se não apenas em torno do trabalho, mas também das condições do espaço habitável, construindo pontes entre ambos, é algo que vem se tornando cada vez mais crucial. Mas frequentemente também o foi no passado. As cooperativas de consumo controladas pelos trabalhadores ofereceram apoio fundamental durante a greve geral de Seattle, de 1919, e quando a greve fracassou a militância mudou muito marcadamente para o desenvolvimento de um complexo e interligado sistema de cooperativas de consumo controladas principalmente pelos trabalhadores[23].

Quando ampliamos a lente para melhor observar o meio social em que se dá a luta, altera-se a percepção da natureza do proletariado e de quais poderiam ser suas aspirações e estratégias operacionais. A composição de gênero da política de oposição parece muito diferente quando colocamos em cena relações fora da fábrica convencional (tanto locais de trabalho quanto os locais em que se vive). A dinâmica social do local de trabalho não é igual à do espaço de moradia. Neste, as distinções baseadas em gênero, raça, etnia, religião e cultura costumam ser mais profundamente arraigadas no tecido social, enquanto as questões de reprodução social desempenham um papel mais relevante, até mesmo dominante, na conformação da subjetividade e da consciência política. Inversamente, o modo como o capital diferencia e divide as populações por etnia, raça e gênero produz acentuadas disparidades na dinâmica econômica de desapropriação no espaço em que se vive

---

23 Dana Frank, *Purchasing Power: Consumer Organizing, Gender, and the Seattle Labor Movements, 1919-29*, Cambridge, Cambridge University Press, 1994.

(graças aos ciclos de capital monetário e de mercadorias). Enquanto a perda média de patrimônio familiar geral dos Estados Unidos foi de 28% no período de 2005 a 2009, a dos hispânicos foi de 66%, a dos negros foi de 53% e a dos brancos foi de 16%. O caráter de classe das discriminações étnicas na acumulação por desapropriação e o modo como essas discriminações afetam diversamente a vida comunitária não poderiam ser mais claros, sobretudo se levarmos em consideração que essas perdas se devem à queda de preço da moradia[24]. Mas é também nos espaços comunitários que profundos laços culturais baseados, por exemplo, na etnia, religião, história cultural e memórias coletivas, podem tanto unir como diferenciar com igual frequência para favorecer solidariedades sociais e políticas de dimensões totalmente distintas daquelas que costumam se manifestar nos locais de trabalho.

Há um filme maravilhoso produzido em 1954 por roteiristas e diretores da lista negra de Hollywood (os chamados "Dez de Hollywood") intitulado *O sal da terra* (*Salt of the Earth*). Baseado em fatos reais ocorridos em 1951, o filme mostra a luta dos trabalhadores mexicano-americanos, extremamente explorados em uma mina de zinco no Novo México, e suas famílias. Os trabalhadores mexicanos exigem igualdade em relação aos trabalhadores brancos, condições de trabalho mais seguras e tratamento digno (tema recorrente em muitas lutas anticapitalistas). As mulheres estavam saturadas de ver o renitente fracasso do sindicato dominado pelos homens em pressionar pela

---

[24] Peter Whoriskey, "Wealth Gap Widens between Whites, Minorities, Report Says", *Washington Post*, Business Section, 26 jul. 2011.

melhora de questões domésticas, como saneamento básico e água corrente nos alojamentos em que moravam. Quando os trabalhadores fazem greve por suas reivindicações e são proibidos de fazer piquetes devido ao Ato Taft-Hartley[25], as mulheres o fazem (superando uma grande oposição masculina). Os homens passam a cuidar das crianças, e com isso aprendem, a duras penas, a importância de água corrente e saneamento básico para um cotidiano doméstico adequado. A igualdade de gênero e a consciência feminista despontam como armas cruciais na luta de classes. Quando as autoridades policiais chegam para despejar as famílias, o apoio popular de outras famílias (claramente baseado em solidariedades culturais) não apenas provê a alimentação das famílias grevistas, como também as põe de volta no alojamento. No fim das contas, a empresa tem de ceder. O enorme poder da unidade entre gêneros, etnias, trabalho e modo de vida não é fácil de construir, e a tensão no filme entre homens e mulheres, entre trabalhadores anglo-americanos e mexicanos e entre perspectivas baseadas no trabalho e na vida cotidiana é tão significativa quanto aquela que se dá entre trabalho e capital. O filme mostra que apenas quando se consegue obter unidade e paridade entre todas

---

25 A Labor Management Relations Act, de 1947, defendida pelo senador Robert Taft e pelo deputado Fred A. Hartley Jr., foi uma emenda de caráter macarthista às leis trabalhistas dos Estados Unidos que visava ao enfraquecimento político da classe trabalhadora, e permanece em vigor até os dias de hoje. Tal ato restringia o poder das greves e as formas de greve consideradas legais, proibindo, por exemplo, manifestações em solidariedade a outras categorias, piquetes e greves sem a autorização de delegados sindicais. No esforço macarthista, também se tornou obrigatório que todos os representantes sindicais assinassem uma declaração de que não integravam nem apoiavam o Partido Comunista. [N. E.]

as forças de trabalho é que se está apto a vencer. O perigo que essa mensagem representava para o capital é mensurado pelo fato de que esse foi o único filme a ser sistematicamente impedido, por razões políticas, de ser exibido nos cinemas comerciais dos Estados Unidos por muitos anos. Em sua maioria, os atores não eram profissionais: muitos provinham do sindicato dos mineiros. Contudo, a brilhante atriz profissional Rosaura Revueltas foi deportada para o México[26].

Em um livro recente, Fletcher e Gapasin afirmam que o movimento trabalhista deveria prestar atenção mais às formas geográficas do que setoriais de organização, e que o movimento nos Estados Unidos deveria fortalecer os conselhos trabalhistas centrais das cidades, além de organizar-se setorialmente.

> Na medida em que o trabalho fala sobre questões de classe, não deveria se ver como algo distinto da comunidade. A palavra *trabalho* deveria denotar formas de organização, com raízes na classe trabalhadora e com agendas que fomentem explicitamente as reivindicações da classe trabalhadora. Nesse sentido, uma organização comunitária arraigada na classe trabalhadora (como um centro de trabalhadores) que aborde questões específicas de classe é uma organização trabalhista da mesma maneira que um sindicato é. No limite, um sindicato que defenda os interesses apenas de um setor da classe trabalhadora (como um sindicato supremacista branco de uma categoria) merece menos ser chama-

---

[26] James Lorence, *The Suppression of Salt of the Earth: How Hollywood, Big Labor and Politicians Blacklisted a Movie in Cold War America*, Albuquerque, University of New Mexico Press, 1999. O filme pode ser baixado gratuitamente.

do de *organização de trabalhadores* do que uma associação comunitária que ajude os desempregados ou os sem-teto[27].

Portanto, eles propõem uma nova abordagem da organização do trabalho que

questione, em essência, as práticas sindicais atuais de formação de alianças e tomada de ações políticas. Na verdade, partem da seguinte premissa central: *se a luta de classes não se restringe ao local de trabalho, então os sindicatos também não deveriam se restringir*. A conclusão estratégica é que os sindicatos devem pensar em termos de organização de cidades, e não apenas de organização dos locais de trabalho (ou das indústrias). E organizar cidades só é possível se os sindicatos trabalharem com aliados em blocos sociais metropolitanos[28].

"Como, então", eles perguntam na sequência, "se organiza uma cidade?" A mim parece que essa é uma das perguntas cruciais que a esquerda terá de responder caso pretenda revitalizar a luta anticapitalista nos próximos anos. Essas lutas, como vimos, têm uma história louvável. A inspiração extraída de "Bolonha Vermelha" da década de 1970 é um caso exemplar. Na verdade, já existe uma longa e venerável história do "socialismo municipal" e, inclusive, fases inteiras de reforma urbana radical, como aquela que ocorreu na "Viena Vermelha" ou os conselhos municipais radicais na Grã-Bretanha durante a década de 1920, que precisam ser recuperadas como cruciais à história tanto do

---

27 Bill Fletcher e Fernando Gapasin, *Solidarity Divided: The Crisis in Organized Labor and a New Path Toward Social Justice*, Berkeley, University of California Press, 2008, p. 174.
28 Idem.

reformismo de esquerda como dos movimentos mais revolucionários[29]. E uma daquelas curiosas ironias da história é o fato de o Partido Comunista Francês ter se distinguido muito mais na administração municipal (em parte porque não era orientado por teorias ou instruções dogmáticas vindas de Moscou) do que em outras esferas da vida política, desde a década de 1960 até nossos dias. Os conselhos sindicais britânicos também desempenharam um papel muito importante na política urbana e estabeleceram o poder militante dos partidos de esquerda locais. Essa tradição continuou com a luta das municipalidades contra o thatcherismo no início da década de 1980. Não se tratava unicamente de ações de retaguarda, mas também potencialmente inovadoras, como no caso do Conselho da Grande Londres durante a gestão de Ken Livingstone no início da década de 1980, até que Margaret Thatcher, consciente da ameaça que essa oposição urbana representava, pôs fim a todo esse segmento de governo. Mesmo nos Estados Unidos, Milwaukee teve por muitos anos uma administração socialista, e vale lembrar que o único socialista eleito para o senado dos Estados Unidos começou sua carreira e conquistou a confiança do povo como prefeito de Burlington, Vermont.

O DIREITO À CIDADE COMO REIVINDICAÇÃO POLÍTICA CLASSISTA

Se os participantes da Comuna de Paris reivindicavam seu direito a uma cidade que haviam ajudado coletivamente a

---

[29] Max Jäggi, *Red Bologna*, Littlehampton, Littlehampton Book Services, 1977. Helmut Gruber, *Red Vienna: Experiment in Working Class Culture, 1919--34*, Oxford, Oxford University Press, 1991.

produzir, então por que a expressão "o direito à cidade" não poderia se tornar uma palavra de ordem para mobilizar a luta anticapitalista? Como de início observei, o direito à cidade é um significante vazio repleto de possibilidades imanentes, mas não transcendentes. Isso não significa que seja irrelevante ou politicamente impotente. Tudo depende de quem conferirá ao significante um significado imanente revolucionário, em oposição ao significado reformista.

Nem sempre é fácil distinguir entre iniciativas reformistas e revolucionárias no contexto urbano. O orçamento participativo em Porto Alegre, os programas ecologicamente corretos em Curitiba ou as campanhas pelo salário-mínimo em muitas cidades dos Estados Unidos parecem reformistas (e, nesse aspecto, bastante marginais). À primeira vista, a iniciativa de Chongqing descrita no Capítulo 2 parece mais uma versão autoritária do socialismo paternalista nórdico do que um movimento revolucionário. Porém, à medida que sua influência se espalha, iniciativas desse tipo revelam camadas mais profundas de possibilidades para concepções e ações mais radicais em escala metropolitana. Por exemplo, uma retórica revitalizada (originária do Brasil na década de 1990, mas que já se espalhou por Zagreb, Hamburgo e Los Angeles) sobre o direito à cidade parece sugerir que algo mais revolucionário poderia estar na linha do horizonte[30]. A medida dessa possibilidade aparece nas

---

30 Rebecca Abers, *Inventing Local Democracy: Grassroots Politics in Brazil*, Boulder, Lyne Reinner Publisher, 2000. Sobre o movimento por um salário mínimo digno, cf. Robert Pollin, Mark Brenner e Jeanette Wicks-Lim, *A Measure of Fairness: The Economics of Living Wages and Minimum Wages in the United States*, Ithaca, Cornell University Press, 2008. Para um caso específico, cf. David Harvey, *Spaces of Hope*, Edimburgo, Edinburgh University Press,

tentativas desesperadas dos poderes políticos existentes (por exemplo, as ONGs e instituições internacionais, inclusive o Banco Mundial, reunidas no Fórum Urbano Mundial no Rio de Janeiro em 2010) de cooptar essa linguagem para seus próprios fins[31]. Da mesma maneira que Marx descreveu as restrições à duração da jornada de trabalho como um primeiro passo de uma trajetória revolucionária, reivindicar o direito de todos a viver em uma casa e um ambiente decentes pode ser visto como o primeiro passo de um movimento revolucionário mais abrangente.

Não faz sentido reclamar da tentativa de cooptação. A esquerda deveria tomá-la como um elogio e lutar para manter seu próprio significado imanente característico: todos aqueles cujo trabalho está envolvido em produzir e reproduzir a cidade têm direito coletivo não apenas àquilo que produzem, mas também de decidir que tipo de urbanismo deve ser produzido, onde e como. Os meios democráticos alternativos (além da democracia existente do poder do dinheiro), como assembleias populares, precisam ser construídos caso se pretenda revitalizar e reconstruir a vida urbana fora das relações dominantes de classe.

O direito à cidade não é um direito individual exclusivo, mas um direito coletivo concentrado. Inclui não apenas os trabalhadores da construção, mas também todos aqueles que facilitam a reprodução da vida cotidiana: cuidadores e professores, os res-

---

2000. Ana Sugraynes e Charlotte Mathivet (orgs.), *Cities for All: Proposals and Experiences Towards Le Droit à la Ville*, Santiago, Chile, Habitat International Coalition, 2010.
31 Peter Marcuse, "Two World Urban Forums, Two Worlds Apart", *Planners Network*, 2010. Disponível em: <http://www.plannersnetwork.org/2010/04/two-world-urban-forums-two-worlds-apart>. Acesso em: 2 jun. 2014.

ponsáveis pelos sistemas de esgoto e pelo metrô, os encanadores e eletricistas, os montadores de andaimes e operadores de guindastes, os trabalhadores de hospitais e os motoristas de caminhões, ônibus e táxis, os trabalhadores de restaurantes e os artistas, os bancários e os administradores da cidade. Busca-se a unidade em uma diversidade de espaços e locais sociais fragmentados em uma divisão de trabalho inumerável. E há muitas formas casuais de organização – dos centros e assembleias regionais de trabalhadores (como a de Toronto) às alianças (como a Right to the City Alliance, o Excluded Workers Congress e outras formas de organização de trabalhos precários) que têm esse objetivo em seu radar político.

Por motivos óbvios, porém, trata-se de um direito complicado, devido às condições contemporâneas da urbanização capitalista, assim como à natureza das populações que poderiam lutar ativamente por esse direito. Murray Bookchin, por exemplo, adotou o ponto de vista plausível (também atribuível a Lewis Mumford e muitos outros influenciados pela tradição do pensamento anarquista social) de que os processos capitalistas de urbanização destruíram a cidade como corpo político funcional em que se poderia construir uma alternativa anticapitalista civilizada[32]. Em certo sentido, Lefebvre está de acordo, embora em seu caso haja muito mais ênfase nas racionalizações do espaço urbano por burocratas estatais e tecnocratas para facilitar a reprodução da acumulação de capital e das relações dominantes de classe. O direito ao subúrbio contemporâ-

---

32 Murray Bookchin, *The Limits of the City*, Montreal, Black Rose Books, 1986.

neo dificilmente pode ser visto como uma palavra de ordem anticapitalista viável.

É por esse motivo que o direito à cidade deve ser entendido não como um direito ao que já existe, mas como um direito de reconstruir e recriar a cidade como um corpo político socialista com uma imagem totalmente distinta, que erradique a pobreza e a desigualdade social e cure as feridas da desastrosa degradação ambiental. Para que isso aconteça, a produção das formas destrutivas de urbanização que facilitam a eterna acumulação de capital deve ser interrompida.

Esse era o tipo de coisa que Murray Bookchin defendia insistentemente: a criação daquilo que chamava de "municipalismo libertário", baseado em uma concepção biorregional de assembleias municipais associadas que regulassem racionalmente suas trocas mútuas, bem como as com a natureza. É nesse ponto que o mundo da política prática converge fecundamente com a longa história das ideias e dos escritos utópicos sobre a cidade de forte inspiração anarquista[33].

A CAMINHO DA REVOLUÇÃO URBANA

Três teses emergem dessa história. Em primeiro lugar, as lutas trabalhistas, das greves às ocupações de fábricas, têm muito mais probabilidades de sucesso quando há um apoio forte e vibrante de forças populares reunidas no espaço circundante ou comunitário (o que inclui o apoio de líderes locais influentes e suas

---

33 A história dessa tendência começa com Patrick Geddes (*Cities in Evolution*, Oxford, Oxford University Press, 1915) e passa, sobretudo, pela influente figura de Lewis Mumford, em seu livro *The City in History: its Origins, its Transformations, and its Prospects* (Orlando, Harcourt, 1968).

organizações políticas). Isso pressupõe que fortes ligações entre os trabalhadores e a população local já existam ou possam ser rapidamente construídas. Essas ligações podem surgir "naturalmente", do simples fato de que as famílias dos trabalhadores constituem a comunidade (como no caso de muitas comunidades de mineiros do tipo apresentado em *Salt of the Earth*). Porém, em contextos urbanos mais difusos, é preciso que haja uma tentativa política consciente para construir, manter e fortalecer essas ligações. Onde essas ligações não existem, como aconteceu aos mineiros de carvão em Nottinghamshire nas greves da década de 1980 na Grã-Bretanha, é preciso criá-las. De outro modo, são grandes as probabilidades de que esses movimentos não deem em nada.

Em segundo lugar, o conceito de trabalho precisa passar de uma definição restrita às modalidades industriais para o terreno mais amplo do trabalho vinculado à produção e reprodução de uma vida cotidiana cada vez mais urbanizada. As distinções entre lutas de base trabalhista e base comunitária começam a se diluir, assim como a ideia de que classe e trabalho são definidos em um espaço de produção isolado do lugar de reprodução social na habitação[34]. Quem faz a água corrente chegar a nossas casas é tão importante na luta por uma melhor qualidade de vida quanto quem produz os canos e torneiras na fábrica. Quem transporta os alimentos para a cidade (inclusive os vendedores de rua) é tão importante quanto quem os cultiva. Os que cozinham os alimentos antes de serem comidos (os vendedores de milho cozido ou cachorros-quentes nas ruas, ou os que se matam de

---

34 Ray Pahl, *Divisions of Labour*, Oxford, Basil Blackwell, 1984.

trabalhar nos fogões das casas ou em fogueiras) também agregam valor a esse alimento antes que seja digerido. O trabalho coletivo envolvido na produção e reprodução da vida urbana deve, portanto, tornar-se uma preocupação muito maior no pensamento e organização da esquerda. Distinções anteriores que faziam sentido – entre o urbano e o rural, a cidade e o campo – tornaram-se irrelevantes nos últimos tempos. A cadeia de abastecimento que entra e sai das cidades implica um movimento contínuo que não admite interrupções. Acima de tudo, os conceitos de trabalho e de classe precisam ser fundamentalmente reformulados. A luta pelos direitos coletivos dos cidadãos (como os dos trabalhadores imigrantes) deve ser vista como parte integrante da luta de classes anticapitalista.

Essa concepção revitalizada do proletariado inclui e acolhe os setores informais, hoje abundantes, que se caracterizam pelo trabalho temporário, inseguro e desorganizado. Hoje nos damos conta de que grupos da população pertencentes a esses setores desempenharam historicamente um papel importante nos levantes e rebeliões urbanos. Suas ações nem sempre tiveram motivações de esquerda (o mesmo se pode dizer dos sindicatos industriais). Em geral, mostraram-se quase sempre suscetíveis ao espírito moderador de lideranças carismáticas instáveis ou autoritárias, seculares ou religiosas. Por esse motivo, a política desses grupos desorganizados foi frequente e equivocadamente menosprezada pela esquerda convencional como "ralé urbana" (ou, de maneira ainda mais infeliz, como "lumpemproletariado", na tradição marxista), para que fosse tanto temida como incluída. É imperativo que esses segmentos da população sejam agora acolhidos como cruciais para a política anticapitalista, em vez de excluídos.

Finalmente, embora a exploração do trabalho vivo na produção (no sentido mais amplo já definido aqui) deva permanecer central para a concepção de qualquer movimento anticapitalista, as lutas dos trabalhadores contra a recuperação e realização da mais-valia nos espaços em que eles vivem devem ter o mesmo *status* das lutas nos diferentes pontos de produção da cidade. Como no caso dos trabalhadores temporários e precários, a extensão da ação de classe nessa direção apresenta problemas organizacionais. Como veremos, porém, ela também apresenta inúmeras possibilidades.

"COMO, ENTÃO, SE ORGANIZA UMA CIDADE?"

A resposta honesta à pergunta de Fletcher e Gapasin é: simplesmente não sabemos, em parte porque ainda não se refletiu o suficiente sobre a questão, e em parte porque não existe nenhum registro histórico sistemático da evolução das práticas políticas para fundamentar quaisquer generalizações. Houve, sem dúvida, breves períodos de experimentação na administração socialista de "gás e água"[35], ou utopismos urbanos mais aventureiros, como na União Soviética na década de 1920[36]. Em sua maior parte, porém, esses utopismos se diluíram em um realismo socialista reformista ou em um modernismo paternalista

---

35 Expressão que designa as reformas sociais lideradas por governos locais, como as introduzidas no Reino Unido por Joseph Chamberlain enquanto prefeito de Birmingham, entre 1873-1875. Essas reformas incluíam a transformação de gás e água em serviços públicos. [N. T.]
36 Anatole Kopp, *Ville et Révolution*, Paris, Editions Anthropos, 1967.

socialista/comunista (dos quais ainda vemos muitas relíquias comoventes no Leste Europeu). A maior parte do que hoje sabemos sobre organização urbana provém de teorias convencionais e estudos de governança e administração urbanas no contexto da governabilidade capitalista burocrática (que Lefebvre atacava incansavelmente, com razão), coisas que estão a anos-luz da organização de uma política anticapitalista. O que temos de melhor é uma teoria da cidade como uma forma corporativa, com tudo o que isso implica em termos das possibilidades da tomada de decisão corporativista (que às vezes pode, quando assumida por forças progressistas, contestar as formas mais selvagens de desenvolvimento capitalista e começar a abordar os problemas de desigualdade social e degradação ambiental mais paralisantes e evidentes, pelo menos no nível local, como aconteceu em Porto Alegre e tentou-se no Conselho da Grande Londres com Ken Livingstone). Além disso, há uma vasta literatura (hoje em dia geralmente mais laudatória do que crítica) sobre as virtudes do empreendedorismo competitivo urbano, na qual a administração das cidades usa uma ampla variedade de incentivos para atrair (em outras palavras, subsidiar) investimentos[37].

Assim, como podemos ao menos começar a responder à pergunta de Fletcher e Gapasin? Uma maneira é examinar exemplos específicos de práticas políticas urbanas em situações revolucionárias. Portanto, concluirei com um breve exame dos acontecimentos recentes na Bolívia, em busca de pistas de como

---

37 Gerald Frug, *City Making: Building Communities without Building Walls*, Princeton, Princeton University Press, 1999. Neil Brenner e Nik Theodore, *Spaces of Neoliberalism: Urban Restructuring in North America and Western Europe*, Oxford, Wiley Blackwell, 2003.

as insurreições urbanas podem estar relacionadas aos movimentos anticapitalistas.

Foi nas ruas e praças de Cochabamba que uma rebelião contra a privatização neoliberal foi travada na famosa "Guerra da Água", em 2000. Os programas de governo foram rejeitados e duas grandes corporações internacionais – Bechtel e Suez – foram expulsas. E foi a partir de El Alto, uma cidade agitada, situada em um planalto acima de La Paz, que os movimentos rebeldes cresceram a ponto de forçar a deposição do presidente neoliberal Sánchez de Lozada, em outubro de 2003, e de seu sucessor, Carlos Mesa, em 2005. Tudo isso preparou o caminho para a vitória eleitoral do progressista Evo Morales em dezembro de 2005. Foi também em Cochabamba que uma tentativa contrarrevolucionária das elites conservadoras contra a presidência de Morales foi frustrada em 2007, quando a administração conservadora da cidade fugiu diante da ira dos indígenas que a ocuparam.

Como sempre, a dificuldade está em entender o papel específico que as condições locais desempenharam nesses acontecimentos singulares e em avaliar quais princípios universais (caso haja algum) poderíamos extrair de seu estudo. Esse problema tem provocado interpretações conflitantes das lições universais que podem ser extraídas da Comuna de Paris de 1871. A vantagem de uma observação acurada de El Alto, porém, é que se trata de uma luta em curso e, portanto, aberta a contínuas indagações e análises políticas. Já existem excelentes estudos contemporâneos dos quais podemos tirar conclusões provisórias.

Jeffrey Webber, por exemplo, oferece uma interpretação contundente dos acontecimentos na Bolívia por volta da última década[38]. Ele vê o período de 2000 a 2005 como uma época genuinamente revolucionária em uma situação de profunda separação entre a elite e as classes populares. A rejeição popular das políticas neoliberais relativas ao uso de recursos naturais de altíssimo valor por parte de um Estado governado por uma elite tradicional (e apoiado pelas forças do capital internacional) fundiu-se com uma duradoura luta contra a opressão racial travada por uma população indígena majoritariamente campesina. A violência do regime neoliberal provocou levantes que conduziram à eleição de Morales, em 2005. As elites aferradas ao poder (particularmente concentradas na cidade de Santa Cruz) lançaram a seguir um movimento contrarrevolucionário em oposição ao governo de Morales reivindicando autonomia regional e local. Esse foi um movimento curioso, porque os ideais de "autonomia local" têm sido quase sempre adotados pela esquerda latino-americana como parte crucial de suas lutas de libertação. Era uma reivindicação frequente das populações indígenas da Bolívia, e teóricos acadêmicos simpatizantes, como Arturo Escobar, tendem a ver tal demanda como intrinsecamente progressista, quando não uma precondição necessária aos movimentos anticapitalistas[39]. Contudo, o caso boliviano demonstra que a autonomia local ou regional pode ser usada por qualquer partido que queira se beneficiar da mudança de espaço de tomada de decisões políticas e estatais, remetendo-o à escala específica que favoreça seus

---

38 Jeffrey Webber, *From Rebellion to Reform in Bolivia: Class Struggle, Indigenous Liberation, and the Politics of Evo Morales*, Chicago, Haymarket Books, 2011a. Várias fontes em espanhol são citadas por Michael Hardt e Antonio Negri (op. cit., 2009).
39 Arturo Escobar, *Territories of Difference: Place, Movement, Life, Redes*, Durham, Duke University Press, 2008.

próprios interesses. Foi isso, por exemplo, que levou Margaret Thatcher a abolir o Conselho da Grande Londres, um centro de oposição a suas políticas. Foi isso que estimulou as elites bolivianas a buscar a autonomia de Santa Cruz contra o governo Morales, que consideravam hostil a seus interesses. Tendo perdido o espaço nacional, essas elites empenharam-se em declarar seu espaço local autônomo.

Embora a estratégia política de Morales depois de sua eleição tenha ajudado a consolidar o poder dos movimentos indígenas, segundo Webber ele realmente abandonou a perspectiva revolucionária de classe que surgiu de 2000 a 2005 em favor de um compromisso negociado e constitucional com as elites agrárias e capitalistas (além de uma acomodação às pressões imperialistas exteriores). O resultado, segundo Webber, foi um "neoliberalismo reconstituído" (com "características andinas") depois de 2005, em vez de um movimento rumo a uma transição anticapitalista. A ideia de uma transição socialista foi postergada para um futuro distante. Contudo, Morales assumiu uma liderança global no que diz respeito às questões ambientais, adotando a propícia concepção indígena de "direitos da mãe natureza" na declaração de Cochabamba de 2010 e incorporando essa ideia à constituição boliviana.

A perspectiva de Webber foi vigorosamente contestada, como seria de se esperar, pelos partidários do regime de Morales[40]. Não tenho condições de avaliar se a guinada indubitavelmen-

---

40 Federico Fuentes, "Government, Social Movements, and Bolivia Today", *International Socialist Review*, 76, mar.-abr. 2011. Cf. também a resposta de Jeffrey Webber no mesmo número ("Fantasies Aside, It's Reconstituted Neoliberalism in Bolivia Under Morales", *International Socialist Review*, 76, mar.-abr. 2011b).

te reformista e constitucionalista de Morales em nível nacional é uma questão de opção política, conveniência ou uma necessidade imposta pela configuração das forças de classe predominante na Bolívia, apoiada por fortes pressões imperialistas externas. Mesmo Webber admite que, quando do levante campesino em Cochabamba contra um governo autonomista de direita, teria sido de um aventureirismo desastroso a iniciativa radical de se posicionar contra o constitucionalismo de Morales, substituindo permanentemente os funcionários do governo conservador eleito que haviam fugido da cidade por um governo em forma de assembleia popular[41].

Que papel a organização urbana desempenhou nessas lutas? Essa é uma pergunta óbvia, dado o papel crucial de Cochabamba e El Alto como centros de repetidas revoltas, e o de Santa Cruz como centro do movimento contrarrevolucionário. Na opinião de Webber, El Alto, Cochabamba e Santa Cruz aparecem como meros lugares onde as forças de conflito de classe e os movimentos populistas indígenas apenas acabaram aparecendo. Contudo, a certa altura, ele observa que

> a cidade de El Alto, informalmente proletária e com cerca de 80% de habitantes indígenas – com suas importantes tradições insurrecionais de um marxismo revolucionário de ex-mineiros "realocados" e radicalismo indígena dos aimarás, quéchuas e outros migrantes retirantes indígenas –, desempenhou o papel mais importante no auge de confrontos às vezes sangrentos com o Estado.

---

41 Webber, op. cit., 2011b, p. 111.

Ele também observa que

As rebeliões, em seus melhores momentos, caracterizaram-se por assembleias democráticas de massa mobilizadas pela base, a partir dos padrões organizacionais dos mineiros de estanho trotskistas e anarcossindicalistas – a vanguarda da esquerda boliviana durante grande parte do século XX – e variações dos *ayllus* indígenas – estruturas comunitárias tradicionais – adaptadas a novos contextos rurais e urbanos[42].

Todavia, o relato de Webber não nos explica mais do que isso. As condições específicas dos diferentes locais de luta são em grande parte ignoradas (mesmo quando ele faz um detalhamento da rebelião de 2007 em Cochabamba) em favor de um relato mais superficial das forças populares e de classe existentes na Bolívia, no geral, contra o pano de fundo das pressões imperialistas externas. É interessante, portanto, recorrer aos estudos dos antropólogos Leslie Gill e Sian Lazar, que nos oferecem descrições profundas das condições, relações sociais e supostas formas organizacionais que predominaram em El Alto em diferentes momentos históricos. O estudo de Gill, *Teetering on the Rim* [À beira do abismo], publicado em 2000, detalhava as condições predominantes na década de 1990, enquanto o estudo de Lazar, *El Alto, Rebel City* [El Alto, cidade rebelde], publicado em 2010, baseava-se em seu trabalho de campo em El Alto tanto antes como depois da rebelião de 2003[43]. Nem Gill nem Lazar

---

42 Ibidem, p. 48.
43 Lesley Gill, *Teetering on the Rim: Global Restructuring, Daily Life, and the Armed Retreat of the Bolivian State*, Nova York, Columbia University Press, 2000. Sian Lazar, op. cit., 2010.

previram a possibilidade de rebelião antes que ela acontecesse. Embora Gill tenha registrado grande parte da atividade política de base na década de 1990, os movimentos eram tão fragmentados e confusos (em particular devido ao papel negativo das ONGs, que haviam substituído o Estado como principais provedores dos serviços sociais) que pareciam impedir qualquer movimento de massas coerente, ainda que a greve de professores durante seu trabalho de campo tenha sido ferozmente combativa, e com evidente consciência de classe. Lazar também foi pega de surpresa pela revolta de outubro de 2003, e voltou depois a El Alto para tentar reconstruir as circunstâncias que lhe haviam originado.

El Alto é um tipo especial de lugar, e é importante delinear suas peculiaridades[44]. É uma cidade relativamente nova (emancipada apenas em 1988), de imigrantes, no inóspito Altiplano, bem acima de La Paz, com uma população em grande parte formada por camponeses expulsos da terra pela comercialização gradual da produção agrícola, por trabalhadores industriais desalojados (principalmente aqueles das minas de estanho que haviam sido modernizadas, privatizadas e, em alguns casos, fechadas a partir da década de 1980) e por refugiados de baixa renda vindos de La Paz, onde os altos preços da terra e da moradia já vinham há alguns anos forçando os trabalhadores a procurar onde viver em outros lugares. Em El Alto não havia, portanto, uma burguesia fortemente enraizada como em La Paz e Santa Cruz. Como afirma Gill, era uma cidade "em que muitas vítimas das experiências em curso na Bolívia com as reformas

---

44 O que se segue é um relato que combina informações apresentadas por Gill (op. cit., 2000) e Lazar (op. cit., 2010).

de livre-mercado vacilam sobre o limite da sobrevivência". A partir de meados da década de 1980, o progressivo distanciamento, por parte do Estado, da administração e da oferta de serviços, entregues a uma privatização neoliberal, implicava que ali os controles estatais haviam se tornado relativamente frágeis. A população tinha de lutar e se auto-organizar para sobreviver, ou confiar na duvidosa ajuda de ONGs complementada por doações e favores obtidos junto aos partidos políticos em troca de apoio nas eleições. Porém, três ou quatro das principais rotas de abastecimento de La Paz passam por El Alto, e o poder de obstruí-las tornou-se importante nas lutas que ocorreram. O *continuum* rural-urbano (com o setor rural dominado em grande parte por campesinos indígenas com tradições culturais e formas de organização social específicas, como o *ayllu* mencionado por Webber) foi uma característica importante para o metabolismo da cidade. A cidade fazia a mediação entre a urbanidade de La Paz e a ruralidade da região, tanto geográfica como etnoculturalmente. Fluxos de pessoas e mercadorias por toda a região circulavam nos arredores e em El Alto, enquanto o deslocamento diário de El Alto para La Paz tornava esta última dependente da primeira por causa de boa parte de sua mão de obra de baixos salários.

Formas mais antigas de organização coletiva dos trabalhadores haviam sido rompidas na Bolívia com o fechamento das minas de estanho, mas anteriormente constituíam "uma das classes trabalhadoras mais militantes da América Latina"[45]. Os mineiros desempenharam um papel crucial na revolução de 1952, que conduziu à nacionalização daquelas minas, e também abriram

---

45   Gill, op. cit., p. 69.

caminho para a derrubada do regime repressivo de Hugo Banzer, em 1978. Muitos dos mineiros deslocados acabaram em El Alto depois de 1985 e, segundo o relato de Gill, tiveram grandes dificuldades para se adaptar à sua nova situação. Mais tarde, porém, ficaria claro que sua consciência política de classe, motivada pelo trotskismo e pelo anarcossindicalismo, não havia desaparecido por inteiro. Ela se transformaria em um importante recurso (ainda que seu grau de importância continue objeto de debate) nas lutas subsequentes, começando com a greve de professores de 1995, que Gill estudou em profundidade. Mas sua política mudou de maneira relevante. Sem outra opção além de "participar do trabalho mal pago e inseguro que empregava a grande maioria dos habitantes de El Alto", os mineiros passaram de uma situação em que o inimigo de classe e sua própria solidariedade eram evidentes para outra em que tinham de responder a uma pergunta diferente, difícil e muito mais estratégica: "Como poderiam criar uma forma de solidariedade em El Alto a partir de uma composição social etnicamente diversificada caracterizada por histórias individuais muito diferentes, um mosaico de relações de trabalho e intensa competitividade interna?"[46].

Essa transição, imposta aos mineiros pela neoliberalização, não é, de modo algum, exclusividade da Bolívia ou de El Alto. Coloca o mesmo problema que atinge os metalúrgicos demitidos em Sheffield, Pittsburgh e Baltimore. Na verdade, trata-se de um dilema bem universal onde quer que quebre a imensa onda de desindustrialização e privatização iniciada em meados

---

46 Idem, p. 74-82.

da década de 1970. Portanto, o modo como ela foi enfrentada na Bolívia é de um interesse mais do que circunstancial.

"Surgiram novos tipos de estruturas sindicais", escreve Lazar,

> principalmente aquelas dos campesinos e trabalhadores do setor informal nas cidades [...] Baseiam-se em coalizões de minifundiários, inclusive microcapitalistas, que não trabalham para um chefe em um lugar, onde podem ser facilmente visados pelo Exército. Seu modelo doméstico permite a fluidez da vida associativa, mas também lhes permitiu formar alianças e organizações baseadas na localização territorial: a rua onde vendem, o vilarejo ou a região onde vivem e lavram e, com o acréscimo das estruturas organizacionais de *vecinos* nas cidades, sua zona.

Nesse contexto, a associação entre pessoas e lugares torna-se extremamente importante como fonte de laços comuns. Embora esses laços possam ser frequentemente tão conflituosos quanto harmoniosos, os contatos frente a frente são frequentes e, portanto, em seu princípio, fortes.

> Os sindicatos vêm florescendo na economia informal de El Alto e constituem uma parte crucial da estrutura de organização cívica que é paralela ao Estado e dá forma a uma cidadania multiescalonada na cidade. Isso ocorre em um contexto em que a concorrência econômica entre indivíduos é dolorosamente exagerada e onde seria de se esperar que a colaboração política fosse difícil, quando não totalmente impossível.

Embora os movimentos sociais frequentemente se tornem presa de um grave sectarismo e de rachas, eles "estão começando a criar uma ideologia mais coerente a partir da particularidade das diferentes reivindicações setoriais"[47]. A consciência de classe coletiva residual e a experiência organizacional dos mineiros de estanho deslocados tornaram-se, assim, um recurso crucial. Combinadas a práticas de democracia local baseadas nas tradições indígenas de tomada de decisões em assembleias locais e populares (os *ayllus*), as condições subjetivas para a criação de associações políticas alternativas concretizavam-se parcialmente. Como resultado, "a classe trabalhadora boliviana está se reconstituindo como sujeito político, *ainda que não em sua forma tradicional*"[48].

Hardt e Negri também adotam essa posição em sua própria apropriação da luta boliviana para defender sua teoria das multidões.

> Todas as relações de hegemonia e representação na classe trabalhadora são então colocadas em questão. Não é nem ao menos possível para os sindicatos tradicionais representar adequadamente a complexa multiplicidade de sujeitos e experiências de classe. Essa mudança, porém, não aponta para nenhum adeus à classe trabalhadora, nem mesmo para um declínio de suas lutas; aponta, antes, para uma crescente multiplicidade do proletariado e uma nova fisionomia das lutas[49].

Lazar concorda em parte com essa reformulação teórica, mas oferece um detalhamento muito mais refinado de como se constituem os movimentos das classes trabalhadoras. Do seu ponto

---

47 Lazar, op. cit., 2010, p. 252-4. A teoria das relações conflituosas nos movimentos sociais é elaborada por Chantal Mouffe (*On the Political*, Londres, Routledge, 2005).
48 Lazar, op. cit., 2010, p. 178. Itálicos meus.
49 Michael Hardt e Antonio Negri, op. cit., 2009, p. 110.

de vista, "a afiliação subordinativa de uma aliança de associações, cada uma com formas locais de responsabilidade, é uma das fontes da força dos movimentos sociais bolivianos". Essas organizações eram quase sempre hierárquicas, e às vezes mais autoritárias do que democráticas. Porém, "se entendemos a democracia como a vontade do povo, o lado corporativo da política boliviana faz sentido como uma de suas mais importantes (ainda que não necessariamente igualitárias) tradições democráticas". As vitórias anticapitalistas do tipo que permitiu expulsar poderosos inimigos corporativos como Bechtel e Suez "não seriam possíveis sem as experiências rotineiras de democracia coletiva que fazem parte da vida cotidiana dos *alteños*"[50].

A democracia é organizada em El Alto, segundo Lazar, em três linhas distintas. As associações de vizinhos são organizações atreladas ao local que existem não apenas para suprir bens locais coletivos como também para mediar os vários conflitos que surgem entre os residentes. A abrangente Fejuve é em grande parte como um foro no qual se resolvem os conflitos entre vizinhanças. Essa é uma "hierarquia subordinativa" clássica, mas nela existem todos os tipos de mecanismos, como Lazar examina em detalhes, para certificar-se de que os líderes ou se alternam, ou permanecem fiéis à sua base (um princípio que, até o surgimento do Tea Party, seria anátema na política norte-americana).

A segunda engrenagem compreende as associações setoriais de vários grupos da população, como os vendedores de rua, os trabalhadores do setor de transportes e outros. E grande parte do trabalho dessas associações também consiste em mediar

---

50 Lazar, op. cit., 2010, p. 181, 258.

conflitos (por exemplo, entre os vendedores de rua). Contudo, é assim que os trabalhadores precários do chamado setor informal se organizam (uma lição a ser aprendida pelo movimento "Excluded Workers" nos Estados Unidos). Essa forma de organização possui tentáculos que alcançam, por exemplo, a cadeia de abastecimento de peixe e de outros alimentos provenientes das áreas circundantes. Por meio desses laços, pode mobilizar fácil e rapidamente as forças insurrecionais da população campesina e rural das imediações – ou, inversamente, organizar respostas imediatas na cidade a massacres e repressões na zona rural. Esses laços geográficos eram fortes e se sobrepunham aos das associações de vizinhos às quais muitas famílias de imigrantes campesinos pertenciam enquanto mantivessem suas ligações com suas aldeias de origem.

Em terceiro lugar, havia sindicatos mais convencionais, o mais importante dos quais era o dos professores, que, desde a greve de 1995, formava a linha de frente da militância (como também aconteceu em Oaxaca, no México). Os sindicatos tinham uma estrutura organizacional local, regional e nacional, que continuava a funcionar nas negociações com o Estado, ainda que tivessem sido muito enfraquecidos pelo ataque neoliberal ao emprego regular e às formas tradicionais de organização sindical nos últimos trinta anos.

Todavia, existe algo mais em curso em El Alto que Lazar tem muita dificuldade para integrar em seu estudo. Os valores e ideais subjacentes são particularmente fortes, e são preservados e articulados por meio de eventos e atividades culturais populares – festejos, festivais religiosos, danças –, assim como por meios mais diretos de participação coletiva, como as assembleias populares (nas vizinhanças e nos sindicatos formais e informais). Essas solidariedades culturais e memória coletiva permitem que os sindicatos superem as tensões "e promovam um sentido de individualidade que, por sua vez, lhes permite atuar como sujeitos políticos eficazes"[51]. A maior dessas tensões é a que se dá entre a liderança e a base. Tanto as organizações locais quanto as setoriais apresentam características semelhantes, nas quais as bases populares "tentam afirmar valores coletivos diante do individualismo percebido nos líderes". Os mecanismos são complexos, mas, segundo Lazar, parece haver uma multiplicidade de meios informais pelos quais são trabalhadas questões de coletivismo e individualismo, solidariedade e sectarismo. Além disso, as formas de organização "sindicais" e "comunitárias" não são tradições distintas; é comum que se misturem culturalmente mediante a

> apropriação sincrética de tradições políticas, recorrendo ao sindicalismo, ao populismo e a valores e práticas democráticas indígenas. É a mistura criativa desses diferentes encadeamentos que tem permitido a El Alto superar sua marginalização política em nível nacional e ocupar o centro da cena[52].

Eram esses os tipos de ligações "que se aglutinam em momentos específicos, como em Cochabamba, em 2000, as barricadas camponesas no Altiplano em abril e setembro de 2000, fevereiro e outubro de 2003, em El Alto e La Paz, e janeiro a março de 2005, em El Alto".

---

51 Ibidem, p. 178.
52 Ibidem, p. 189.

El Alto tornou-se um centro muito importante para essa nova política, afirma Lazar, em grande parte devido aos modos como o sentido de cidadania se constituiu na cidade. Isso é uma questão importante, pois pressagia a possibilidade de que rebeliões indígenas e de classe se organizem por meio de solidariedades baseadas na cidadania comum. Historicamente, por certo, essa foi sempre uma característica central da tradição revolucionária francesa. Em El Alto, esse sentido de pertencimento e solidariedade é

> constituído como uma relação mediada entre cidadão e Estado, configurada pela estrutura da organização cívica coletiva paralela ao Estado nos níveis regionais, citadinos e nacional. Em 1999, o partido político [...] perdeu seu domínio sobre essas organizações e sobre a cidade em geral, permitindo o surgimento de uma postura mais opositiva; isso coincidiu com o fato de os *alteños* terem se radicalizado por conta do crescente recrudescimento econômico. Os protestos de setembro e outubro de 2003 e dos anos seguintes extraem sua força do domínio dessas circunstâncias políticas particulares, com processos de identificação com o campo muito mais duradouros e a construção de um sentimento coletivo de identidade.

Lazar conclui que

> a cidadania na cidade indígena de El Alto incorpora uma mistura de vivência urbana e rural, coletivismo e individualismo, igualitarismo e hierarquia. As concepções alternativas de democracia que estão sendo criadas revigoraram os movimentos indígenas nacionais e regionais graças ao modo como combinam

preocupações nacionalistas e de classe com a política identitária, por meio da contestação da posse dos meios de reprodução social e da natureza do Estado.

As duas comunidades que para ela eram mais proeminentes em todo esse contexto "se baseiam na residência, nos níveis das zonas e cidades; e na ocupação, no nível urbano"[53]. É graças à ideia de cidadania que as relações conflituosas nos locais de trabalho e nos espaços de moradia se transformam em uma poderosa forma de solidariedade social.

Esses diferentes processos sociais (que Lazar se empenha ao máximo em não romantizar do modo como o faz uma parte substancial da esquerda acadêmica) tiveram um efeito singular sobre o modo como a cidade passou a ser vista. "É pertinente perguntar", ela escreve,

> o que faz de El Alto uma cidade, e não uma favela, um subúrbio, uma feira livre ou uma rede viária. Minha resposta é que agentes distintos, tanto no sistema estatal como em lugares não estatais, estão em processo de criação de uma identidade distinta e separada para El Alto. Essa identidade não é, por certo, única, mas se liga cada vez mais ao radicalismo político e à autoctonia.

E foi "a transformação dessa identidade e de sua consciência política emergente em ação política" que, em 2003 e 2005, chamou a atenção nacional e internacionalmente, para El Alto como "cidade rebelde"[54].

---

53   Ibidem, p. 260.
54   Ibidem, p. 63.

A lição a ser aprendida do estudo de Lazar é que, de fato, é possível criar uma cidade politizada a partir dos processos debilitantes da urbanização neoliberal e, desse modo, reivindicá-la para a luta anticapitalista. Embora os acontecimentos de outubro de 2003 devessem ser entendidos como "uma convergência extremamente contingente de diferentes interesses setoriais que explodiram em algo muito maior quando o governo ordenou que o Exército matasse os manifestantes", os anos precedentes de organização desses interesses setoriais e a construção de uma percepção da cidade como "um centro de radicalismo e autoctonia" não podem ser ignorados[55]. A organização dos trabalhadores informais em sindicatos tradicionais, a congregação das associações de vizinhos, a politização das relações urbano-rurais, a criação de hierarquias subordinativas e de estruturas de liderança junto com as assembleias igualitárias e a mobilização das forças da memória cultural e coletiva oferecem modelos para refletir sobre o que poderia ser feito conscientemente para convocar as cidades para a luta anticapitalista. Na verdade, as formas de organização que se aglutinaram em El Alto têm muita semelhança com algumas das formas utilizadas na Comuna de Paris (os *arrondissements*, os sindicatos, as organizações políticas e a forte consciência de cidadania e de lealdade à cidade).

MOVIMENTOS FUTUROS

Embora tudo isso possa ser visto, no caso de El Alto, como resultado de circunstâncias contingentes que ocorreram por

---

55 Ibidem, p. 34.

acaso, por que não podemos imaginar conscientemente a criação de um movimento anticapitalista citadino nessa linha? Imaginemos em Nova York, por exemplo, o ressurgimento dos agora sonolentos conselhos comunitários como assembleias de bairros com poder de dotação orçamental, junto com uma Right to the City Alliance e um Excluded Workers Congress, ambos associados a um Conselho de Trabalhadores na tentativa de reconstruir a cidade e a noção de cidadania e de justiça social e ambiental depois do desastre que foi e continua a ser provocado pela urbanização neoliberal corporativista. A história de El Alto sugere que tal coalizão só funcionará se as forças da cultura e de uma tradição politicamente radical (que, sem dúvida, existe em Nova York, como também em Chicago, San Francisco e Los Angeles) puderem ser mobilizadas para estimular os sujeitos-cidadãos (por mais divididos que estejam, como sempre acontece em Nova York) em benefício de um projeto de urbanização radicalmente diferente daquele dominado pelos interesses de classe dos empreiteiros e financistas determinados a "construir como Robert Moses com Jane Jacobs em mente".

Mas há um problema de enorme importância nesse cenário supostamente cor-de-rosa de desenvolvimento da luta anticapitalista. Como o caso boliviano também demonstra, caso Webber só esteja meio certo, qualquer movimento anticapitalista deslanchado ao longo de sucessivas rebeliões urbanas precisa ser consolidado a certa altura dos acontecimentos, em um nível muito mais alto de generalidade, a fim de que tudo não retroceda, no nível do Estado, a um reformismo parlamentar e constitucional que pode fazer pouco mais que reconstituir o liberalismo nos interstícios de um prolongado domínio imperialista. Isso traz à tona questões mais gerais, não apenas sobre o Estado e os seus arranjos constitucionais do direito, do policiamento e da administração, mas também sobre o sistema estatal em que todos os Estados estão inseridos. Infelizmente, grande parte da esquerda contemporânea reluta em enfrentar essas questões, mesmo quando se empenha, de tempos em tempos, em sugerir alguma forma de macro-organização, como o "confederalismo" radical de Murray Bookchin ou a ligeiramente reformista "governança policêntrica" de Elinor Ostrom, que se assemelha de maneira suspeita a um sistema estatal, soa como um sistema estatal e quase certamente agiria como um sistema estatal, não importa a intenção de seus proponentes[56]. Talvez seja isso, ou cair no tipo de incoerência que, em *Commonwealth*, leva Hardt e Negri a detonar o Estado na página 361 só para fazê-lo ressurgir, na página 380, como o fiador de um padrão de vida mínimo universal, bem como de um sistema de saúde e educação universais.

Mas é exatamente nesse ponto que a questão de como se organiza toda uma cidade se torna tão crucial. Isso exime as forças progressistas do empecilho de estar organizacionalmente presas ao micronível das coletividades dos trabalhadores em luta e das economias solidárias (por mais importantes que possam ser), e nos impõe uma maneira totalmente distinta de teorizar e praticar uma política anticapitalista. Uma perspectiva crítica nos permite ver exatamente por que a preferência de Ostrom pelo "governo policêntrico" fracassaria tanto quanto o municipalismo

---

[56] Murray Bookchin, op. cit., 1990. Idem, "Libertarian Municipalism: An Overview", *Society and Nature*, 1, p. 1-13, 1992. Elinor Ostrom, op. cit., 641-72.

libertário "confederativo" de Bookchin. "Se toda a sociedade fosse organizada como uma confederação de municípios autônomos", escreve Iris Young,

> o que então impediria o desenvolvimento da desigualdade e injustiça em grande escala entre as comunidades [do tipo descrito no Capítulo 3] e, portanto, da opressão dos indivíduos que não vivem nas comunidades mais privilegiadas e mais poderosas[57]?

A única maneira de evitar esses resultados seria se alguma autoridade de escalão mais alto determinasse essas transferências intermunicipais, o que grosseiramente equipararia as oportunidades e talvez também os resultados. É isso que o sistema confederativo de municípios autônomos de Murray Bookchin seria quase certamente incapaz de conseguir, na medida em que esse nível de governança é impedido de impor políticas, ficando firmemente restrito à administração e à governança das coisas, e efetivamente excluído da possibilidade de governar o povo. A única forma de estabelecer regras gerais para, digamos, a redistribuição da riqueza entre os municípios seria estabelecida ou por consenso democrático (que, como a experiência histórica nos ensina, é muito difícil de ser alcançado de modo voluntário ou informal), ou por cidadãos como sujeitos democráticos, dotados de poder decisório em diferentes níveis dentro de uma estrutura de governança hierárquica. A bem da verdade, não haveria razões para que o poder fluísse para baixo em tal hierarquia, e, sem dúvida, é possível conceber mecanismos capazes de impedir a ditadura ou o autoritarismo. O fato, porém,

---

57 Iris Marion Young, *Justice and the Politics of Difference*, Princeton, Princeton University Press, 1990.

é que certos problemas, como a riqueza comunal, só se tornam visíveis em determinadas escalas, e só é apropriado que as decisões democráticas sejam tomadas nessas escalas.

Desse ponto de vista, a mobilização na Bolívia talvez queira olhar para o sul em busca de inspiração no modo como o movimento inicialmente concentrado em Santiago do Chile se transformou de reivindicação estudantil por um ensino público gratuito e universal para uma aliança antineoliberal de movimentos que reivindicavam do Estado uma reforma constitucional, a melhora do sistema de pensões, novas leis trabalhistas e um sistema de tributação progressiva de pessoas físicas e jurídicas para começar a inverter o deslizamento para uma desigualdade social cada vez maior da sociedade civil chilena. A questão do Estado e, em particular, de que tipo de Estado (ou equivalente não capitalista) não pode ser evitada nem mesmo em meio ao imenso ceticismo contemporâneo, tanto à esquerda como à direita no espectro político, quanto à viabilidade ou desejabilidade de tal institucionalização.

O universo da cidadania e dos direitos, em algum corpo político de natureza superior, não se opõe necessariamente ao das classes e da luta. O cidadão e o camarada podem marchar juntos na luta anticapitalista, mesmo que muitas vezes trabalhem em escalas distintas. Mas isso só pode acontecer se nos tornarmos, como já insistia Park há muito tempo, mais "conscientes da natureza de nossa tarefa", que é construir coletivamente a cidade socialista sobre as ruínas da urbanização capitalista destrutiva. Esse é o ar da cidade que pode tornar as pessoas verdadeiramente livres. Isso, porém, implica uma revolução no pensamento e nas práticas anticapitalistas. As forças progressistas anticapitalistas podem mobilizar-se mais facilmente para avançar rumo às coordenações globais pelas redes urbanas, que podem ser hierárquicas mas não monocêntricas, corporativas mas ainda assim democráticas, igualitárias e horizontais, sistemicamente subordinativas e federativas (imaginemos uma liga de cidades socialistas nos moldes da antiga Liga Hanseática, que se transformou na rede que alimentou os poderes do capitalismo mercantil), internamente discordantes e contestadas, mas solidárias contra o poder da classe capitalista e, acima de tudo, profundamente comprometidas com a luta para minar e finalmente derrubar o poder das leis capitalistas de valor no mercado mundial em determinar as relações sociais sob as quais trabalhamos e vivemos. Um movimento desses deve abrir caminho ao florescimento humano universal, para além das coerções da dominação de classe e das determinações mercantilizadas do mercado. O mundo da verdadeira liberdade só começa, como insistia Marx, quando essas coerções materiais forem definitivamente relegadas ao passado. Reivindicar e organizar as cidades para as lutas anticapitalistas é um grande ponto de partida.

CAPÍTULO 6
LONDRES 2011: O CAPITALISMO FEROZ CHEGA ÀS RUAS

"Adolescentes niilistas e ferozes", chamava-lhes o *Daily Mail*: os jovens enfurecidos das mais variadas origens corriam pelas ruas de Londres alucinadamente e com frequência inconsequentemente lançando tijolos, pedras e garrafas contra a polícia ao mesmo tempo que saqueavam aqui e ali e incendiavam o que encontrassem pela frente, conduzindo as autoridades em meio a quebra-paus de um ponto estratégico a outro enquanto tuitavam entre si.

Interrompi a leitura quando cheguei à palavra "feroz". Lembrou-me que os comunardos de Paris em 1871 eram representados como animais selvagens, hienas que mereciam ser (e quase sempre eram) sumariamente executadas em nome da santidade da propriedade privada, da moral, da religião e da família. Mas a palavra me trouxe ainda outra associação: o ataque de Tony Blair à "mídia feroz" depois de ter permanecido tanto tempo confortavelmente hospedado no bolso esquerdo de Rupert Murdoch, apenas para ser substituído no momento em que Murdoch enfiou a mão no bolso direito para tirar de lá David Cameron.

Não há dúvidas de que haverá o debate histórico de sempre entre os propensos a ver as revoltas como uma questão de pura, desenfreada e indesculpável criminalidade e os ansiosos por situar os acontecimentos no contexto da incompetência policial em manter a ordem pública, racismo sem fim e injustificada perseguição aos jovens e às minorias, desemprego em massa dos jovens, crescente exclusão social e uma política absurda de austeridade que nada tem a ver com economia, mas tudo a ver com perpetuação e consolidação da riqueza e do poder pessoal. Alguns podem até condenar a falta de sentido e as características alienantes de tantos tipos de trabalho e da vida cotidiana em meio ao imenso, mas desigualmente distribuído potencial de desenvolvimento humano.

Se tivermos sorte, teremos comissões e relatórios que repetirão uma vez mais tudo o que já se disse sobre Brixton e Toxteth nos anos Thatcher. Digo "sorte" porque os instintos ferozes do atual primeiro-ministro parecem mais afeitos ao uso de canhões de água, bombas de gás lacrimogêneo e balas de borracha, ao mesmo tempo que pontifica descaradamente a perda de sentido moral, o declínio da civilidade e a triste deterioração dos valores familiares e da disciplina entre jovens desnorteados.

O problema, porém, é que vivemos em uma sociedade em que o próprio capitalismo se tornou incontrolavelmente feroz. Políticos ferozes fraudam gastos; banqueiros ferozes saqueiam o dinheiro público a qualquer custo; CEOs, operadores de fundos de risco e gênios dos fundos de investimento em empresas de capital fechado saqueiam o reino da riqueza; companhias telefônicas e empresas de cartões de crédito cobram tarifas misteriosas nas contas de todos; as empresas e os ricos não pagam impostos enquanto sugam as finanças públicas; comerciantes superfaturam suas mercadorias; e escroques e vigaristas, sem a menor hesitação, passam o conto do vigário nos mais altos escalões do mundo empresarial e político.

CIDADES REBELDES

Uma economia de espoliação em massa, de práticas predatórias que são verdadeiros assaltos à luz do dia – em particular dos pobres e vulneráveis, dos mais simples e carentes de proteção das leis – está na ordem do dia. Alguém acredita que ainda seja possível encontrar um capitalista honesto, um banqueiro honesto, um político honesto, um comerciante honesto ou um delegado de polícia honesto? Sim, eles ainda existem, mas não passam de uma minoria que todos os outros veem como um bando de idiotas. Seja esperto. Tenha lucros fáceis. Fraude e roube! As probabilidades de ser apanhado são mínimas. E, seja como for, há inúmeras maneiras de proteger a riqueza pessoal dos custos das ilicitudes das corporações.

O que digo pode parecer chocante. A maioria de nós não vê nada disso porque não quer. Sem dúvida, nenhum político se atreve a dizer coisas desse tipo, e os meios de comunicação só publicariam para ridicularizar quem o dissesse. Mas aposto que todos os manifestantes nas ruas sabem exatamente do que estou falando. Estão fazendo o mesmo que todos fazem, ainda que de maneira diferente – com muito mais alarde e visibilidade e nas ruas. Eles imitam nas ruas de Londres aquilo que o capital corporativo está fazendo ao planeta Terra. O thatcherismo despertou os instintos intrinsecamente ferozes do capitalismo (o "espírito animal" dos empresários, como dizem timidamente seus defensores), e parece que nada é capaz de detê-los desde então. Derrubar e queimar imprudentemente tornou-se o lema das classes dominantes em praticamente todo o mundo.

Essa é a nova normalidade em que vivemos. É disso que a próxima grande comissão de inquérito deveria tratar. Todos, não apenas os manifestantes, devem ser responsabilizados.

O capitalismo feroz deve ser levado a julgamento não só por seus crimes contra a humanidade, mas também pelos crimes contra a natureza.

Infelizmente, é isso que os manifestantes desatentos não conseguem ver nem reivindicar. Tudo conspira para nos impedir também de vê-lo ou exigi-lo. É por isso que o poder político veste com tanta pressa as roupas da moral superior e da razão descarada, para que ninguém possa vê-lo tão desnudo em sua corrupção e tão estúpido em sua irracionalidade.

Mas há lampejos de esperança e luz ao redor do mundo. O movimento dos *"indignados"* na Espanha e na Grécia, os impulsos revolucionários na América Latina e os movimentos campesinos na Ásia começam a enxergar através da grande fraude que o capitalismo predatório e feroz aplicou ao mundo. O que ainda falta para todos nos darmos conta e fazer algo a respeito? Como podemos recomeçar tudo outra vez? Que rumos devemos tomar? As respostas não são fáceis. Mas existe algo que já sabemos com certeza: só podemos chegar às respostas certas fazendo as perguntas certas.

CAPÍTULO 7
#OWS: O PARTIDO DE WALL STREET ENCONTRA SEU RIVAL

O Partido de Wall Street dominou os Estados Unidos sem oposição por muito tempo. Dominou totalmente a política dos presidentes ao longo de pelo menos quatro décadas, se não mais, a despeito de cada um deles ter sido seu agente voluntário ou não. Ele corrompe legalmente o Congresso tornando políticos de ambos os partidos covardemente dependentes do poder desonesto de seu dinheiro e dos meios de comunicação que controla. Graças às nomeações feitas e aprovadas pelos presidentes e pelo Congresso, o Partido de Wall Street domina grande parte do aparato do Estado, bem como o judiciário – em particular a Suprema Corte, cujas sentenças tendenciosas favorecem cada vez mais os interesses venais do dinheiro, em esferas tão distintas como as leis eleitorais, trabalhistas, ambientais e contratuais.

O Partido de Wall Street é regido por um princípio universal: o de que não haverá sérios desafios ao poder absoluto do dinheiro de reinar absoluto. Esse poder deve ser exercido com um objetivo: os que têm o poder do dinheiro não serão apenas privilegiados em acumular riquezas infinitamente, mas terão também o direito de herdar a terra, não só por meio de seu domínio direto e indireto e de todos os recursos e capacidades produtivas que dela decorrem, mas também assumindo comando absoluto, direto ou indireto, sobre o trabalho e as potencialidades criativas de todos aqueles dos quais necessitem. O resto da humanidade será considerado descartável.

Esses princípios e práticas não surgem da ganância individual, da miopia ou de ilicitudes (embora elas também existam em profusão). Esses princípios foram gravados no corpo político de nosso mundo pela vontade coletiva de uma classe capitalista alimentada pelas leis coercivas da concorrência. Se meu *lobby* gasta menos do que o seu, conseguirei menos favores. Se uma jurisdição gasta com as necessidades do povo, será considerada pouco competitiva.

Muitas pessoas decentes estão presas ao abraço de um sistema essencialmente podre. Se elas pretendem ganhar o suficiente para viver, não há outra opção, a não ser vender a alma ao diabo: estão apenas "cumprindo ordens", como nas famosas palavras de Eichmann, "fazendo o que o sistema exige", como outros dizem hoje, em consonância com os princípios e práticas bárbaros e imorais do Partido de Wall Street. As leis coercivas da concorrência forçam todos nós, em certa medida, a obedecer às normas desse sistema cruel e empedernido. O problema é sistêmico, não individual.

As palavras de ordem favoritas desse partido de liberdade[1] a ser garantida pelo direito de propriedade privada, livres-mercados e livre-comércio na verdade se traduzem em liberdade para explorar o trabalho alheio, esbulhar as pessoas comuns à vontade e saquear o meio ambiente em benefício individual ou de classe.

Uma vez no controle do aparato estatal, o Partido de Wall Street costuma privatizar seus nacos suculentos por um preço abaixo de seu valor de mercado para abrir novas frentes para a

---

1 No original, *"freedom and liberty"*, distinção que não existe em português. [N. E.]

acumulação de capital. Ele também ajeita subcontratos (o complexo industrial-militar é um dos maiores exemplos) e práticas de tributação (subsídios ao agronegócio e baixos impostos sobre o rendimento de capitais) que lhes permitem saquear livremente os cofres públicos. Estimula deliberadamente sistemas regulatórios tão complicados e uma incompetência administrativa tão estarrecedora no resto do aparelho estatal (lembremo-nos da Environmental Protection Agency no governo Reagan e do "grande trabalho" de Michael D. Brown[2] na Federal Emergency Management Agency, nas palavras de Bush), convencendo a opinião pública, já cética por natureza, de que o Estado jamais conseguirá desempenhar um papel construtivo ou favorável na melhoria da vida cotidiana ou das perspectivas futuras de quem quer que seja. E, por fim, recorre ao monopólio da violência que todos os Estados soberanos reivindicam para excluir o público de muito daquilo que se apresenta enganosamente como espaço público e para acossar, manter sob vigilância e, se necessário, criminalizar e encarcerar todos os que não se submetem irrestritamente a seus ditames. Eles se superam nas práticas de tolerância repressiva que perpetuam a ilusão de liberdade de expressão, na medida em que ela não expõe cruamente a verdadeira natureza de seu projeto e o aparato repressivo em que se apoia.

---

2 Quando New Orleans foi devastada pelo furacão Katrina, em 29 de agosto de 2005, Bush nomeou Brown como a mais alta autoridade federal para situações de emergência. A nomeação ocorreu em 31 de agosto de 2005, e a incompetência demonstrada por Brown obrigou o presidente a demiti-lo em 12 de setembro do mesmo ano. Foi durante esse breve período de Brown como Principal Federal Officer que Bush se referiu a seu desempenho como "um grande trabalho" (*"a heck of a job"*). [N. T.]

O Partido de Wall Street trava uma incessante guerra de classes. "Claro que há guerra de classes", diz Warren Buffett, "e é a minha classe, a dos ricos, que a está travando, e estamos vencendo." Grande parte dessa guerra acontece em segredo, por trás de uma série de máscaras e ofuscamentos pelos quais se disfarçam os objetivos e propósitos do Partido de Wall Street.

O Partido de Wall Street sabe muito bem que, quando os questionamentos políticos e econômicos profundos se transformam em questões culturais, elas se tornam irrespondíveis. Ele recorre regularmente a uma profusão de opiniões de especialistas submissos, na maioria empregados nos *think tanks* e nas universidades por ele financiados, espalhados pelos meios de comunicação que controla, para criar polêmicas sobre os mais variados tipos de questões totalmente desimportantes e propor soluções a problemas inexistentes. Em um momento falam apenas sobre a austeridade necessária a todas as pessoas para conseguir sanar o déficit público, e no outro propõem reduzir seus próprios impostos, não importa qual impacto isso possa ter sobre o déficit. A única coisa que nunca pode ser abertamente debatida e discutida é a verdadeira natureza da guerra de classes que eles vêm travando incessante e implacavelmente. Designar alguma coisa como "guerra de classes", no clima político atual e de acordo com seu julgamento de especialistas, é colocar a questão muito além da esfera das considerações sérias – pode-se até mesmo ser tomado por tolo, se não insurgente.

Hoje, porém, pela primeira vez, existe um movimento explícito para confrontar o Partido de Wall Street e seu absoluto poder econômico-financeiro. Em Wall Street, a "rua" está sendo ocupada – horror dos horrores – por outros! Espalhando-se de uma cidade a outra, as táticas do Occupy Wall Street consistem em ocupar um espaço público central, como um parque ou uma praça, perto dos quais se concentrem muitas das alavancas do poder, e, ao colocar corpos humanos nesse lugar, transformar o espaço público em bens comuns políticos – um lugar para debates e discussões abertas sobre o que esse poder está fazendo e qual seria a melhor maneira de se opor a ele. Essa tática, notavelmente reativada nas nobres e atuais lutas que se travam na Praça Tahrir, no Cairo, espalhou-se pelo mundo inteiro (Puerta del Sol, em Madri, Praça Sintagma, em Atenas, e agora nas escadarias da Catedral de São Paulo, em Londres, e na própria Wall Street). Isso nos mostra que o poder coletivo dos corpos no espaço público ainda é o instrumento mais eficaz de oposição quando todos os outros meios de acesso encontram-se bloqueados. O que a Praça Tahrir mostrou ao mundo foi uma verdade óbvia: que os corpos nas ruas e praças, e não a tagarelice sentimental do Twitter ou do Facebook, é o que realmente importa.

O objetivo desse movimento nos Estados Unidos é simples. Ele diz: "nós, o povo, estamos determinados a recuperar nosso país dos poderes endinheirados que hoje o dirigem. Nosso objetivo é provar que Warren Buffett está errado. Sua classe, a dos ricos, não mais governará sem nunca ser contestada, nem herdará a terra automaticamente. Nem a sua classe, a dos ricos, está destinada a vencer sempre". Diz também: "Nós somos os 99%. Temos a maioria, e essa maioria pode e deve prevalecer e prevalecerá. Uma vez que todos os outros canais de expressão nos estão fechados pelo poder do dinheiro, não temos outra opção, a não ser ocupar os parques, praças e ruas de nossas cidades até que nossas opiniões sejam ouvidas e nossas necessidades, atendidas".

Para ser bem-sucedido, o movimento precisa alcançar os 99%. Isso ele pode fazer e está fazendo passo a passo. Primeiro, há todos aqueles que estão sendo lançados na miséria pelo desemprego, e todos os que foram ou estão sendo despejados de suas casas e despojados de seus bens pelas falanges de Wall Street. O movimento deve fazer amplas coalizões entre estudantes, imigrantes, subempregados e todos os ameaçados pela totalmente desnecessária e draconiana política de austeridade imposta à nação e ao mundo por exigência do Partido de Wall Street. Deve concentrar-se nos estarrecedores níveis de exploração nos locais de trabalho – desde os trabalhadores imigrantes tão impiedosamente explorados nas casas dos ricos até os que trabalham como escravos nas cozinhas dos restaurantes em que os ricos fazem suas lautas refeições. Deve também unir os trabalhadores criativos e artistas cujos talentos são tantas vezes transformados em produtos comerciais sob o controle das grandes fortunas.

Acima de tudo, o movimento deve chegar a todos os alienados, os insatisfeitos e os descontentes – todos aqueles que reconhecem e sentem no âmago que alguma coisa está profundamente errada, que o sistema que o Partido de Wall Street criou não é apenas bárbaro, antiético e moralmente condenável, mas também estragado.

Tudo isso deve ser democraticamente reunido em uma oposição coerente, que também deve contemplar as linhas gerais de uma cidade alternativa, um sistema político alternativo e, em última instância, uma forma alternativa de organizar a produção, a distribuição e o consumo em benefício do povo. De outro modo, um futuro para os jovens que aponte para um aumento exponencial da dívida privada e o aprofundamento da austeridade pública, tudo em benefício do 1% que concentra as maiores fortunas, não é futuro nenhum.

Em resposta ao Occupy Wall Street, o Estado, com apoio do poder da classe capitalista, fez uma declaração estarrecedora: que eles, e somente eles, têm o direito exclusivo de regulamentar o espaço público e dele dispor. O público não tem nenhum direito comum ao espaço público! Com que direito prefeitos, chefes de polícia, oficiais militares e funcionários de Estado nos dizem a nós, o público, que cabe a eles determinar o que é público em "nosso" espaço público, quem pode ocupá-lo e quando? Quando lhes passou pela cabeça que podem expulsar-nos de qualquer espaço que decidamos ocupar coletiva e pacificamente? Eles alegam estar tomando providências de interesse público (e citam leis para comprovar o que dizem), mas o público somos nós! Onde está "nosso interesse" em tudo isso? E, a propósito, não é "nosso" o dinheiro que bancos e financistas usam tão acintosamente para acumular "seus" bônus?

Diante do poder organizado do Partido de Wall Street para dividir e comandar, o movimento que está surgindo também deve adotar como um de seus princípios básicos que não se deixará dividir nem desviar até que o Partido de Wall Street não seja levado à razão – e perceba que o bem comum deve prevalecer sobre estreitos interesses venais – ou aos seus pés. Os privilégios corporativos que conferem direitos a determinados indivíduos sem deles exigir as responsabilidades de verdadeiros cidadãos devem ser eliminados. Bens públicos como educação e saúde devem ser publicamente oferecidos e estar à disposição de todos, gratuitamente. Os poderes de monopólio dos meios de comunicação devem ser eliminados. A compra de eleições deve ser considerada inconstitucional. A privatização do conhecimento e da cultura deve ser proibida. A liberdade para explorar e desapropriar os outros deve ser severamente punida e, em última instância, ser declarada ilegal.

Os norte-americanos acreditam na igualdade. As pesquisas de opinião pública mostram que eles acreditam (a despeito de suas preferências político-partidárias) que os 20% mais ricos da população podem ter justificada sua reivindicação de 30% da riqueza total, mas que o fato de eles atualmente controlarem 85% dela é inaceitável. O que o movimento Occupy Wall Street propõe é que nós, o povo dos Estados Unidos, assumamos o compromisso de reverter esse nível de desigualdade – não apenas em termos de riqueza e rendas, mas, o que é ainda mais importante, em termos do poder político que tal disparidade confere e reproduz. O povo dos Estados Unidos tem um orgulho legítimo de sua democracia, mas ela está permanentemente ameaçada pelo poder corruptor do capital. Agora, quando ela está dominada por esse poder, não há dúvida de que chegou o momento de fazer outra revolução norte-americana, cuja necessidade Thomas Jefferson já havia sugerido há muito tempo: baseada na justiça social, na igualdade e em uma abordagem generosa e altruísta de nossa relação com a natureza.

A luta que irrompeu – a do Povo contra o Partido de Wall Street – é crucial para nosso futuro coletivo. A luta é de natureza global e local ao mesmo tempo. Une os estudantes que, no Chile, estão comprometidos com uma luta de vida ou morte com o poder político, visando criar um sistema educacional gratuito e de alto nível para todos, começando, assim, a desmontar o modelo neoliberal tão brutalmente imposto por Pinochet. Incorpora os manifestantes da Praça Tahrir, que reconhecem que a queda de Mubarak (como o fim da ditadura de Pinochet) foi apenas o primeiro passo de uma luta para se libertar do poder do dinheiro. Inclui os *"indignados"* na Espanha, os trabalhadores em greve na Grécia, a oposição militante que começa a surgir em todo o mundo, de Londres a Durban, Buenos Aires, Shenzhen e Mumbai. O domínio brutal do grande capital e o absoluto poder do dinheiro estão na defensiva por toda parte.

De que lado cada um de nós ficará? Que rua ocuparemos? Só o tempo poderá dizer. Mas o que realmente sabemos é que a hora é agora. O sistema não está apenas enfraquecido e exposto, mas também incapaz de qualquer resposta que não seja mais repressão. Por isso nós, o povo, não temos outra opção que não seja lutar pelo direito coletivo de decidir como esse sistema será reconstruído e com que cara. O Partido de Wall Street teve seu tempo, mas fracassou miseravelmente. A construção de uma alternativa por cima de suas ruínas representa tanto uma oportunidade quanto uma obrigação inevitável que nenhum de nós pode nem deve jamais querer evitar.

AGRADECIMENTOS

Gostaria de agradecer aos editores das publicações abaixo relacionadas pela permissão para utilizar material previamente publicado sob seus auspícios.

O Capítulo 1 é uma versão ligeiramente modificada de um artigo publicado na *New Left Review*, 53, set.-out. 2008, intitulado "The Right to the City".

O Capítulo 2 é uma versão ligeiramente ampliada da primeira parte de um artigo publicado em *Socialist Register 2011*, intitulado "The Urban Roots of Financial Crises: Reclaiming the City for Anti-Capitalist Struggle".

O Capítulo 3 baseia-se em um texto intitulado "The Future of the Commons", publicado na *Radical History Review*, 109, de 2011. Agradeço a Charlotte Hess, que chamou a minha atenção para graves omissões no artigo original sobre a obra de Elinor Ostrom, e aos participantes de um seminário organizado sob os auspícios do 16 Beaver em Nova York, cujas discussões sobre o tema dos bens comuns me ajudaram muitíssimo a clarear as minhas ideias.

O Capítulo 4 é uma versão ampliada da última parte de um artigo intitulado "The Art or Rent: Globalization, Monopoly and Cultural Production", originalmente publicado em *Socialist Register 2002*.

O Capítulo 5 é uma versão ampliada da última parte de um artigo inicialmente publicado em *Socialist Register 2011*, intitulado "The Urban Roots of Financial Crises: Reclaiming the City for Anti-Capitalist Struggle".

Quero também agradecer aos participantes do grupo de leitura do livro *O direito à cidade*, em Nova York (em particular, a Peter Marcuse), bem como aos membros do seminário Center for Place, Culture and Politics, da Universidade de Nova York, por tantas discussões instigantes nos últimos anos.

ÍNDICE REMISSIVO

Abu Dhabi, 43
Acrópole de Atenas, 197
Afeganistão, 111, 224
África do Sul, 202. *Cf. também* Johannesburgo
Alemanha, 48, 75, 76, 79, 119. *Cf. também* Berlim; Hamburgo
Allen, Paul, 62
American Bankers Association, 74
Appelbaum, Binyamin, 107
Argentina, 40, 215, 237. *Cf. também* Córdoba, Argentina
Atenas, 23, 185, 193, 211. *Cf. também* Atenas, Acrópole de; Praça Sintagma
Ato Taft-Hartley, 240
Austrália, 119, 183-4. Cf. também Melbourne; Nova Gales do Sul

Bali, 187
Baltimore, 42, 45, 63, 75, 114-7, 152, 155, 193, 259
Banco Central Europeu, 63-4
Banco Mundial, 148, 215, 245
Bangcoc, 60, 205, 209, 210
Bangladesh, 58, 238
Banzer, Hugo, 259
Barcelona, 23, 144, 192, 194-7, 205, 209, 210-1
Bechtel Corporation, 252, 262
Bell, Daniel, 170
Berlim, 193, 197-99, 205, 211
Bilbao, 193, 205
Blair, Tony, 273
Bloomberg, Michael, 43, 62
Bolívia, 167, 210, 215, 252-62. *Cf. também* Cochabamba, Bolívia; El Alto, Bolívia; La Paz
Bolonha, 206, 243
Bonaparte, Napoleão, 34

Bookchin, Murray, 158, 163-4, 225, 246-7, 270
Brasil, 14, 15, 48, 205, 216, 244. *Cf. também* Rio de Janeiro; São Paulo
BRIC (economia), 96, 125. Brasil; China; Índia; Rússia
Brixton, Londres, 274
Brown, Michael D., 279
Buffalo, Nova York, 116
Buffett, Warren, 111, 280, 281
Burlington, Vermont, 244
Bush, George W., 110, 279

Cairo, 23, 57, 144, 192, 211. *Cf. também* Praça Tahrir
Califórnia, 76, 98, 166. *Cf. também* Los Angeles; San Diego; San Francisco
Cameron, David, 273
Canal de Suez, 34
Canary Wharf, Londres, 190
Capital (Marx), 11, 16, 20, 82-5 passim, 98, 149, 221
Castells, Manuel, 17
Catedral de São Paulo, Londres, 281
Chandler, Alfred, 177
Château Tahbilk. *Cf.* Tahbilk
Cheney, Dick, 110
Chicago, 60, 77, 115, 118, 209, 210, 213, 268
Chile, 119, 164, 210, 234, 284. *Cf. também* Santiago
China, 60, 95, 96, 99, 119-26, 128, 223, 238; bilionários, 48; consumismo, 87, 125; exceção aos protestos antiguerra globais, 211; urbanização, 19, 41-2, 131-2; e crise habitacional, 55; Banco Mundial e, 130.

Cf. também Pequim; Chongqing; Guangdong; Xangai; Shenzhen
Chongqing, 19, 130, 244
Christiania, Copenhague, 153
Cidade de Deus, 187
Cidade do México, 43, 60, 62, 209, 210
Cingapura, 191, 196
Cisjordânia, 212
Cleveland, 45, 75, 116, 117, 161
Clinton, Bill, 96, 111, 113, 116
Cochabamba, Bolívia, 161, 210, 252, 254, 255, 256, 265
Comuna de Paris, 16, 21, 50, 205, 217, 230, 232, 244, 267; demonização da, 230; El Alto e, 252; Haussman e, 35, 39
Conselho Central de Trabalhadores de Nova York, 268
Conselho da Grande Londres, 243, 251, 254
Commonwealth (Hardt e Negri), 269
Copenhagen, 153
Córdoba, Argentina, 209
Countrywide, 100, 113
Curitiba, Brasil, 205, 244

De Angelis, Massimo, 136 (n. 2)
De Soto, Hernando, 57, 148
Detroit, 45, 107, 112, 116, 156
Deux ou trois choses que je sais d'elle (Godard), 10
Dez de Hollywood, 239
18 Brumário de Luís Bonaparte, O (Marx), 81
Dharavi, Mumbai, 53, 63, 70, 202
Disney World, 175
Dongguan, 127
Droit à la ville, Le (Lefebvre), 11
Dubai, 42, 43
DUMBO, Nova York, 153

Écologistes, 9, 13, 18
Egito, 164. *Cf. também* Cairo

El Alto, Bolívia, 155, 210, 212, 234, 252-269 passim
El Alto, Rebel City (Lazar), 257-69 passim
Elyachar, Julia, 58
Engels, Friedrich, 24, 50-3 passim, 80, 112
Environmental Protection Agency (EPA), 279
Escobar, Arturo, 253
Espanha, 41, 43, 75, 95, 97, 210, 276, 285. *Cf. também* Barcelona; País Basco; Madri
Estados Unidos, 35-46 passim, 53-67 passim, 96-117 passim, 153-66 passim, 263; movimento pelos Direitos Civis, 27; operários da construção civil, 233; Excluded Workers Congress, 131-2, 137, 151; e crise financeira, 29-34 passim; movimento pelos direitos dos imigrantes, 213-4; movimento trabalhista, 236; perda de patrimônio familiar, 239; refinanciamento de hipotecas, 40, 74 (n. 7), 103; movimento Occupy Wall Street, 211, 215, 282, 284-5 passim; sublevações da década de 1960 nos, 38, 209, 210, 212; socialistas na administração pública dos, 244; turismo nos, 175, 202; indústria vinícola dos, 182, 184. *Cf. também* Wall Street
Europa Oriental, 251
Euskadi Ta Askatasuna (ETA), 187
Excluded Workers Congress, 246, 268

Fallujah, Iraque, 212
Fannie Mae, 87, 91, 96, 101, 105, 108
Federal Emergency Management Agency (FEMA), 279

Federal Home Mortgage Corporation. *Cf.* Freddie Mac
Federal National Mortgage Association. *Cf.* Fannie Mae
Federal Reserve Bank, 45, 64
Fletcher, Bill, 241, 250, 251
Flint, Michigan, 236
Flórida, 75, 77, 97, 98, 121
Fórum Social dos Estados Unidos, 15
Fórum Social Mundial, 14, 205, 215
Fórum Urbano Mundial (2010), 245
Foster, Norman, 194, 199
França, 75, 234. *Cf. também* Paris
Freddie Mac, 87, 96, 108
Fundo Monetário Internacional (FMI), 126, 127, 215

Gapasin, Fernando, 250, 251
Gaudí, Antoni, 194
Gehry, Frank, 193
Gênova, 210
George, Henry, 72 (n. 5)
Geórgia, 75
Gill, Leslie, 256
Giuliani, Rudolph, 196
Godard, Jean-Luc, 11
Goetzmann, William, 76, 77, 88, 97
Goldman Sachs, 42
Gottlieb, Robert, 93
Governing the Commons (Ostrom), 136
Grã-Bretanha, 41, 44, 75, 95, 125, 136, 148, 243; bilionários, 48; indústria cervejeira, 180; construção, 79n9; confisco de terras, 136; conselhos municipais, 243. *Cf. também* Liverpool; Londres, Inglaterra; Nottingham
Graeber, David, 226
Grécia, 166, 276, 285. *Cf. também* Atenas
Greenspan, Alan, 73, 97
Grundrisse (Marx), 82, 83, 86

Guangdong, 125. *Cf. também* Dongguan
Guerra Civil Espanhola, 209
Guerra Fria, 36, 223

Hamas, 212, 213
Hamburgo, 153, 245
Hardin, Garrett, 135, 136 (n. 2), 138, 147, 155, 156
Hardt, Michael, 82, 134, 143, 153, 261; *Commonwealth*, 269
Harlem, Nova York, 53, 202
Haug, Wolfgang, 176
Haussman, Georges-Eugène, 34-9 passim, 43, 50, 92, 212, 233
Hezbollah, 212, 213
High Line, Nova York, 147
Hitler, Adolf, 199
Hittorf, Jacques Ignace, 34
Holanda, 75
Hong Kong, 42, 191

Índia, 46, 48, 54, 56, 58, 60, 125, 129, 166, 215. *Cf. também* Mumbai
Indonésia, 56
Iraque, 41, 111, 211-2
Irlanda, 41, 75, 95, 101
Isaac, William, 74
Israel, 212
Itália, 141. *Cf. também* Bolonha; Gênova; Milão; Roma; Turim

Jacobs, Jane, 38, 51, 62, 268
Japão, 75, 122. *Cf. também* Tóquio
Jogos Olímpicos (1992), 194
Johannesburgo, 16, 43, 169

Kierland Commons, Phoenix, 141
King, Martin Luther Jr., 107, 114
Kohn, Margaret, 141, 236

La Paz, 212, 235, 252, 257, 258, 264
Lazar, Sian: *El Alto, Rebel City*, 256-66 passim

Lefebvre, Henri, 9-24, 27, 55, 66, 247, 251
Lenin, Vladimir, 205, 217
Les Halles, 12, 35
Lewis, Michael: *The Big Short*, 102, 103
Libération, 13
Liga Hanseática, 272
Lima, 57
Liverpool, 193, 197. *Cf. também* Toxteth, Liverpool
Livingstone, Ken, 243, 251
Locke, John, 148-151 passim
Londres, Inglaterra, 42, 43, 57, 70, 87, 180, 190, 192, 205, 210-2, 243, 251, 254, 274, 276, 282, 286. *Cf. também* Conselho da Grande Londres; Catedral de São Paulo, Londres
Los Angeles, 15, 16, 43, 118, 169, 211, 213, 234, 237, 245, 269. *Cf. também* Watts, Los Angeles
Lutas de classe na França, As (Marx), 84

Madison, Wisconsin, 23, 210
Madri, 23, 42, 209-11, 281
Manhattan, Nova York, 62, 70, 180. *Cf também* SoHo, Nova York; Wall Street
Manifesto comunista, O (Marx e Engels), 112
Marx, Karl, 5, 35-42, 78, 91-4 passim, 120, 121, 127, 131, 153; *Capital*, 11, 16, 20, 82-5 passim, 98, 149, 221; *As Lutas de classe na França*, 84; *O Manifesto comunista*, 112; *O 18 Brumário de Luís Bonaparte*, 81; *Grundrisse*, 82, 83, 86
Meier, Richard, 194
Melbourne, 205, 211
Mesa, Carlos, 252
México, 47. *Cf. também* Oaxaca; zapatistas

Milão, 192, 205, 210
Milwaukee, 243
Mondragon, 227 (n. 12)
Morales, Evo, 252-5
Moscou, 43, 243
Moses, Robert, 37, 38, 51, 56, 268
Movimento Occupy Wall Street, 211, 215, 281, 283, 284
Mubarak, Hosni, 285
Mumbai, 16, 42-3, 53, 285. *Cf. também* Dharavi, Mumbai
Mumford, Lewis, 246
Murdoch, Rupert, 177, 273
Museu de Arte Contemporânea de Barcelona, 196
Museu Guggenheim de Bilbao, 193, 205

Nações Unidas, 30
Nandigram, Bengala Ocidental, 56
Napoleão, Luís (Napoleão III), 35
Napoleão I. *Cf.* Bonaparte, Napoleão
National Bureau of Economic Research (NBER), 76, 95, 104
National Partners in Homeownership, 96
Negri, Antonio, 86, 134, 143, 153, 261, 269; *Commonwealth*, 270
New Haven, Connecticut, 63
Newman, Frank, 76, 77, 88, 97
Nixon, Richard, 107, 128
Nortúmbria, Reino Unido, 238
Nottingham, Reino Unido, 237
Nova Gales do Sul, 233
Nova York (cidade), xvi, 10, 15, 31-4 passim; 57, 131, 151; protesto antiguerra (2003), 210; artistas em, 170; Universidade de Colúmbia, 63; construção, 77, 98; "comissão de decência em", 195; gentrificação, 53, 195; High Line, 147; cerveja importada em, 180; Michael Bloomberg e, 43, 62;

movimento Occupy Wall Street, 211; Robert Moses e, 37, 38, 51, 56; capital simbólico e, 195; Parque Zuccotti, 23. *Cf. também* Harlem, Nova York; Manhattan, Nova York
Nova York (estado), 163
Novo México, 240

Oaxaca, 210, 263
Ostrom, Elinor, 136, 168, 287; *Governing the Commons*, 136
Ostrom, Vincent, 159, 162

País Basco, 187. *Cf. também* Bilbao; Mondragon
Palestina, 212
Paris, 9-18 passim, 21, 23, 33, 34, 35, 37, 39, 43, 51, 52, 60, 92, 193, 205, 209, 210, 212, 216, 233, 273
Park, Robert, 28-9, 134, 271
Parker, Robert, 184
Partido Comunista Francês, 243
Partido Trabalhista (Reino Unido), 236
Parque Zuccotti, Nova York, 23
Pequim, 121, 122, 128. *Cf. também* Praça da Paz Celestial
Péreire, Émile, 44, 92
Péreire, Isaac, 44, 92
Phoenix, Arizona, 141
Pinochet, Augusto, 285
Praça da Catalunha, Barcelona, 210
Praça da Paz Celestial, 212
Praça Sintagma, Atenas, 144, 210, 212, 281
Praça Tahrir, Cairo, 144, 210, 281, 285
Polônia, 75
Porto Alegre, Brasil, 14, 205, 244, 251
Potsdamer Platz, Berlim, 199
Praga, 205, 209
Pribam, Karl, 79 (n. 9)

Proclamation de la Commune, La (Lefebvre), 11
production de l'espace, La (Lefebvre), 19
Puerta del Sol, Madri, 210, 282

Quebec, 210

Ramallah, 212
Reagan, Ronald, 31, 110, 111, 279
Reichstag, 199
Reino Unido. *Cf.* Grã-Bretanha
Relatório sobre Desenvolvimento do Banco Mundial (2009), 68, 70, 79, 98, 106
Révolution Urbaine, La (Lefebvre), 18
Revueltas, Rosaura, 241
Right to the City Alliance, 246, 268
Rio de Janeiro, 56, 125, 187, 193, 202; Fórum Urbano Mundial (2010), 245
Roma, 193
Royal Institute of British Architects, 195
Rússia, 40, 48, 125. *Cf. também* Moscou

Salt of the Earth, 239, 248
Samaranch, Juan Antonio, 195
Sánchez de Lozada, Gonzalo, 252
Sancton, Andrew, 159
San Diego, 43, 97
San Francisco, 192, 205, 268
Santa Cruz, Bolívia, 253-5, 257
Santiago, 43, 210, 211
São Paulo, 16, 42, 125, 169
Schinkel, Karl Friedrich, 199, 200
Seattle, 62, 205, 209, 210, 238
Segunda Guerra Mundial, 37, 93, 105, 106, 208
Seul, 43, 53, 54
Shenzhen, 41, 131, 285
Shiller, Robert, 67, 74
Simmel, Georg, 29

Sindicato dos Motoristas de Ônibus de Los Angeles, 234
situacionistas, 12, 16, 22
Slim, Carlos, 48, 62
Smith, Adam, 148, 149, 177
Socialist Workers Party (Reino Unido), 218
SoHo, Nova Iorque, 153
Speer, Albert, 199
Stiglitz, Joseph, 97
Stockman, David, 110, 111
Suécia, 75, 151
Suez S. A., 252, 262

Tabb, William, 39
Tahbilk, 183
Tailândia, 74, 79. *Cf. também* Bangcoc
Taipei, 43
Tate Gallery, Londres, 205
Tea Party, 262
Teetering on the Rim (Gill), 256
Thatcher, Margaret, 31, 57, 218, 243, 254
Thomas Brinley, 93, 95
Thompson, E. P., 236
Tiebout, Charles, 160
Tóquio, 169
Toronto, 246
Toxteth, Liverpool, 274
Tragedy of the Commons, The (Hardin), 135
Troubled Asset Relief Program (TARP), 120
Turim, 210, 236

União Europeia, 70, 182
União Soviética, 36, 110, 198, 250
UNITE HERE, 237
Universidade de Colúmbia, 63
Universidade Johns Hopkins, 63
Universidade Yale, 63

Viena, 210, 243

Wall Street, 62, 63-4, 87-8, 113, 281, 282-3, passim. *Cf. também* movimento Occupy Wall Street
Watts, Los Angeles, 107
Webber, Jeffrey, 253-6, 258, 268
Willamsburg, Nova York, 153
Wine Advocate, 184
Works Progress Administration (WPA), 109
World Wide Fund for Nature, 140

Xangai, 53, 120, 121, 125, 169, 209, 234; Exposição de, 128

Young, Iris, 270
Yunus, Muhammad, 58

zapatistas, 220, 225
Zukin, Sharon, 46

1ª edição agosto de 2014 | **5ª reimpressão** fevereiro de 2025
Fonte ITC Stone Serif | **Papel** BO Ivory Bulk 58 g/m²
Impressão e acabamento Corprint